LaoNian
YuanCheng JiaoYu
DaoDu

老年远程教育导读

中国老年大学协会远程教育工作委员会 主编

广西师范大学出版社
·桂林·

编写委员会

序

砥砺奋进，实现老年远程教育创新发展

中国老年大学协会会长 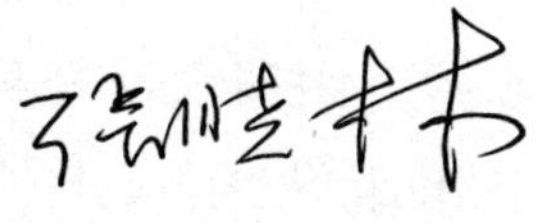

党的十九大作出中国特色社会主义进入新时代的重大判断，提出“办好人民满意的教育”，这是实现人民对美好生活期盼的重要目标之一。老年教育是我国教育事业的重要组成部分，党中央明确要求“重视老年教育”。新时代要有新气象、新作为、新发展，我们要以习近平新时代中国特色社会主义思想为指导，大力发展老年教育。当前，我国已进入老龄化社会，广大老年人在满足物质生活的同时，对教育的需求日益增长，这是实现老年人生活、生命质量的重要标志。如何满足广大老年人个性化、多样化、高质量的教育需求，是新形势下教育面临的新课题。

国务院办公厅颁发的《老年教育发展规划（2016—2020年）》（以下简称《发展规划》）明确提出实现老年教育阶段性的发展目标，即到2020年“以各种形式经常性参与教育活动的老年人占老年总人口的比例达到20%以上”。要达成这个目标，除了积极办好各级老年大学外，大力发展老年远程教育是重要的途径和有效的保障。

《发展规划》在概述我国老年教育发展现状时指出，截至2015年底，我国60岁以上老年人口已达到2.22亿，在老年大学机构学习的老年人有700多万。通过社区教育、远程教育等各种形式参与学习的

老年人，总计达1700多万，约占老年总人口的7.73%。到2020年，老年人口将达到2.43亿，比2015年多2100万，按20%的比例统计，有组织参加老年教育的人数将翻一番还要多。因此，大力发展多种形式的老年教育，特别是老年远程教育，对广大农村、边远、贫困、少数民族等地区有着更为重要的现实意义。

当前，我国正在由网络大国向网络强国的目标迈进。截至2017年6月，中国网民规模达到7.51亿，占全球网民总数的五分之一；互联网普及率为54.3%，手机网民规模达7.24亿，网民中使用手机上网的比例达96.3%，以互联网为代表的新技术日益改变着人们的生活方式。老年教育融入现代信息的新发展，是广大老年人共享优质教育资源、实现教育公平的必然选择，也是解决好老年教育区域间不平衡、资源不足等矛盾的有效途径。

中国老年大学协会远程教育工作委员会在各地开展老年远程教育的基础上，通盘规划，于2012年开始组织实施老年远程教育“三个一”行动计划，即在全国部分省市建立一批老年远程教育实验区，评选并推广一批全国老年远程教育优秀和特色课程，开展一批老年远程教育重点和难点的课题研究，并将优秀成果转化为实践。到2017年底，已在全国20个省市建立了142个实验区，分三批评选和推广了338门老年远程教育优秀和特色课程，评出115项老年远程教育研究优秀课题成果；先后在山东省滕州市、福建省泉州市、重庆市万州区、上海市及江西省井冈山市召开全国老年远程教育推进会，总结并推广了东部沿海地区和中西部地区不同类型的老年远程教育先进典型，评出了19个全国老年远程教育示范区，卓有成效地推进了老年远程教育的开展。据统计，老年远程教育实验区的近4万个收视点的学员已达440多万人，比2012年翻了一番。如果通过实验区的先行先试、典型示范，每个实验区带动周边三四个县市，那么全国将有四分之一的地区共享老年远程教育成果，这将大大增强实验区的辐射效果。

发展老年远程教育的基础在基层，重心在基层，活力在基层，受惠的对象在基层。切实采取措施，大力提高基层老年远程教育的吸引力、收视率、参与率、共享率、覆盖率、满意率、贡献率，就会有效提高老年远程教育的水平，切实提升广大老年人的获得感。为此，中国老年大学协会远程教育工作委员会在全国老年远程教育实验区实践的基础上，以远程教育的相关理论为导向，编写了《老年远程教育导读》，旨在加快推进老年远程教育的普及和提高。本书除了概述老年远程教育的基础知识外，主要选编了来自各县（市）、乡镇、居村委不同类型的成功探索实践案例以及具有相关操作性的实务知识。

为了更好地服务实验区和广大基层收视点的培训及老年学员的自主学习，增强指导性、针对性、参考性、实用性和实效性，中国老年大学协会远程教育工作委员会希望以老年远程教育网为平台，以实验区为主体，以学习收视点为重点，以培训教材和线上的课程为载体，组织好老年远程教育专、兼职管理队伍的培训，通过老年远程教育五大协作片区的组织交流，提升老年远程教育的水平和质量。

加强老年远程教育专、兼职管理队伍建设是发展老年远程教育的关键。实践告诉我们，有一大批热心于老年教育，又具有老年远程教育业务知识，并善于管理的人员，就会发展和推进一批老年远程教育学习收视点和收视群。这就要求我们必须高度重视老年远程教育专、兼职队伍的建设，而培训教材又是队伍建设的重要载体和有效抓手，我们期望能以本书为抓手，将远程教育的基础性工作抓紧、抓好、抓出实效。

当今，我们进入了一个开放的教育世界，生活在这个时代的任何人，都可以借助互联网学习自己需要的知识。摆在老年远程教育工作者面前的使命是如何利用开放的教育资源更好地为广大老年人服务。衷心期望继续大力加强老年远程教育实验区和示范区的建设，总结出更多新典型、新经验，更好地满足广大老年人对多样化、个性化老年教育的需求。

2018 年 6 月

目 录

第四章 全国老年远程教育优秀案例

第一章

老年远程教育概述

老年教育是以老年人为教育对象，通过科学的教育内容、途径与方法，以全面提高老年人的整体素质、提升老年人生活质量与生命质量为最终目标的教育活动。随着老龄化社会的发展，人们的物质生活水平提高，平均寿命延长，由此带来了老年教育多样化的需求。目前，老年教育主要包括老年学校教育、老年远程教育、老年社会教育等形式。

现代老年远程教育是随着现代信息技术的发展而产生的一种新型的老年教育形式，是构筑知识经济时代老年人学习体系的重要部分。它以现代远程教育手段为主，综合多种教学形式，采用多种媒体技术手段联系师生并承载老年教育课程内容。现代老年远程教育可以有效地发挥老年教育的资源优势，为提高老年教育质量提供有力的支撑，为不同的老年学习对象提供方便、快捷、广泛的教育服务。

老年远程教育是我国建设学习型社会的一个重要组成部分。2016年10月，国务院办公厅印发《老年教育发展规划（2016—2020年）》（国办发〔2016〕74号），提出要创新老年教育教学方法，将课堂学习和各类文化活动相结合，积极探索体验式学习、远程学习、在线学习等模式，引导开展读书、讲座、参观、展演、游学、志愿服务等多种形式的老年教育活动，鼓励老年人自主学习，支持建立不同类型的学习团队。毋庸置疑，大力开展老年远程教育是发展老年教育的有效途径，是扩大老年教育规模、提高老年教育质量、增强老年教育效益和满足老年人多渠道、多层次、多样化学习需求的重要措施，也是实现老年教育现代化的必然要求和重要目标。

第一节　老年教育简述

一、老年教育的内涵和特征

老年教育是终身教育的一个重要组成部分，是终身教育体系的最后一段教育，同时也是一项开创性、新兴的事业。

老年教育是社会发展到一定阶段的产物，也是整个教育系统的一个子系统。在国外，老年教育又称为第三年龄教育、高龄教育或长者教育等。

我国学者认为，老年教育是以老年人为教育对象，满足老年人求知进取、康乐有为的需求，提升其生活和生命质量而进行的自信、自觉、自主、自由的学习活动，同时也是积极老龄化、健康老龄化，实现全民学习、终身学习，建设学习型社会与经济社会可持续发展的战略选择。

老年人走进学校接受教育、参加学习，是老年教育的重要形式。老年人选择到老年学校学习，不仅包含着对知识、文化、技能的追求，还包含着精神、情感上的诉求。

在老年学校，老年人通过系统的、有计划的课堂学习活动，生活质量得到提高，精神得到振奋，还能强健身体、陶冶情操、更新知识、增长才干，让自身融入社会并继续参与社会的发展，成为继续社会化的老年人。

老年教育的特征包括：

1. 教育对象老龄化

老年教育的对象主要是指成年人的第三阶段，即准老年人和老年人，多以55岁以上老年人为受教育的对象。

2. 教育方式个性化

老年教育是针对不同的老年人，以促进老年人积极老龄化、健康老龄化为目的，提高老年人的生活、生命质量，探索不同的教育方式，尊重每一位老年人的个性并提升老年人的素质。

3. 教育过程整体化

老年教育把老年人接受教育的过程作为老年人学习、快乐、有为的有机整体过程，促进老年人的全面发展。

4. 教育原则弹性化

基于老年人的身心特点，老年教育的教育原则是弹性化，即不规定硬性指标，在老年人自愿学习的基础上，对于学习规划、学习进度、学习内容以及学习方式不做硬性要求，更多地体现出宽松的特点。

二、老年教育的目的

教育目的是将社会与个人发展有机地结合起来。老年教育既是成人教育的组成部分，是终身教育体系的最后阶段，也是老龄事业的组成部分，是一项社会公益事业。

具体来看，老年教育的目的包括以下几个方面：

1. 满足老年人的自我实现需求

根据马斯洛需求层次划分，人的需要分为生理需求、安全需求、社交需求、尊重需求、自我实现需求。随着人生阅历的丰富，老年人有着强烈的自我实现需求，如健康快乐的需求、老有所学的需求、老有所为的需求等。

老年教育满足了老年人的精神文化生活需求，帮助老年人减少对子女的依赖，将精神养老的视野扩大到集体和社会中。通过学习，老年人实现从物质的满足到心理的满足。

2. 开发老年人的潜能

老年人是社会人口的重要组成部分，随着人口老龄化，老年人所占人口比重越来越大，同时，老年人有着丰富的人生经验，对社会的影响也大。老年教育的目的就是把老年人潜在的能量和积极性挖掘出来，不断发挥老年群体的聪明才智，升华其丰富的人生经验，增强其应对各种挑战的能力。老年人通过学习，继续把自身的知识技能服务社会，为全社会创造精神财富和物质财富，向社会传播正能量。

3. 促进老年人的全面发展

人的全面发展是指人的智力、体力、才能、志趣和道德品质得到充分、协调的发展。“形成全民学习、终身学习的学习型社会，促进人的全面发展”是我国全面建设小康社会的奋斗目标之一。老年教育是老年人实现全面发展目标的重要途径，也是终身学习最恰当的体现。增进老年人福祉，促进老年人的全面发展和进步，是我国社会全面进步的重要组成部分。

4. 促进社会和谐发展

老年教育事业作为国家发展的重要战略方针，承担着促进社会和谐发展的使命。老年教育的目的就是要通过促进老年人的自我和谐、与家人的和谐，进而促进整个社会的和谐。

三、我国老年教育的发展与特征

（一）我国近代老年教育的发展历程

终身教育在我国有着深厚的思想基础，而中华民族自古就有“老有所学”的传统，“活到老，学到老”在我国有着极其深广的思想根基和文化积淀。

20世纪初，我国近代教育制度逐渐确立。然而，从整个社会来看，终身教育的理念在当时仍较为薄弱，老年群体再学习并没有受到足够的重视。

1949年以后，随着社会的发展，老年人在不同时期，以不同的形式参加了不同内容的学习。新中国成立之初，老年人的学习是伴随着城市的居民教育和农村的村民教育进行的，内容有时事、政策、法规以及文化等，特别是经过几次全国性的扫盲运动，不少老年人也掌握了初步的阅读和计算能力。不过，这些学习并非为老年人专设。在国家教育序列中，老年教育并不是独立的一个类别。

20世纪80年代，我国社会经济、文化、教育事业有了较大发展，物质水平逐步提升，人口老龄化进程加快。1983年9月，山东省在济南创建了我国第一所老年大学——山东省红十字会老年人大学（即现在的山东老年大学），这在我国老年教育历史上具有里程碑意义。随后，各省纷纷成立老年大学或老年学校。截至1985年底，全国共创建了61所老年大学或老年学校，在校学员4万多人。值得注意的是，1988年12月，国务院相关部门批准成立中国老年大学协会，这标志着老年教育群众组织参与并推进老年教育工作进入了一个新的发展阶段。

这一时期，我国老年教育尚处于探索性发展阶段，老年大学主要是为离退休老年人提供一个学习的平台，学员人数少，授课内容简单，教学方式也比较单一。

20世纪90年代，老年教育事业进入新的发展时期。老年教育的对象逐步扩大，不仅包括离退休干部，还包括退休医务人员、退休科技工作者、退休教师和退休工人等。根据相关统计，截至1993年，全国共有老年大学或老年学校5331所，在校学员已达47万人。

1994年，十部委联合制定《中国老龄工作发展纲要（1994—2000年）》，提出了在全国开展老年教育的预期目标，指出“老年大学、老年学校是老年教育的重要形式，它已成为老年人老有所学、老有所为、老有所乐的重要场所”。

1995年，《中华人民共和国教育法》颁布实施，提出在全国“建立和完善终身教育体系”。1996年颁布实施的《中华人民共和国老年人权益保障法》将老年人教育作为公民的权利之一，明确规定：“老年人有继续受教育的权利。国家发展老年教育，把老年教育纳入终身教育体系，鼓励社会办好各类老年学校。”这两部法律的颁布与实施，为发展老年教育事业提供了坚实、可靠的法律依据和法律保障。

进入21世纪，随着社会结构变迁和老龄化社会发展以及老年人的自身需要，老年教育显示出新的发展趋势。针对新时期老年教育的发展特点，党中央、国务院提出了老年教育发展目标，并做出了一系列重大决策部署。

2000年8月19日，中共中央、国务院颁发《关于加强老龄工作的决定》(中发〔2000〕13号）明确提出，“各地要重视老年教育事业，发展广播、电视、网络和函授教育，鼓励和指导社会力量按照有关规定兴办各类老年学校。各地老年教育主要为老年人提供物质文化生活所需要的知识和技能，使更多的老年人能就近参加学习”。

2001年10月，国务院《中国老龄事业发展“十一五”规划》指出，“加强老年教育工作，创新老年教育体制机制，探索老年教育新模式，丰富教学内容。加大对老年大学（学校）建设的财政投入，积极支持社会力量参与发展老年教育，扩大各级各类老年大学办学规模”。2006年，国务院发布了《中国老龄事业的发展》白皮书，指出“要努力实现‘县县有老年大学’的目标并逐步向社区、乡镇延伸”。

2010年5月，国务院常务会议审议并通过的《国家中长期教育改革和发展规划纲要（2010—2020年）》提出要“重视老年教育”。2011年9月，国务院印发《中国老龄事业发展“十二五”规划的通知》(国发〔2011〕28号），提出“加强老年教育工作，创新老年教育体制机制，探索老年教育新模式，丰富教学内容，加大对老年大学（学校）建设的财政投入，积极支持社会力量参与发展老年教育，扩大各级各类老年大学办学规模”。2012年6月教育部印发的《国家教育事业发展第十二个五年规划》提出，要“办好老年教育机构，形成覆盖城乡的继续教育网络”。

2016年10月，国务院办公厅印发《老年教育发展规划（2016—2020年）》(国办发〔2016〕74号），明确提出以扩大老年教育供给为重点，以创新老年教育体制机制为关键，以提高老年人的生命和生活质量为目的，整合社会资源，激发社会活力，提升老年教育现代化水平，让老年人共享改革发展成果。到2020年，基本形成覆盖广泛、灵活多样、特色鲜明、规范有序的老年教育新格局。明确要求以各种形式经常性参与教育活动的老年人占老年人口总数的比例达到20%以上。文件深刻阐述了规划制定的背景、总体要求、主要任务、重点推进计划和保障措施，对全面推进全国老年教育事业具有重要的现实意义。

（二）我国老年教育的特征

1. 政治性

从某种意义上来说，我国老年教育是特定时代的政治产物。1982年我国废除干部终身制、实施国家工作人员退休制度后，一批退出工作岗位的老同志怀着对党的事业负责、对老同志晚年生活负责的赤诚之心，积极探索实现老干部老年精彩生活的各种途径。老年教育成为最佳选择，成为广大老干部退休后政治思想与时俱进的重要载体。

新时代，发展老年教育是弘扬社会主义核心价值观，提升社会治理水平，应对人口老龄化，实现教育现代化和加快建设学习型社会的重要举措；是维护老年人参与社会发展和共享发展成果的权益，缓解老年人日益增长的精神文化需求和供给不平衡、不充分间的矛盾，促进社会和谐的必然选择；是实现老年人身心健康和提高生活品质，满足老年人幸福生活的必然要求，因此，发展老年教育要从休闲娱乐型教育逐步转向发展参与型教育，除了传统的康乐养生、知识技能教育外，还要更多地开展积极老龄观、科学养老观教育，培育和弘扬以自立自强、参与互助为主要内容的新型老年文化，科学开发老年人力资源、开发老年人潜能，增加社会参与、社会管理、社会服务等内容，让老年群体发挥更大作用。

我国的老年教育事业服务于党的中心任务，服务于积极老龄化、健康老龄化，这种政治属性和政治功效在其发展的实践中都得到了充分彰显。

2. 社会性

我国老龄人口基数大，老龄化推进速度快。截至2017年底，我国60岁以上老年人口2.41亿，占总人口的17.3%，到2050年将达到35.1%，老年人口规模保持在3.8亿—4.8亿，届时，不足3个人中就有1个老年人。目前，老年大学已出现“一座难求”的局面，老年教育单靠政府有关部门办学远远解决不了问题。因此，要尽可能吸引社会资本和社会力量举办老年大学，参与老年教育，形成党委领导、政府主导、社会参与、全民行动的格局。老年教育的社会性的另一特点是具有助推老年人“再社会化”的意义，老年人退出职业生涯，离开工作岗位，必然带来职业、工作中形成的某些人际关系的淡化和断裂。进入老年大学，老年人便有了一个新的归属集体，重新找到自己生活和精神的落脚点，填补或弥补退休后社会人际关系的某些缺失或失落。正如中国老年大学协会会长张晓林深刻指出的，“老年教育是老年人重新融入主流社会的重要支点；老年教育是老年人再社会化的重要通道”。我们要从老年教育与社会发展、时代进步之间的联系中进一步理解老年教育所包含、所承载的社会含义和社会功能。

3. 多样性

我国老年学习群体呈现出学龄跨度较大的特点。目前，接受各级各类老年教育的老年人，从 50 岁一直到 90 多岁，足足跨越了 40 年。据统计，截至 2017 年底，我国老龄人口中，60 岁到 65 岁的有 8253 万人，占 34%，60 岁到 69 岁的占 56%，70 岁到 79 岁的占 30%，80 岁以上高龄人口仅占 13.1%。随着物质生活和医疗条件的改善，老年人的预期寿命还将提高，如上海已达 83.37 岁。从广义上讲，所有老年人都是教育对象，但中低年龄老年人成为学习的主体。我国改革开放以来，已实现了普及九年义务教育，现在又开始普及高中阶段教育，高等教育实现了大众化，人均受教育年限日益提高。今后的退休老年人文化水准越来越高，他们对老年教育的需求，更是呈现出个性化、多样化、高品位的特点。

4. 非学历性

老年教育的主体，不是要接受严格的学历教育。绝大多数老年人参加学习不是为了一张“文凭”，也不是为学一技之长去“谋生”。因此，非学历性是老年教育区别于其他教育的最大特点。老年教育是完全根据老年人的兴趣、爱好实施的一种教育，是一种自我充实、完善、发展、提高的教育，也可以说是一种自我认识、实现自我的教育。其实质是提高晚年的生活和生命质量，实现人生价值。

四、主要发达国家的老年教育

（一）英国的老年教育

英国并没有涉及老年大学的相关正规法律，老年大学与高等教育机构之间也没有像法国那样紧密联系在一起。受到英国历史、社会与文化的影响，英国老年教育机构的类型很多，老年教育由多种不同类型的办学机构承担，如高等教育机构、民间组织、宗教团体、教育部门、慈善基金会等。承办机构的多样化是为了从不同角度满足老年人的需求，使老年人能广泛地参与到老年教育中来。

1982 年，剑桥老年大学成立。它联合了英国早期成立的一些老年大学，由彼得·莱斯里克教授起草《老年大学的目标和指导原则》。这个文件规定了在英国成立老年大学必须具备三个前提条件：一是必须对所有老年人开放；二是必须在广泛意义上体现教育性；三是必须以民主方式运营。

由于老龄化问题，英国老年人口快速增加，许多高校向成年人开放，允许老年学员旁听大学的课程和公开讲座。最典型的是第三年龄大学。英国有许多第三年龄大学，各学校的规模不同，任何在英国居住的老人都可以申请入学，不需要考试测评。作为专门为老年人提供教育的组织，遍布英国的第三年龄大学有着广泛的影响力，也成为世界一些国家老年教育效仿的对象。从教学形式上看，第三年龄大学多采用小组方式，只要学习人数达到一定规模，就开设相关课程，既有学术性的也有娱乐性的；另外，上课地点也比较自由，并不局限于学校或机构，经费采用自给自足的方式。

英国老年大学所提供的课程内容非常广泛，涉及的领域众多，如人文社科类、运动健身类、技能学习类、娱乐休闲类等。多数英国老年大学在开设课程时，只要有人提出某课程的学习意愿，又有人愿意教，那么这个新的课程就可以开设。在教学时间安排上，英国老年大学的教学时间比较富有弹性。此外，英国老年大学还会根据老年人的兴趣开展各种类型的讲座。

值得注意的是，英国老年教育不仅传授知识和技能，还始终注重把老年人的福祉与老年教育结合在一起，致力于提高老年人的生命质量、人生价值和幸福指数，以提升老年人的生命意义为目标，闲暇教育和娱乐教育只是老年教育中的一部分。

（二）法国的老年教育

为应对老龄人口的持续增加，法国政府采取了积极的措施，鼓励学术机构或民间组织进行老龄化议题的相关研究，以了解老龄化以及老龄人口对经济社会方面的影响，并出台了许多政策，多数侧重于社会保险、居家看护、医疗保健等层面。

20 世纪 60 年代，法国的一些郊区开始设立第三年龄俱乐部，深受老年人喜欢，短短几年，其发展数量和影响力快速增长。这些第三年龄俱乐部由当地政府资助，由各类文化机构支持，提供的许多活动都是免费的，即使有一些收费活动，价格也十分低廉。第三年龄俱乐部为退休人员提供了参与文化活动的机会，有助于老年人继续参与社会生活。

在法国，“老午大学”中的“大学”一词意味着必须与一所高等教育机构相关联。老年大学与高等教育机构之间是否有联系成为能否加入法国老年大学联盟的一个重要条件。要成为法国老年大学协会的成员，该老年大学须是一所高等教育院校中的某个部门或其附属的某个机构。

1973 年，法国图卢兹大学社会科学院专门为当地退休人员开设了老年教育课程，正式成立世界上第一所老年大学。进入 80 年代，法国各地兴起了由各所大学主办的第三年龄大学，成为法国实施老年教育的重要阵地，其开设的课程主要针对老年人的需求设计，不仅包含休闲娱乐课程、医疗保健课程、职业技能课程等，还有很多代际间的活动课程，以提高老年人的心理健康水平。

法国的老年教育突出老年大学的教育属性和学术地位，使老年大学的学习研究层次提高，能适应社会新信息技术的不断演进，适应老年学生不断提升的高端需求。国家赋予高等院校开展终身教育的责任和义务并予以资助，可保障老年大学发展的可持续性。法国老年教育注重、强调教育权利公平，体现了现代教育的基本思想。同时，其办学的人才、师资能与高校共享。在高校内办老年大学有利于通过共同学习知识这个非常有意义的接触，实现代际交流和合作。法国第三年龄大学取消了所有入学条件的限制，老年大学对全民开放，没有年龄限制，鼓励不同年龄段的人在一起学习，增加代际沟通和交流，使不同年龄的学习者共处学习。

世界上许多国家的老年大学采用法国的老年大学办学模式，如西班牙、德国、意大利、葡萄牙、瑞典、瑞士、比利时、巴西、加拿大、波兰、斯洛伐克、芬兰、哥伦比亚、哥斯达黎加等。

（三）美国的老年教育

美国是较早进入老龄化的国家之一，老年教育起步早，发展相对成熟，无论是社会还是政府，一直以积极的姿态应对老龄化带来的挑战。在美国，老年教育机构和组织众多，完善的相关法律政策保障了老年教育的发展，多样化的教育机构及其课程满足了不同老年学员的需求，同时，老年人的社会参与度也比较高。

20 世纪 60 年代，随着《美国老年人法案》的颁布，美国各地广泛建立了老年中心和老年机构。70 年代以后，美国的老年教育逐步由最初以解决社会问题为主变为帮助老年人自立自主发挥能力参与社会服务，即转向以老年人的发展为目标。

美国的老年教育形式灵活多样，既有高等教育机构采取的正规教育形式，又有社区学院等方便灵活的非正规教育形式，还有各种民间教育机构的非正式教育形式，如老年补习班、退休人员大学、老年人俱乐部、老年人文化中心等。

除了灵活的教育形式，美国还有数目繁多、形式多样的老年课程学习模式。比如，普通高等教育机构，包括国家和地区性的大学以及社区学院提供以教学为主的学分课程；老年中心、老年游学营和两代教育工程等机构提供以教学为主的非学分课程；图书馆和美国退休者协会等机构提供以自学为主的非学分课程。

此外，美国非常重视老年人力资源的开发和利用，政府采取了一系列措施，规定退休且有意愿参与职业教育培训的老年人享有学费减免的优惠条件，联邦老人局及其老龄服务中心必须为退休老人提供各种信息和咨询服务，进行职业介绍和安排。

（四）日本的老年教育

日本是较早进入老龄化的国家，其老年教育的重心之一就是重新开发老年人力资源，与高等教育的联系并不多。日本的第一所老年大学始办于1985年的静冈市。

在日本，老年教育活动大致有四种类型：一是老年教室，通常设立在学校、公民馆等场所，是以一系列讲座形式开展的活动，旨在提高老年人的社会活动能力，提供娱乐休闲、学习知识和强身健体的机会，学习内容以艺术技能、健康知识、文化知识、职业技能为主。二是老年俱乐部，主要组织老年人参与社区志愿者活动和各种创造性的活动。老年俱乐部在日本是一个具有一定广泛性、组织性和较大规模的老年人福利组织。日本的许多老年俱乐部有着相同的理念，但名字不同。三是老年大学，教育对象为60岁以上的老年人，通常受教育时间在两年以上，旨在培养老年活动的领导者，是一种资格认定教育。四是公开讲座和放送大学。随着终身教育理念的普及，日本政府积极推动高等院校向一般民众开放，鼓励高校开设课程或公开讲座满足校外民众的学习需求。其中，老年学习者参与公开讲座学习活动的比例最高。放送大学则是基于电视、广播和网络技术开展学习的远程教育大学。

日本老年教育的一个突出特点，就是不仅重视老年群体整体教育，而且重视老年领袖的培养，通过他们的领导作用，带动老年人积极参与社会活动。

第二节　老年远程教育简述

一、远程教育的概念、特征及发展

（一）远程教育的概念

对于远程教育，世界各国的称谓各有不同。在美国，将远程教育称为“家庭学习”“视听教育”“独立学习”等；日本称远程教育为“放送教育”或“通信教育”；澳大利亚称远程教育为“校外学习”；英国称远程教育为“开放学习”。

德国远程教育专家多曼·彼得斯认为：“远程教育是一种有系统组织的自学形式，在这种形式中的学生的咨询、学习材料的准备以及学生成绩的保证和监督都是由一个教师小组进行的。这个小组的每一个成员都具有高度的责任感。通过媒体手段有可能消除距离，媒体手段可以覆盖很长的距离。与‘远程教育’相反的是‘直接教育’；这是一种通过教师和学生直接接触发生的教育类型。”

在我国，对远程教育概念的表述也经历了一个发展过程，曾相继出现“函授教育”“广播电视教育”“远距离教育”“网络教育”等概念。直到1998年颁布的《中华人民共和国高等教育法》，将“远距离教育”改为“远程教育”，才将“远程教育”这一称呼以法律的形式确定下来。

我国著名远程教育家丁兴富教授提出了远程教育的五项描述性定义：（1）学生和教师在时间和空间上处于分离状态；（2）以现代教育技术为基础的媒体教学占有主导地位；（3）有组织的系统工程；（4）自学为主，助学为辅；（5）在学生和教师之间存在某种形式的双向通信和反馈机制。他对远程教育作了如下概括："学校远程教育是对教师和学生在时空上相对分离，学生自学为主、教师助学为辅，教与学的行为通过各种教育技术和媒体资源实现联系、交互和整合的各类学校或社会机构组织的教育的总称。"

随着计算机网络技术的发展和现代信息技术与教育相结合，从某种意义上来说，现代意义上的狭义的远程教育主要是指网络教育。在教育部已公布的一些文件中，现代远程教育与网络教育是作为同义词使用的。

（二）远程教育的特征

1. 开放性

开放性是远程教育的最基本特性，是相对于封闭的传统教育而言的。传统教育的教学资源仅仅在校园内，是只有少数人能够受到的精英教育。远程教育则应社会大众的教育需求而诞生，降低了教育的门槛，扩大了教育机会，其根本目的就是为一切有学习意愿的人提供受教育的机会，共享教育资源。

2. 拓展性

与传统的学校教育相对比，远程教育具有覆盖面更广的特点。传统的学校教育将学习者的学习活动局限在校园之内，将教育资源集中化。远程教育则恰恰相反，它突破了传统课堂教学空间和时间的限制，不受地域所限，将教育信息和教育资源通过技术手段传送给任意地方的学习者，使社会的教育资源公平化，使教学过程从教室延伸到全社会，为建设终身教育社会打下了坚实的基础。

3. 灵活性

远程教育突破了受教育对象的限制。远程教育的教学对象涵盖了各个年龄、各个层次、各种工作领域，这就要求在课程的设置方面更加全面。不论是广播电视大学的课程选择还是基础教育网校的自主选课系统，远程教育强调的是个性化和自主管理。学生可以在任何时间、任何地点学习，自己掌握学习进度，充分适应成人学习者的特点。这就使其具备了传统教育不具备的灵活性特点。

4. 中介性

远程教育的中介性主要指其技术手段。远程教育的“远程”使其必须依靠媒体技术和信息技术手段传播教育信息资源，是必须借助信息工具才能完成的教育活动。许多教育环节必须通过技术平台完成，对技术的依赖使远程教育必须以技术手段为媒介。

5. 管理性

虽然远程教育具备开放性、拓展性和灵活性等特点，但它仍然是保有一定制度下的目标性、管理性、评价性、互动性、调控性的教育活动。远程教育以独特的方式和制度调控教育活动的运行，它所具有的开放性、拓展性和灵活性并不等同于随意性和盲目性。

以现代网络教育为例，根据电脑的信息处理能力和储存能力很强的这种特性，大部分教学管理工作（如学生选课、提交作业和讨论等）可以在网络上进行。网络数据库可以记录每个学生的姓名、年龄、学号等个人情况，每次考试的成绩也都被自动记录在案。同时，学习资料也可以随时被学生和老师调出来查阅。与传统教育相比，网络教育的这种特性大大提高了教学的管理水平。

（三）远程教育的发展

从世界远程教育发展史来看，远程教育主要经历了三个重要的发展阶段。

1. 19世纪中期到20世纪中期的函授教育阶段

远程教育起源于函授教育。1840年，英国人伊萨科·皮特曼将速记教程函寄给学生，运用函授方式教授速记，被认为是函授教育的最早形式。19世纪英国印刷、出版业的发达和国家邮政服务系统的建立，孕育了最初的函授教育的产生。在这一时期，函授教育主要结合了传统的印刷技术、邮政运输技术和早期的视听技术，以印刷材料、照相、电话、幻灯、电唱、投影、录音、电影等为媒体。

2. 20世纪中期到80年代末的广播电视媒体阶段

信息技术在20世纪上半叶的发展和视听技术媒体的兴起与大众媒介的繁荣，使得远程教育在西方发达国家得到了蓬勃发展。随着广播电视的普及和现代教育技术的发展，以广播电视为载体的远程教育开始占据主流。1969年，英国创建了开放大学，并于1971年开始正式远程授课。1979年以后，我国的广播电视大学也得到蓬勃发展。不过，这一时期的电子信息通信技术仍然是以单项传输为主，远程教育的大众媒介主要以广播电视和卫星电视为主，个人媒介主要是录音、录像、光盘等，计算机也只是一种辅助教学工具。

3. 20世纪90年代至今的现代远程教育阶段

进入20世纪90年代，从世界范围来看，计算机、多媒体技术和网络技术等现代化信息技术迅猛发展，远程教育技术在双向交互的电子通信技术的基础上突飞猛进，现代教育技术也在理论和实践上更加趋于完善，此时的远程教育步入了教学资源和教学过程更加优化，且能虚拟教育环境、实现交互学习的现代远程教育阶段。在现代远程教育的发展中，互联网技术为远程教育提供了全新的教育模式——网络远程教育。从利用宽带网对异地学生进行实时同步教学，到现今网络非实时异步教学，网络远程教育突出体现了远程教育“人机交互”的特点。

现代远程教育的崛起和发展，不仅是以计算机和网络为核心的电子信息通信技术取得长足进步的结果，还是应对构建大众化高等教育体系、终身教育与终身学习体系和学习型社会的重大战略，同时，也是现代知识经济与信息社会对人力资源开发和知识创新需求的必然选择。

这里需要说明的是，后一发展阶段的远程教育并不意味着对前一阶段的否定或取代，在新技术不断革新的背景下，并不能把函授教育、广播电视教育简单地看成是过时的教育。在函授教育、广播电视教育基础上发展起来的媒体手段与计算机网络、多媒体技术等新兴的媒体手段相结合，共同实现资源的优化配置和综合利用，这是现代远程教育发展的必然趋势。

二、现代远程教育的优点及课程资源开发

（一）现代远程教育的教学方式

现代远程教育教学方式是在函授、广播电视等远程教育教学方式

的基础上发展起来的，主要与现代网络技术的发展紧密相连，其基于计算机软硬件技术和网络通信技术的教学方式主要包括以下几种：

（1）通过互联网，利用网络教学平台提供的网页等课件资源进行非实时（异步）教学。

（2）通过卫星电视网络系统以及视频会议系统等进行双向或单向的实时授课教学。

（3）通过教学光盘上刻录或硬盘存储的课件等资源进行非实时教学。

（4）通过手机、掌上电脑、云技术设备等移动通信工具进行实时或非实时教学，如各类远程教育APP应用工具和社交平台（如微信、微博等）。例如，网络课堂直播很好地实现了同步与异步教学的结合，直播时的同步与直播结束后的回放功能满足了学习者实时参与学习并反复学习的需求。

目前，绝大多数学校在网络教学实施过程中普遍采用两种或两种以上的教学方式，最终形成线上与线下、固定与移动、异步与同步、分散与集中相结合的混合型远程教学模式。

（二）现代远程教育的优点

作为两种教育培养模式，远程教育和传统课堂教育在培养目标上是一致的，而且从教育的规范程度来看，传统课堂教育与远程教育均具备正规教育的基本属性，两者互相融合、互为补充，但与传统课堂教育相比较，远程教育有其独特的优点。

1. 教育对象更加广泛

现代社会发展迅速，人才的竞争也是异常激烈，所以在强大的竞争压力下，社会上已经工作多年的成年人也需要提高自己的各项技能，网络课程就给这些想要提高自己技能的人们提供了一个很好的机会。不仅仅是在职人员，在终身学习理念下，社会上的每一个人都应不断地学习，不断地提升自己。终身学习并不是一个空洞的口号，而是现代社会发展的必然要求，也是当代教育的教学理念。远程教育打破了传统教育的年龄限制，使教育的对象更加广泛化。

2. 学习目的更加明确

远程教育主要是以学生自主学习为主导，在教与学的过程中，教师的主导作用减弱，只是起到一个帮助和促进作用，教学控制手段也会更加科学化。

3. 授课方式更为灵活

传统课堂教学形式是“三个统一”，即统一的上课时间、统一的上课进度、统一的课程考试，这种形式造成老师在课堂讲授过程中难以真正做到因材施教，学生的学习难以个性化。

远程教育突破了传统教育时间上和空间上的局限性，使得任何人在任何时间、任何地点可以从任何章节学习任何课程，在学习模式上最直接地体现了个性学习和主动学习的特点。同时，远程教育取代了教师主导、教材为本的教学模式，学习时间、地点和内容由学习者自由支配。

4. 学习方式平等、自由

科技发展以人为本，教育也应体现以人为本。因为是通过远程设备学习，就不存在实体教室上课时座位有前后排的情况，只要学生有学习的欲望并且能够集中精力听课，是可以达到相同的视听效果和学习效果的。

同时，利用远程设备学习，学习者不会有太大的压力，学习时会感到轻松自由，学习的效率也会大大提高。因为在网络上观看远程的教育视频时，是以丰富多彩的视听感受来进行教学的，这样一来，学生的学习相对自由，对课程的关注度提高，从而利于学生对所学知识的掌握。

将现代远程教育运用于传统课堂教学，有利于教学资源的设计、开发、利用和管理。远程教育与传统课堂教育存在着互补关系，即远程教育资源对传统教学资源是有益的参考和补充，同时，教师也可以把课堂教学精华运用到远程教学中。一言以蔽之，在教育过程中，应综合运用各种教学方式，扬长避短，以符合时代发展需求为目标，从而达到教育的最佳效益。

（三）现代远程教育课程资源开发

根据课程材料原始资源状况的不同，远程教育课程开发的创作模式大致可以分为改造、新建和更新三种类型。

1. 改造模式

改造模式也称为借用模式，是指在远程教育课程开发的最初阶段，可以从自有资源外的现有课程资源中借鉴某些基本适用的特定课程材料，同时进行必要的转化、增补和加工改造。需要注意的是，对现有课程资源加工改造的前提是解决好版权问题。同时，对现有特定课程材料进行加工改造，也可以考虑是否需要创作增补某些相关的课程材料。比如，创作配套的学习指导书，补充印刷材料或其他读物，制作专题视听节目，配发平时作业练习、检测试题以及模拟考试题等，设计创作配合现有课程材料的计算机课件等，设计创作配合现有课程材料的网络教学平台和教学信息发布网页等。

2. 新建模式

新建模式是指在远程教育课程开发的最初阶段，既不借用任何特定的课程材料，也不对现有特定课程材料进行改编，而是从头创建多种媒体的课程材料。

3. 更新模式

更新模式是指在利用院校自身原有的课程材料基础上进行的课程开发。有的具有多年远程教育经验的学校，在进行新一轮课程开发时，首先面对的是自身已经拥有的教育资源和课程材料库。这一模式涉及对已经开设过的课程资源及其使用效果的评估以及在评估基础上对原有课程进行再创作。这种课程更新或革新，可能是出于反映专业知识最新进展和淘汰陈旧教学内容的需要，也可能是为了改进教学策略和方法，以取得更好的教学效果等。对于那些完全过时或者实际教学效果比较差的课程，应该重建。通常，在远程教育课程开设一个周期（短则 2—3 年，长则 6—8 年）后，在取得足够的课程评估反馈信息后，远程教育工作者应该组织课程创作设计人员讨论是否对原有课程进行更新并做出决策。

三、老年远程教育的含义、特征

（一）老年远程教育的含义

老年远程教育是指随着现代信息技术的迅速发展，利用卫星、电视和互联网等现代信息和传媒技术，创设老年教育的平台和载体，通过远距离的课堂教学和双向教学互动，促使老年人身心得到全面发展以及整体生活和生命质量提升。

老年远程教育是老年学校教育系统中不可缺少的重要组成部分，主要包括老年函授教育、老年广播教育、老年电视教育和老年网络教育等方式。老年远程教育的对象是老年人，教育手段是现代信息和传媒技术，教育形式是远距离教育，教育内容是课程教学，教育目的是使老年人身心健全发展、提高生活质量，教育途径是函授、广播、网络、电视等。

现代老年远程教育是信息技术发展的产物，是现代多媒体等科技手段在老年教育体系中的综合体现与创新应用，是不断提高老年人生活质量的一种教育形式，对缓解老年人日益增长的受教育需求与教育资源不足的矛盾、创建学习型社会具有重要意义。

（二）老年远程教育的特征

与老年教育的其他学习形式相比，老年远程教育的特征如下：

1. 开放性、普及性

老年远程教育的首要特征是教育对象的开放性。老年远程教育的对象既不受年龄和性别的限制，也不受民族、地区、职业、学历和身份等的限制，真正做到向全社会老年人开放。老年远程教育适于进行大面积的老年教育，用以整体提高老年人的文化素质、道德素养。老年远程教育的开放性，保障了老年人终身接受教育、享受继续教育的权利。

随着现代科技的发展和声像设备、电化教育的普及，老年人可以通过电视和广播学习各类专业知识，远程教育便成为老年教育的一种新形式。老年远程教育一经出现，就充满活力，焕发出勃勃生机，受到广大老年学员的欢迎。老年教育的普及性体现在“有教无类”上，作为一种开放式的教育模式，老年远程教育的受教育对象可以扩展到全社会的老年人。与一般学校教育对象不同，老年远程教育的对象，年龄可以大小不一，文化程度可以高低不同，学习目的可以各式各样，学员都可以通过远程教育获得所需的知识。

2. 灵活性、多样性

与老年大学（学校）的传统教学相比，老年远程教育在教学形式和教学体制上更具灵活性和多样性。老年远程教育是对传统学校老年教育的一次重大突破，其核心是以多种形式媒体教学替代面授教学，从而突破了时空的限制，特别是随着网络技术的不断发展、网络普及率的提高，老年人通过远程学习的方式变得更加灵活多样。

网络可以传递供教学用的视听信息，它能以多媒体方式存取、管理和显示信息，还能记录应答、控制内容显示，使信息传输到每个老年人的计算机中，从而促进网络教育朝着人脑与电脑互动、个性化自主与合作协调统一的方向发展。更重要的是，老年远程教育可以以老年学习者为主体，即根据老年人自身的文化基础、兴趣爱好、家庭背景、作息安排等特点来选择相应的专业和课程，安排学习进度，调节各项学习活动。

3. 创新性、时代性

老年远程教育适应了时代的发展和社会的发展，又适应了老年人学习的需要和老年人身心发展的时代特点。

首先，老年远程教育适应了老龄化社会、和谐社会、学习型社会、终身教育社会发展的需要。老年远程教育充分满足了广大老年人精神文化的需求，保障了老年人受教育的权利，使老年人真正实现老有所教、老有所学、老有所乐。它是政府解决社会人口老龄化问题的一项重要战略决策。其次，老年远程教育也适应了老年人个体学习的需要，适应了他们身心发展的特点。老年人虽然已经退休，但他们具有比较丰富的社会经验，希望了解各种信息，关注社会的变化，继续保持着旺盛的求知欲望。

随着信息化和深度老龄化时代的到来，世界各国充分利用现代信息技术，为老年学习者提供学习与教育的机会，深入发展老年远程教育，促使老年人融入信息社会，跟上时代发展的步伐。老年远程教育不仅仅包括正规的有组织、有系统的远程教学，还包括广播电台、电视和移动网络中的老年节目，因为现代社会中大众传媒在老年人的生活里也起到了举足轻重的作用，是进行老年教育的一个非常好的平台。

4. 公益性、服务有偿性

老年远程教育具有公益性。国家投入大量资金用于网络建设，如农业网、党员干部教育网、终身教育网等，大量课程由财政资金投入制作，但随着教育需求的多样化，有不少互联网企业投入大量资金制作各类特色课程，这就涉及知识产权问题。此外，在提供教育的咨询服务、网络管理服务等方面，也需要相应的投入。因此，老年远程教育还具有部分服务有偿性的特点，需要对其进行管理和规范。

老年远程教育充分满足了老年人充实精神、求知、心理健康以及与时俱进的需求，因此，利用远程教学开展老年教育是老年教育发展的重要趋势。

四、发展老年远程教育的意义

老年远程教育被誉为“没有围墙的老年大学”，它具有开放、灵活、方便的特点，又具有突破时空、不限学习对象、教学资源丰富等优势，可以在更大程度上满足老年人个体学习的需求。

发展老年远程教育顺应时代潮流，具有如下重要的意义：

一是有利于提高老年教育的办学效益，提高老年教育的教学质量，节约国家对老年教育的投资，用有限的资金做更多的发展老年教育的实事。

二是有利于全社会的老年人参与老年教育，特别是偏远地区及广大农村老年人的学习，扩大老年教育的覆盖面，提高老年教育的参与率。

三是有利于协调、统筹全社会的老年教育教学资源，实现老年教育的资源共享。

四是有利于老年人根据自己的需求、特点，自主选择学习内容，实现自我完善与提高，同时还可以通过技术手段及时与教学人员或远方的同学沟通、讨论。

五是有利于适应各类老人的需求，特别是便于身体虚弱或者残疾的老年人参加学习，实现人人学习、处处学习、时时学习，以丰富老年人的闲暇生活，使老年人晚年过得更加充实和富有意义。

从教育对个人的最终意义上来说，老年远程教育作为老年教育的一个重要组成部分，以促进老年人的全面发展为使命。通过老年远程教育，在更广的范围内，老年人既能够陶冶情操、增进健康、延年益寿，丰富自己的精神生活，还能够更新知识、开发智力、增长才干，创造条件继续服务社会。与此同时，社会发展的成果也能够通过老年远程教育这一途径，迅速、全面地惠及老年人群体。

第三节　我国老年远程教育发展简况

一、我国老年远程教育的发展历程

远程教育是社会发展、经济腾飞、科技进步和教育改革到一定阶段的必然产物。在国际远程教育的发展潮流中，我国远程教育的发展具有独特的轨迹。老年远程教育是建立老年人学习体系的一种重要手段，它是在远程教育发展的基础上拓展起来的，与远程教育的发展历史、远程教育技术的创新以及远程教育教学形式的多样化息息相关。

从世界范围来看，老年远程教育历史并不长，有资料可查的是1995年12月，18个欧洲国家联合成立了"老年教育欧洲信息网络"组织，并在德国乌尔姆大学创设了"老年教育欧洲信息网络平台"，老年人从此可以通过网络进行学习与交流信息。

我国远程教育与老年远程教育基本上与国际同步发展。20世纪80年代末90年代初，随着我国社会发展、经济建设进入快车道，上海、北京、浙江、陕西、安徽以及天津、武汉等省市纷纷开展老年广播电视教育，我国老年远程教育也步入快速发展的道路。

根据中国老年大学协会于2002年对32所老年大学远程教育情况的书面调查，最早开展较为规范的老年远程教育的是上海。1995年，上海市老龄委、上海老年大学、上海电视大学共同创办了"空中老年人大学"，当年11月22日，"上海空中老年人大学"举行开播仪式，副市长谢丽娟出席并讲话祝贺。1999年，上海又创办了"上海网上老年大学"（中途因技术和人员等问题曾一度停办）。2003年9月，上海市政府办公厅转发市教委等五部门《关于进一步加强本市老年教育工作的若干意见》(沪府办发〔2003〕34号)，确定了“一方牵头，各方参与”的老年教育办学原则。根据这一原则，在上海市教委领导下，由上海远程教育集团牵头，建立了上海老年大学、上海电视大学、上海市老龄事业发展中心三方共同参与的老年远程教育办学体制。2006年12月，“上海空中老年大学”与“上海网上老年大学”合并，改名为“上海远程老年大学”，并重新改版开通了“上海老年人学习网”。

1997年，北京广播电视大学成立了北京老年电视大学，通过北京电视台教育频道播出老年远程教育课程。

1998年，我国教育部启动了现代远程教育试点项目，同时，还在资源建设、网络多媒体教学信息传输平台建设、质量管理和课题研究等方面全面启动了现代远程教育工程。国家对远程教育的重视极大地促进了老年远程教育事业的飞速发展。

1998年，浙江老年电视大学、武汉老年“空中课堂”(广播)也相继成立。尔后，江苏、安徽、陕西、天津以及泉州、柳州等地也纷纷开展了各种形式的老年远程教育。

2002年，安徽省利用广播手段开展老年远程教育，由省老年大学协会和省人民广播电台联合开办了“安徽空中老年大学”，受到政府与广大老年人的支持。每年都有固定的办学经费，播出的课程较多，内容极为丰富，如农业科技、隔代教育、系列保健等课程特别受到边远山区老年人的喜爱。江苏省老年广播电视大学通过江苏电视台教育频道播放老年远程教育课程；陕西广播电视大学则与陕西老年大学采取并网的方式开展教学，并将课程录像制作成光盘发送给相关单位，共同推动陕西省老年远程教育向前发展。

国家开放大学作为全民终身学习的重要支撑，充分发挥自身的组织优势、信息化平台优势和数字化学习资源优势，积极推进老年教育，主动承担起社会责任。2015年1月，国家开放大学老年开放大学正式挂牌成立。

实践证明，老年电视大学是以现代化远程教育传播手段为教育载体，是一所通过电视向广大老年学员传播科学文化知识的“没有围墙的大学”。发展老年教育，举办老年开放大学是一条多、快、好、省的“捷径”。根据调查，老年广播电视教育的对象主要集中居住在城镇与农村，占71.4%，而市区只占28.6%。可见，发展老年广播电视教育更适合于广大的农村地区、边缘地区、经济欠发达地区。

2016年10月，国务院办公厅印发《老年教育发展规划（2016—2020年）》，提出要运用信息技术服务老年教育，即加强数字化学习资源跨区域、跨部门共建共享，开展对现有老年教育课程的数字化改造，开发适合老年人远程学习的数字化资源；通过互联网、数字电视等渠道，加强优质老年学习资源对农村、边远、贫困、少数民族地区的辐射；推动信息技术融入老年教育教学全过程，推进线上线下一体化教学，支持老年人网上学习；运用信息化手段，为老年人提供导学服务、个性化学习推荐等学习支持。

二、中国老年大学协会远程教育工作委员会

（一）中国老年大学协会远程教育工作委员会的成立

中国老年大学协会远程教育工作委员会（以下简称“远程教育工作委员会”）成立于2008年5月。远程教育工作委员会是根据《中国老年大学协会章程》设立的，是中国老年大学协会下设的以远程教育为主要内容的专业委员会，在中国老年大学协会常务理事会的领导下开展活动，对常务理事会负责并报告工作。远程教育工作委员会的主要任务是为各省市开展老年远程教育沟通信息、交流经验、共享资源提供一个互动的平台，以推动全国老年远程教育的发展。

远程教育工作委员会自成立以来做了大量工作。2008—2011年，远程教育工作委员会分别在上海、山东荣成、湖北武汉和重庆召开年会。与会代表带来了各地开展老年远程教育的措施、经验，大家相互交流、相互学习，并对老年远程教育存在的问题进行研讨。经过大家的集思广益，大会相继提出了“舆论宣传先行”“星火燎原战略”“资源共享互惠”“坚持内因驱动”“抓点带面铺展”“班子民主决策”等一系列工作思路，并在实践中取得了明显的成效，推动了全国老年远程教育的交流与发展。

2012 年 12 月，新一届远程教育工作委员会成立。新一届委员会按照中国老年大学协会提出的要求，认真制订并积极组织实施推动全国老年远程教育的“三个一”行动计划，即在部分省市建立一批老年远程教育实验区，评选推广一批全国老年远程教育优质课件，开展一批老年远程教育的重点、难点的课题研究计划。以“三个一”推进计划为抓手，新一届委员会认真落实《国家中长期教育改革和发展规划纲要（2010—2020 年）》提出的“要重视老年教育”“大力发展现代远程教育，建立以卫星、电视和互联网等为载体的远程开放继续教育及公益服务平台，为学习者提供方便、灵活、个性化的学习条件”。

2013—2017 年，远程教育工作委员会先后在山东滕州、福建泉州、重庆万州、上海、江西井冈山召开了五次全国老年远程教育推进会，在上海、济南、牡丹江、天津、青岛、贵阳、杭州召开远程教育委员会主任会议，并结合全国老年远程教育推进会召开了六次远程教育工作委员会全委会，交流了一大批先进典型经验，共汇编了十多本老年远程教育学习和研究成果专辑。

图 1–1　中国老年大学协会远程教育工作委员会主任会议

图 1–2　全国老年远程教育工作推进会暨中国老年大学协会远程教育工作委员会年会

（二）远程教育工作委员会的组织架构

中国老年大学协会远程教育工作委员会的组织机构为：主任 1 名，由中国老年大学协会认定；副主任若干名，由主任与有关省市协商提出人选，报中国老年大学协会批准。目前，9 名副主任分别由上海、天津、重庆、福建、山东、贵州、浙江、安徽等省市老年大学、老年教育协会及远程教育网相关领导担任，成员（委员）单位涵盖 27 个省市。

远程教育工作委员会下设一个办公室、三个指导中心和一个网站（即远程教育网），其组织架构如下：

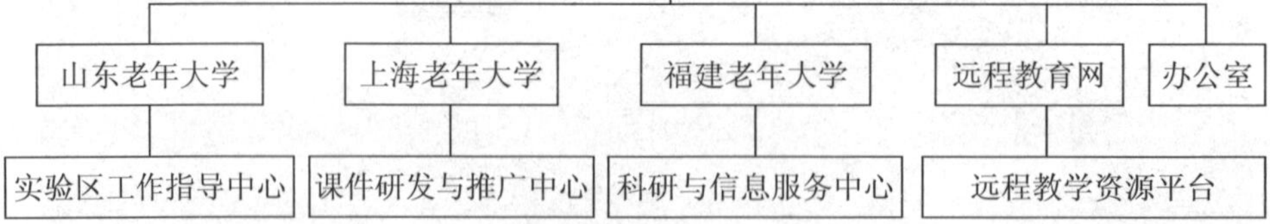

图 1–3

远程教育工作委员会办公室设在上海市老年教育协会，其主要职责是：按照工作规程，每年组织一次委员会主任会议和全体委员会议，总结交流工作，研究年度工作计划；负责协调网站和三个中心的工作以及有关活动；贯彻落实中国老年大学协会的有关工作；收集并整理全国老年远程教育的有关统计资料。

为了更好地指导、服务老年远程教育实验区建设，使实验区先行先试，形成可复制、可推广的经验，发挥示范、引领作用，远程教育工作委员会建立了与“三个一”推进计划相对应的三个指导中心，即依托山东老年大学建立老年远程教育实验区工作指导中心、依托上海老年大学建立老年远程教育课件研发与推广中心、依托福建老年大学建立老年远程教育科研与信息服务中心。

老年远程教育实验区工作指导中心的主要职责是：对各省市上报的实验区进行资格审核，并报远程教育工作委员会审定，报中国老年大学协会批准；指导各实验区制订工作方案；组织实验区开展工作交流和研讨等。

老年远程教育课件研发与推广中心的主要职责是：组织全国各地开发利用适合老年教育需要的教学资源；组织开展全国优秀老年远程教育课件的推荐、评选和推广。

老年远程教育科研与信息服务中心的主要职责是：每年发布老年远程教育课题研究指南；组织全国优秀老年远程教育课题的评审。

上述三个指导服务中心的建立是社会组织建设的创新探索，实践证明，这对老年远程教育工作的扎实有序开展提供了组织保障。

2016 年，远程教育工作委员会与广西师范大学出版社（上海）有限公司合作建立了中国老年大学协会远程教育网（以下简称“远程教育网”）。远程教育网旨在加强数字化学习资源跨区域、跨部门共建共享，以远程教育网为纽带，整合各地优质老年远程教育资源，更好地为实验区以及更多的农村、边远、贫困、少数民族地区服务。2017 年 11 月，经中国老年大学协会同意，成立“中国老年大学协会远程教育网管委会”，作为远程教育工作委员会领导下的工作机构，以有效推进中国老年大学协会远程教育网的运行与健康发展为工作目标。

（三）省市老年远程教育工作的组织领导模式

目前，老年远程教育从全国到省市尚无统一的领导管理体制，但各省市对老年远程教育工作都非常重视，根据本省市的实际情况，不断完善组织领导，这是老年远程教育得以顺利发展的重要保障。在各省市老年大学中，都设有分管远程教育的副校长，有的省市还成立了老年远程教育领导小组或者工作小组，并建立了分层负责、分级管理的领导机制，有组织、有规划、有措施、有实效地推进老年远程教育工作。目前，全国老年远程教育管理体制大致有以下几种模式：

1. 省市老干部局领导下的老年教育管理模式

贵州省委、省政府高度重视老年教育，采取有力措施，推动贵州省老年教育（包括远程教育）持续快速发展。

（1）成立贵州省老年教育工作领导小组，由省委常委、组织部长任组长，省政府分管副省长任副组长，省委办公厅、省政府办公厅、省委组织部、省委宣传部、省教育厅、省财政厅等12个省直部门及贵州老年大学为领导小组成员单位；领导小组办公室设在贵州老年大学，由学校正副校长分别兼任正副主任。领导小组的职责是："对全省老年教育工作实行指导，作出规划，安排部署，组织协调和督促检查，推动老年教育事业有计划、有步骤地发展，并动员全社会都来关心支持老年教育事业。"按照省委的要求，贵州全省9个市（自治州）和88个县（市、区）全部建立了老年教育工作领导小组及其办公室，从而在全省形成了省、市、县三级老年教育工作领导体制和一级抓一级、层层抓落实的工作格局，为全省老年教育事业持续快速发展提供了有效的组织管理结构。

（2）省委分管领导亲自出面做有关部门的工作，协调解决老年大学参照公务员法管理、办学场地建设等问题，全省9个市（自治州）、88个县（市、区）老年大学全部列为参照公务员法管理。

（3）坚持每年举行一次全省老年教育工作会议，省委领导出席并讲话，对做好老年教育工作提出明确的要求。

（4）省委、省政府领导亲自主持召开领导小组会议，审议贵州省老年教育发展五年规划。自“九五”到“十三五”，已经以省委、省政府名义出台了5个老年教育五年发展规划。省委、省政府的高度重视和大力支持，以及健全的领导体制机制，大大促进了全省老年教育发展中的规划、指导、协调等工作的顺利落实。

贵州省各级老年教育工作领导小组及其办公室把社区（村）老年教育作为普及发展的重点工作来抓，截至目前，共兴办社区老年学校1886所。自2012年起，贵州省委组织部与贵州老年大学联合发文，依托农村党员干部现代远程教育平台，建立覆盖全省的老年远程教育网络体系，远程教育资源与老年教育资源充分整合，实现了农村党员干部现代远程教育设备共享、活动场所共享、人员管理和教学资源共享。

福建省的老年大学也归属老干部局领导管理，在长期发展过程中，福建省的老年远程教育形成了三种类型的运行机制和管理模式：

（1）老年大学管理下的老年远程教育发展模式。在县级以上老年大学中开展老年远程教育工作，主要解决教育资源包括师资和有关课程的不足，作为面对面教学的一种辅助和补充。目前，福建省大多数县级以上老年大学均开展老年远程教育，有的专门开设远程教学班，但从整体上看作为辅助教学的比较多。

（2）福建广播电视大学管理下的社区老年远程教育发展模式。福建广播电视大学广泛开展城乡社区教育，依托全省电大系统成立了1200多家市县社区大学、社区学院和社区学习点，形成了遍布全省城乡的远程教育系统和办学网络。目前，“福建终身学习在线”课程资源有4万多学时，这些学习资源完全免费向老年人开放。据调查，在参与城乡社区教育的人员中，老年人占60%以上，因此，广播电视大学已成为福建省开展老年远程教育的一支骨干力量。

（3）老龄办管理下的乡镇基层老年远程教育发展模式。农村社区的老年学校，主要由老龄办管理，依托乡镇文化站、老年活动中心、村委会、居委会、社区老年人日间照料中心等场所开展教学。这些学校办学条件相对薄弱，缺师资、缺资金、缺专门的管理人员，往往只配备一些开展老年远程教育所必需的设备和学习资源，为老年人学习提供场所。这些农村的社区老年学校大部分是依托老年远程教育对老年人进行授课。

以上三种机制相互交织、相互配合，如福建老年大学与福建广播电视大学共同推动“福建老年学习网”的建设；福建老年大学与省老龄办协作，制订基层老年远程教育收视点管理办法，共同推动基层老年远程教育工作开展。从多年的实践来看，老年大学、广播电视大学、老龄办从各自的职能出发积极推动老年教育发展。老年大学远程教育覆盖面广，相对规范；广播电视大学拥有设备技术和远程教育网等优势，通过与老年大学合作，在城市社区和电大系统占有一席之地。在福建的一些地方，如泉州市、莆田市还成立老年教育工作委员会；凡成立老年教育工作委员会的地区，从体制上推动基层老年远程教育发展也较为有力，工作开展也比较顺畅。

2. 民政部门领导下的老年教育管理模式

浙江老年电视大学是浙江省民政厅领导下的一所老年大学，依托全省老龄系统，建立和完善了省校、市分校、县分校、乡镇（街道）教学辅导站、村（社区）教学点五级教学网络。从城市到农村，从山区到海岛，老年电大的教学点遍布全省各地，目前，在全省已拥有103所分校、14897个基层远程教学点，学员数从学校建立初期的1.2万人次，增长到2017年的145.3万人次。

2006年，浙江省政府印发了《关于加强老年电大教育工作的意见》，将老年电大教学点建设纳入每年的省级福利彩票公益金资助项目。2017年1月，继国务院办公厅印发《老年教育发展规划（2016—2020年）》之后，省政府办公厅印发了《扶持发展老年教育的若干意见》，要求各级政府重视和加强老年教育。《扶持发展老年教育的若干意见》指出，要“加快老年电视大学教学网络建设，推进各级老年电视大学分校实体化办学”。每年，浙江省民政厅、省老龄办都将老年电大工作列入对各市民政局、老龄办的工作考核目标。浙江老年电视大学的办学，在各级党委、政府的关心、重视与支持下，得到了持续健康的发展。

3. 教委领导下的老年远程教育管理模式

上海在市教委领导下，于2006年成立上海远程老年大学，即上海的老年远程教育原则上是由上海远程老年大学负责统筹管理。上海远程老年大学的管理体制为：在上海市教委直接领导下，由上海远程教育集团牵头，专门成立了学校校务委员会。校务委员会由市教委终身教育处、财务处、市老年教育工作小组办公室有关领导和上海老年大学、上海电视大学、上海市老龄事业发展中心三家单位的领导组成，并明确分工与职责任务。

上海远程教育集团为上海远程老年大学校务委员会主任单位，其任务是定期召开校务委员会会议，研究确定每一年的重点工作和重大活动；在调查研究的基础上确定年度课程内容安排和网络建设的意见；核定年度经费预算，上报市教委及市财政审批；对参与远程老年大学工作的三家单位进行协调与督促。上海老年大学的任务是根据校务委员会确定的课程内容聘请教授、专家、学者，编写电视教材并聘请专家、教师授课，同时负责教材的印刷、发行等工作；负责网站编辑室的组织和网站的日常采编工作；策划制订“上海老年人学习网”的有关活动内容。上海电视大学的任务是负责编写电视录像剧本，拍摄、制作电视教学录像片，安排老年教育课程在教育电视台播放，并与远程教育集团联系协调落实“上海老年人学习网”的网站管理、维护，在技术层面上确保电视课程制作和网站的正常运转，同时负责经费的总体申请以及经费的使用与管理。上海市老龄事业发展中心的任务是负责组织、宣传、发动、指导基层做好上海远程老年大学收视点工作；做好各区县、街镇、居村三级网站通讯员队伍的建设和管理工作。同时，由三家单位各派一名同志组成工作小组，具体落实校务委员会布置的各项任务。

从上海的老年远程教育发展实践来看，这一管理体制不但加强了政府的领导，明确了职责，也充分调动了各方的积极性，有力地推动了上海老年远程教育事业的发展。

（四）远程教育工作委员会的工作成效

多年来，远程教育工作委员会积极稳妥地开展老年远程教育，有序、有效地推进“三个一”计划的落实，做了大量工作，成绩斐然。“三个一”推进计划已成为开展老年远程教育的一个重要抓手，有力地推进了老年远程教育的发展，取得了良好的社会效益，这也是我国老年教育工作的一项创新成果。

远程教育工作委员会的工作成效主要反映在以下几个方面：

1. 加强顶层设计，强化组织领导，为老年远程教育发展提供保障

完善组织领导是老年远程教育得以顺利发展的重要保障。各省市对老年远程教育实验区的建设都非常重视，成立了专门的老年远程教育领导小组和工作小组，并建立了分层负责、分级管理的领导机制，有组织、有规划、有措施、有实效地加以推进。

2. 建设了一批全国老年远程教育实验区、示范区，以评促建，推动整体工作的提升

自 2012 年确定老年远程教育实验区的目标、任务、途径、措施及建设标准以来，经过 4 年多的努力，已在 20 个省市建立了 142 个实验区和 19 个示范区。这些实验区都形成了自己的办学特色，在各省市起到了分类指导、引领示范的作用。

示范区和实验区的评选，增强了全国老年远程教育的工作活力，激发了工作热情和积极性，对于推动全国老年远程教育的发展起了很大作用。通过建立示范区和实验区，全国各地的老年远程教育有了学习、借鉴的榜样，参照已建成的示范区和实验区的经验和做法，各地不断提升建设水平。示范区和实验区的建立对全国老年远程教育的发展起到示范和推进作用。

3. 评审了一批老年远程教育优秀特色课程

自 2013 年起，连续 3 年，由各省市老年大学推荐，经专家评审，评选了 344 门老年远程教育优秀、特色课程，内容涵盖了医学、声乐、书法、手工艺等 18 个大类。这批优秀课程贴近老年人的学习、生活，易学、易记、易用，而且图文并茂、生动活泼。评选工作得到

各省市老年大学的大力支持和高度重视，教材建设和课件制作的质量不断提高。

为了推广老年远程教育的优秀特色课程，远程教育工作委员会于2016年印制了《全国老年远程教育精品教材集萃》宣传册。这是在优秀教材中选出的精品课程，是首批全国共享的远程教学资源。为便于各地远程教育机构对这些教材的了解，宣传册中的每门课程都附有“二维码”，以方便大家更详细地了解该课程的情况。通过对首批精品课程的宣传和推介，促进了教学资源的合作共享。

4. 开展老年远程教育的课题研究，注重研究的针对性和实效性

切实加强老年远程教育的基础研究、应用研究、推广研究，是实验区进行先行先试的一项重要工作。各地开展老年远程教育的先进经验证明，许多还处于理论研讨阶段的课题，不少地区在实践上已经突破、已有成果。

2014年获得首届全国老年远程教育科研成果一等奖的上海老年大学《上海老年远程教育学习收视点建设的实践与思考》、山东老年大学《推进老年远程教育科学发展的路径选择与对策研究》、天津老年人大学《充分挖掘社会资源，发展老年远程教育》，2016年获得第二届老年远程教育科研成果一等奖的福建莆田市老年大学《收集、制作、整合老年教育优秀课程，建立资源库，丰富老年远程教学内容》、内蒙古老年大学《开展老年远程教育区域的实验探索，充分发挥老年远程教育示范区的示范、辐射作用》等，都具有大面积推广和转化的价值。情况在不断变化，大力发展老年远程教育面临着不少新的机遇和挑战，还需要不断进行探索和实践。近年来，各省市涌现出一批老年远程教育宏观、中观、微观的研究成果，研究的深度和广度得到进一步深化。

5. 培育了一批优秀的基层远程教育学习点

老年远程教育的对象在基层，活力在基层，经验在基层，效益在基层。为加强居村委远程学习点的建设，提高老年远程教育的覆盖面，总结各地老年远程教育收视点的经验，弘扬先进典型，发挥优秀

学习点的示范效应，远程教育工作委员会开展了评选全国老年远程教育先进学习点和老年远程教育先进工作者的活动，并制定了包括组织领导、学习场所、学习设备、经费投入、队伍建设等学习点建设方面的标准。经远程教育工作委员会各理事单位推荐，共评出153个老年远程教育先进学习点、149名先进个人。加强基层学习点的建设，有助于提高老年学员的学习效益，也有助于扩大老年远程教育的覆盖面。据2016年10月在有实验区的18个省市的统计显示：基层老年远程教育学习点共有39011个，学员数已达4417321人，较2012年的人数翻了一番。

6. 建立中国老年大学协会远程教育网

远程教育工作委员会与广西师范大学出版社（上海）有限公司合作建设的“远程教育网”于2016年11月启动。在完成搭建网站总体框架，确立基本内容，建立省市、实验区通讯员队伍，制定各项制度等一系列工作后，网站于2017年5月试运行，当年9月27日正式开通。目前，远程教育网主要开设有“成员单位”“信息交流”“视频资源”“有声资源”“图书杂志”“学员作品”“专题资源”7个栏目。远程教育网坚持老年教育优质资源共建共享理念，汇集各省市及实验区老年大学的活动信息、办学经验、理论研究成果和课程资源，将老年远程教育优质课程、电子图书等资源配送到农村、偏远、贫困与少数民族地区，切实推动各地老年远程教育事业的协调发展。

三、我国老年远程教育发展的若干思考

经过多年的实践探索，我国老年远程教育已初步形成了多部门推动、多形式办学的老年教育发展格局。但相对于老年学校教育而言，老年远程教育的发展历史还很短，理论研究还较薄弱，资源供给依旧不够充足，东、西部地区以及城乡、区域间的发展还不平衡，管理体制和运行机制还需进一步完善，理念和实践还需要进一步创新。

开展老年远程教育要以党的十九大精神为指导，对新时代老年远程教育的意义、地位、特征、任务、作用等进行再认识，努力开创老

年远程教育事业新发展。

（一）认真学习《老年教育发展规划（2016—2020年）》，提高对老年远程教育地位与作用的认识

国务院办公厅印发的《老年教育发展规划（2016—2020年）》提出，到2020年，全国县级以上城市原则上至少应有1所老年大学，50%的乡镇（街道）建有老年学校，30%的行政村（居委会）建有老年学习点，以各种形式经常性参与教育活动的老年人占老年人口总数的比例达到20%以上等。《老年教育发展规划（2016—2020年）》特别指出，到2020年，力争全国50%的县（市、区）可通过远程教育开展老年教育工作。实现上述目标，显然不能仅仅依靠老年学校教育。据统计，截至2015年底，全国60岁以上老年人口已达2.22亿，在老年教育机构以及通过老年社区教育、远程教育等各种形式学习的有1700多万，占老年人口的7.73%。而到2020年，老年人口将达2.43亿，比2015年底的统计还要多2100万，增加的老年人口比目前参加各种形式学习的老年人还要多。届时，按20%统计，应有4860万以上老年人参加学习，也就是说，要在2015年统计数据的基础上翻一番还要多。因此，要大力推进老年远程教育、老年社会教育，要着力于全国范围内的各种类型、各种形式的老年教育的整体推进。《老年教育发展规划（2016—2020年）》提出的“教育活动”是一个较为宽泛的概念，包括课堂学习、远程学习、在线学习以及读书、讲座、参观、展演、游学、志愿服务等。远程学习可覆盖上述各种学习活动，特别是运用互联网开展老年教育，更是拓宽老年人学习渠道、方便老年人就近学习、办好家门口老年教育的有效途径。

《老年教育发展规划（2016—2020年）》指出，我国目前有700多万老年人在老年大学等机构学习，有上千万老年人通过社区教育、远程教育等各种形式参与学习。显然，老年远程教育在实现规划目标中占有举足轻重的地位。随着我国互联网、数字电视等现代信息技术的迅速发展，“网络＋老年教育”必将呈现出新的发展格局，并对老年教育的发展产生深远的影响。

（二）整合各类学习资源，推进远程学习资源的社会化

《老年教育发展规划（2016—2020年）》明确提出了“学习资源建设整合计划”，要求“研究制定老年人学习发展指南，为不同年龄层次的老年人提供包括学习规划在内的咨询服务。探索建立老年教育通用课程教学大纲，促进资源建设规范化、多样化。遴选、开发一批通用型老年学习资源，整合一批优秀传统文化、非物质文化遗产、地方特色老年教育资源，推介一批科普知识和健康知识学习资源，引进一批国外优质学习资源，形成系列优质课程推荐目录。定期举办老年学习资源建设交流活动。到2020年，各省（区、市）都应初步建立起支撑区域内老年教育发展的老年学习资源库”。

老年远程教育的共享资源不仅包括教育资源、文化资源，还包括各种社会资源。首先，要将现有的学习资源用足用好，要把已经建设的优质视频课、微课、动画课件等学习资源置于更广泛的公共学习平台上，方便老年人学习。各个实验区在开展老年网络学习时，要按照“实际、实用、实效”的原则，共建、共享网络学习资源。其次，要建立有效的协调机制，促进各部门、各系统的学习资源向老年群体开放共享。进一步发挥公共文化设施的社会教育功能，深入推进公共图书馆、文化馆、博物美术馆、科技馆等各类公共设施面向老年群体开放。老年远程教育具有灵活、快捷、方便和选学面广等特点，而老年远程教育的相关部门毕竟资源有限，整合资源，实现资源共享，齐抓共管，才能有效解决学习资源不足的难题，加快推进老年远程教育的发展。

（三）创新教学内容，实现老年远程教育形式多样化

要提高老年远程教育的覆盖面和满意度，必须以老年人的需求为出发点，不断创新远程教育的内容和形式，保障不同年龄层次、不同文化程度、不同健康状况的老年人享有教育的机会和权利，满足他们不同的学习需求。

在教育内容上，要坚持适需性课程和引领性课程相结合，要根据各地实际，因地制宜地开发适合各年龄段老年人需求的课程体系，如重庆市、黑龙江省穆棱市都根据实际情况，运用老年远程教育传授农

业实用技术，不断提升农村老年人的致富能力。重庆市万州区的猕猴桃栽培技术课件，就是实现了远程教育与发展农村经济的有效结合，以学促用，带动了本村及周边村的农民增收致富。

在教育模式上更要创新，显现远程教育优势。比如，上海市根据自身特点，不断创新老年远程教育学习资源建设模式，大力发展网上学习、移动学习、团队学习、体验学习等，开展双向、多向互动，为老年人创造随时随地可学的环境。福建省泉州市老年大学自编自导自演微电影，将视频教材以微电影的形式展现，得到了学员的广泛关注和好评。有的老年远程教育实验区在开展传统电视学习的同时，借助“三微”学习模式，以短小精炼的微博、微信、微事件、微电台为媒介，综合运用音频、视频、文字、图像等进行实时互动传播，提升了老年远程教育的内涵和运行质量。

在创新多元化学习模式中，要根据老年人的需求不断完善自学平台，让自学平台满足老年人日益增长的学习需求。如微信学习圈、QQ 学习群等移动平台为学员间、师生间提供了互相交流的机会。

（四）加强老年远程教育实验区、示范区建设，推动整体工作的提升

《老年教育发展规划（2016—2020 年）》对省、市两级老年大学在办学定位和功能上提出了要求，即在办学模式示范、教学业务指导、课程资源开发等方面对区域内老年教育要发挥带动和引领作用，要将老年大学集聚的教育资源向基层和社区辐射。事实上，县级以上老年大学办学规模再大，也只能承担比例很小的一部分老年教育。况且办学规模过大，不利于优质教育资源的合理配置，也不利于老年人的就近学习。县级以上老年大学应将公共财政资源更好地服务于区域老年教育事业的发展，而运用网络手段是实现这一目标的最佳途径之一。要将老年大学（学校）的优质课程资源开发成适合老年人远程学习的数字化资源，推进线上线下一体化教学，将优质老年学习资源向农村、边远、贫困、少数民族地区辐射，为老年人提供导学服务、个性化学习推荐等学习支持。要使县域远程教育功能得到更好拓展，就需要形成一个以老年大学为中枢平台，以网络为手段，以优质课程、课件为载体，以网络志愿者为骨干，以基层学习点为基础的老年远程教育组织架构，这也是建立老年远程教育实验区的出发点和落脚点。通过老年远程教育实验区的建设，形成“县（市、区）—乡镇（街道）—村（居委会）”三级老年远程教育网络，老年大学（学校）成为老年远程教育优质教育资源的开发、配置、服务中心，老年远程教育骨干队伍的培训中心，老年远程学习点的设施建设和收视指导中心，在全面推进区域老年远程教育中真正发挥引领服务作用。发展老年远程教育事业，不仅要积极创建老年远程教育实验区，更要善于借鉴各类教育改革实验区的成功经验，总结各地老年远程教育的新经验，让老年远程教育这一具有很强生命力、发展前景广阔、社会效益明显的现代教育形式在老年教育领域得到切切实实的发展。

（五）深化老年远程教育理论和实践研究，探索老年远程教育新路径

老年远程教育是一项开创性的事业，也是一项探索性的事业，有许多理论与实践问题需要探索和研究。我们要以《老年教育发展规划（2016—2020 年）》为指导，坚持问题导向，加强老年远程教育的应用研究和政策研究；要密切联系各试验区的实际，深入研究如何开展老年远程教育实验区建设，切实提高实验区的创新与发展水平；深入研究老年远程教育示范区指标体系及实施途径和措施；深入研究如何有效整合和利用丰富的网络资源，突破条块分割、自成体系的障碍；深入研究如何理顺老年远程教育的管理体制；深入研究如何将现有的各种面向老年人的课件，进行适合老年人需求的数字化改造，更便捷地为老年人服务；深入研究如何建设和运用一支专兼职的老年远程教育骨干队伍，特别是志愿者队伍；深入研究如何处理好老年远程教育公益性与有偿服务的关系；深入研究如何使全国 50% 的县（市）通过发展老年远程教育，达到《老年教育发展规划（2016—2020 年）》提出的老年教育的发展目标；深入研究老年远程教育如何更好地为农村、边远、贫困、少数民族地区服务，更好地为农村和农民的脱贫致富服务；深入研究如何有效提高老年远程教育的吸引力、收视率、覆盖率和满意率等。只有不断研究老年远程教育发展中遇到的难点、热点，不断探索老年远程教育新的内容、新形式、新模式，才能使老年远程教育与时俱进，不断满足老年人日益增长的美好生活需要。

（六）加强远程教育网建设，服务老年远程教育事业

中国老年大学协会远程教育工作委员会与广西师范大学出版社（上海）有限公司合作建立老年远程教育网站，是贯彻落实《老年教育发展规划（2016—2020年）》提出的“加强数字化学习资源跨区域、跨部门共建共享，开展对现有老年教育评估的数字化改造，开发适合老年人学习的数字化资源”和“支持和鼓励各类社会力量通过独资、合资、合作等形式举办或参与老年教育”的一项重要举措。远程教育网这一平台具有很强的针对性、集成性、专业性、互动性和可操作性，它将全国一百多个远程教育实验区凝聚起来，率先共享由远程教育工作委员会组织评选出的一批远程教育优秀课程和研究成果，并展示了各省市、实验区老年大学开展老年教育的最新信息与优秀学员作品。远程教育网将进一步规划开发老年教育精品系列教材，实现在线课程资源与纸质教材的线上线下互动，努力满足学员的多样化学习需求；在“做增量”的基础上推进“改存量”，打破旧有的藩篱，在渠道、平台、管理、经营、体制与机制等方面与相关传媒进一步加强合作，以服务优势赢得收视优势，以内容优势赢得发展优势，以创新优势赢得可持续发展优势，使老年远程教育网在推进老年远程教育的新发展中做出积极贡献。

第二章

现代老年远程教育的发展

第一节　教育信息化与老年远程教育

一、认真学习党的十八大以来习近平总书记关于互联网及信息化系列重要讲话

党的十八大以来，习近平总书记准确把握时代大势，就互联网发展尤其是网络强国战略发表了一系列具有重大现实意义和深远历史意义的重要讲话。这一系列重要讲话精神，可以综述为以下 5 个方面：

（一）深刻认识互联网

2015 年 5 月 22 日，习近平主席在致国际教育信息化大会的贺信中指出："当今世界，科技进步日新月异，互联网、云计算、大数据等现代信息技术深刻改变着人类的思维、生产、生活、学习方式，深刻展示了世界发展的前景。"

2015 年 12 月 16 日，习近平主席在第二届世界互联网大会开幕式上又指出："纵观世界文明史，人类先后经历了农业革命、工业革命、信息革命。每一次产业技术革命，都给人类生产生活带来巨大而深刻的影响。现在，以互联网为代表的信息技术日新月异，引领了社会生产新变革，创造了人类生活新空间，拓展了国家治理新领域，极大提高了人类认识世界、改造世界的能力。"

2016 年 4 月 19 日，在网络安全和信息化工作座谈会上，习近平总书记特别强调，按照创新、协调、绿色、开放、共享的发展理念推动我国经济社会发展，是当前和今后一个时期我国发展的总要求和大趋势，我国网信事业发展要适应这个大趋势，在践行新发展理念上先行一步，推进网络强国建设，推动我国网信事业发展，让互联网更好

地造福国家和人民。

（二）创新发展互联网

在网络安全和信息化工作座谈会上，习近平总书记用人人都懂的砌房子作喻：“一个互联网企业即便规模再大、市值再高，如果核心元器件严重依赖外国，供应链的‘命门’掌握在别人手里，那就好比在别人的墙基上砌房子，再大再漂亮也可能经不起风雨，甚至会不堪一击。”

习近平总书记还指出，“核心技术受制于人是我们最大的隐患”，“市场换不来核心技术，有钱也买不来核心技术”，“核心技术是国之重器，最关键最核心的技术要立足自主创新、自立自强”。只有“争取在某些领域、某些方面实现‘弯道超车’”，“只有把核心技术掌握在自己手中，才能真正掌握竞争和发展的主动权，才能从根本上保障国家经济安全、国防安全和其他安全”。他对我国网信领域广大企业家、专家学者、科技人员提出希望，“要树立这个雄心壮志，要争这口气，努力尽快在核心技术上取得新的重大突破”。

习近平总书记强调要不拘一格降人才，他特别提醒，“互联网领域的人才，不少是怪才、奇才，他们往往不走一般套路，有很多奇思妙想。对待特殊人才要有特殊政策，不要求全责备，不要论资排辈，不要都用一把尺子衡量”。

（三）深度运用互联网

2016 年 10 月 9 日，中共中央政治局就实施网络强国战略进行第三十六次集体学习时，习近平总书记再次强调：“世界经济加速向以网络信息技术产业为重要内容的经济活动转变。我们要把握这一历史契机，以信息化培育新动能，用新动能推动新发展。”

2015 年 11 月 15 日，在二十国集团领导人第十次峰会第一阶段会议上，习近平主席指出：“无论是在国内同中国企业家交流，还是访问不同国家，我都有一个强烈感受，那就是新一轮科技和产业革命正在创造历史性机遇，催生‘互联网＋’、分享经济、3D 打印、智能制造等新理念、新业态，其中蕴含着巨大商机，正在创造巨大需求，用新技术改造传统产业的潜力也是巨大的。”

当前，我国经济发展进入新常态。习近平总书记指出，新常态要有新动力，互联网在这方面可以大有作为。他强调，我们要加强信息基础设施建设，强化信息资源深度整合，打通经济社会发展的信息“大动脉”。党的十八届五中全会、《国民经济和社会发展第十三个五年规划纲要》都对实施网络强国战略、“互联网＋”行动计划、大数据战略等做了部署，习近平总书记强调要切实贯彻落实好，着力推动互联网和实体经济深度融合发展，以信息流带动技术流、资金流、人才流、物资流，促进资源配置优化，促进全要素生产率提升，为推动创新发展、转变经济发展方式、调整经济结构发挥积极作用。

互联网发展的深度，很大程度上取决于互联网普及的广度。习近平总书记指出，必须贯彻以人民为中心的发展思想。要适应人民期待和需求，加快信息化服务普及，降低应用成本，为老百姓提供用得上、用得起、用得好的信息服务，让亿万人民在共享互联网发展成果上有更多获得感。他特别指出：“相比城市，农村互联网基础设施建设是我们的短板。要加大投入力度，加快农村互联网建设步伐，扩大光纤网、宽带网在农村的有效覆盖。”

（四）依法管理互联网

2013年11月，习近平总书记在关于《中共中央关于全面深化改革若干重大问题的决定》的说明中指出，网络和信息安全牵涉到国家安全和社会稳定，是我们面临的新的综合性挑战。正是基于对网络安全重要性的深刻认识，党的十八届三中全会确定了坚持积极利用、科学发展、依法管理、确保安全的方针，决定加大依法管理网络力度，完善互联网管理领导体制，其目的是整合相关机构职能，形成从技术到内容、从日常安全到打击犯罪的互联网管理合力，确保网络正确运用和安全。

习近平总书记指出，面对复杂严峻的网络安全形势，我们要保持清醒头脑，各方面齐抓共管，切实维护网络安全。“树立正确的网络安全观”，“加快构建关键信息基础设施安全保障体系”，“全天候全方位感知网络安全态势”，习近平总书记就网络安全建设指明了方向。他还指出：“做好网上舆论工作是一项长期任务，要创新改进网上宣传，运用网络传播规律，弘扬主旋律，激发正能量，大力培育和践行社会主义核心价值观，把握好网上舆论引导的时、度、效，使网络空间清朗起来。”

（五）合作共享互联网

习近平总书记指出：“互联网虽然是无形的，但运用互联网的人们都是有形的，互联网是人类的共同家园。让这个家园更美丽、更干净、更安全，是国际社会的共同责任。”

在第二届世界互联网大会开幕式上，习近平主席发表的重要讲话被海内外评价为“奠定了互联网蓬勃发展的基石”。在这次会议上，习近平主席指出：“国际社会应该在相互尊重、相互信任的基础上，加强对话合作，推动互联网全球治理体系变革，共同构建和平、安全、开放、合作的网络空间，建立多边、民主、透明的全球互联网治理体系。”

同时，习近平主席率先提出了“四项原则”和“五点主张”。“四项原则”包括：尊重网络主权；维护和平安全；促进开放合作；构建良好秩序。“五点主张”包括：率先提出加快全球网络基础设施建设，促进互联互通；打造网上文化交流共享平台，促进交流互鉴；推动网络经济创新发展，促进共同繁荣；保障网络安全，促进有序发展；构建互联网治理体系，促进公平正义。

在网络安全和信息化工作座谈会上，习近平总书记强调指出：“我们要鼓励和支持我国网信企业走出去，深化互联网国际交流合作，积极参与‘一带一路’建设，做到‘国家利益在哪里，信息化就覆盖到哪里’。外国互联网企业，只要遵守我国法律法规，我们都欢迎。”

党的十八大以来，习近平总书记关于互联网和信息化系列重要讲话成为以习近平同志为核心的党中央治国理政新理念新思想新战略的重要组成部分，为深入推进网络强国战略指明了前进方向，为国际互联网治理提供了重要原则。

二、教育信息化发展趋势

信息化是指培养、发展以计算机为主的智能化工具为代表的新生产力，并使之造福于社会的历史过程。当前，人类社会生产力仍处在信息化变革中。20 世纪以来在全球展开的信息和信息技术革命，继续以前所未有的方式影响着社会变革的方向，改变着人们的生产方式、工作方式、学习方式、交往方式、生活方式、思维方式等。

从整体来看，信息化是当今时代发展的大趋势，代表着社会先进生产力。从技术上看，教育信息化的基本特点是数字化、网络化、智能化和多媒体化。从教育上看，教育信息化的基本特征是开放性、共享性、交互性与协作性。

2015 年，联合国 193 个会员国一致通过了《改变我们的世界——2030 年可持续发展议程》，其中第 4 项是关于全球教育 2030 议程及目标，即确保全纳、公平的优质教育，促进全民享有终身学习的机会。

针对教育 2030 年可持续发展议程提出的十大目标，联合国教科文组织统计研究所（UIS）制定了 11 项全局指标来检测各个国家和地区在具体目标上的实施进展。联合国教科文组织统计研究所所长西尔维亚·蒙托亚（Silvia Montoya）在解析教育 2030 议程的监控指标时表示，信息技术（ICT）能力是此项考核的重要因素之一。

此外，联合国教科文组织统计研究所又制定了 43 项更为详细的主题指标。其中，信息技术能力、数字文学与文学能力被列入“能力”的考查范畴。

从世界其他国家的教育创新和实践来看，国际教育领域的教育技术信息化进程正如火如荼地展开。例如，印度推出基础教育在线实验室，实现线上和线下、真实与虚拟结合，帮助学生开展危险性高的或需要稀缺昂贵材料的实验，在线实验室通过提供优质学习资源来改变基础教育薄弱的现状。澳大利亚学校使用机器人辅助教与学，通过在课堂教学中引入机器人，帮助学生融入课堂活动，提高课堂教学效率。日本推进电子教材进入中小学课堂，引入数字化学习材料，以满足学生日益增长的多样化学习需求。

一些世界知名IT企业对教育信息化非常热心并积极支持，它们一直关注新技术在教育中的应用，组建团队设计开发了教育产品，从而为世界范围内的教育教学提供优质服务。比如，重塑课堂教育，提供教育云（Edu-Cloud）服务，建立教育资源共享平台，等等。

2016年1月，微软公司与个人电脑制造商惠普合作打造新的Windows 10教育项目，该项目称为重塑课堂（Reinvent the Classroom）。重塑课堂项目首先在世界上60所学校的教室配备新科技，建设最先进的学习室，教学软件使用微软的Office 365、Skype和惠普适应性学习（Adaptive Learning），支持混合式学习、创造活动和国际交流，塑造未来学习模型。

亚马逊公司推出免费资源共享平台Amazon Inspire。其拥有巨大的存储空间，学校可以把整个图书馆数字资源上传，教师可以在平台上发布教案或参考资料，平台会对这些材料评级，用户可以进行评论，系统根据用户数据个性化推荐所需资源。该平台类似于在亚马逊网店购物，用户可以在平台上筛选所需要的教育数据，并且可以引用所需要的资源。

三、贯彻落实国务院《“十三五”国家信息化规划》

2016年12月15日，国务院下发《“十三五”国家信息化规划》（国发〔2016〕73号）。该规划旨在贯彻落实我国《国民经济和社会发展第十三个五年规划纲要》和《国家信息化发展战略纲要》（中共中央办公厅、国务院办公厅印发，自2016年7月起实施），是“十三五”国家规划体系的重要组成部分，同时也是指导“十三五”期间各地区、各部门信息化工作的行动指南。

《“十三五”国家信息化规划》提出，要全面增强信息化发展能力，着力发挥信息化对经济社会发展的驱动引领作用，拓展网络经济空间，壮大网络信息等新兴消费，全面提升信息化应用水平，推动信息技术更好地服务经济升级和民生改善，全面优化信息化发展环境，让信息化更好地造福国家和人民。

党中央、国务院高度重视信息化工作。“十二五”时期特别是党的十八大之后，成立了中央网络安全和信息化领导小组，通过完善顶层设计和决策体系，加强统筹协调，做出实施网络强国战略、大数据战略、“互联网＋”行动等一系列重大决策，开启了信息化发展新征程。

《“十三五”国家信息化规划》认为，“十三五”时期，全球信息化发展面临的环境、条件和内涵正发生深刻变化。人类社会对信息化发展的迫切需求达到前所未有的程度。信息技术创新代际周期大幅缩短，创新活力、集聚效应和应用潜能裂变式释放，更快速度、更广范围、更深程度地引发了新一轮科技革命和产业变革。物联网、云计算、大数据、人工智能、机器深度学习、区块链、生物基因工程等新技术驱动网络空间从人人互联向万物互联演进，数字化、网络化、智能化服务将无处不在。现实世界和数字世界日益交汇融合，全球治理体系面临深刻变革。

从国内看，我国经济发展进入新常态，正处于速度换挡、结构优化、动力转换的关键节点，面临多重挑战，亟须发挥信息化的优势，推进供给侧结构性改革，培育发展新动能，构筑国际竞争新优势。从供给侧看，推动信息化与实体经济深度融合，有利于提高全要素生产率，提高供给质量和效率，更好地满足人民群众日益增长、不断升级和个性化的需求；从需求侧看，推动互联网与经济社会深度融合，创新数据驱动型的生产和消费模式，有利于促进消费者深度参与，不断激发新的需求。

同时，我国信息化发展还存在一些突出短板，比如技术产业生态系统不完善，自主创新能力不强，互联网普及速度放缓，贫困地区和农村地区信息基础设施建设滞后，信息资源开发利用和公共数据开放共享水平不高，与先进信息生产力相适应的法律法规和监管制度还不健全，网络安全技术、产业发展滞后，等等。

《“十三五”国家信息化规划》提出了我国信息化发展目标——到

2020年，“数字中国”建设取得显著成效，信息化发展水平大幅跃升，信息化能力跻身国际前列，具有国际竞争力、安全可控的信息产业生态体系基本建立。核心技术自主创新实现系统性突破，信息基础设施达到全球领先水平，信息经济全面发展，信息化发展环境日趋优化。信息技术和经济社会发展深度融合，数字鸿沟明显缩小，数字红利充分释放。信息化全面支撑党和国家事业发展，促进经济社会均衡、包容和可持续发展，为国家治理体系和治理能力现代化提供坚实支撑。

为实现以上目标，《“十三五”国家信息化规划》提出了相应的政策措施：一是完善法律法规，健全法治环境；二是创新制度机制，优化市场环境；三是开拓投融资渠道，激发发展活力；四是加大财税支持，优化资源配置；五是着力队伍建设，强化人才支撑；六是优化基础环境，推动协同发展。

四、贯彻落实教育部《教育信息化“十三五”规划》

2016年6月，教育部印发《教育信息化“十三五”规划》(教技〔2016〕2号)。《教育信息化“十三五”规划》在国家“十三五”规划指导意见基础上，立足我国教育信息化发展的现状、目标、要求，对我国教育信息化未来五年的发展提出了新理念、新思路、新方法。

《教育信息化“十三五”规划》提出的主要任务有：

一是全面提升教育信息化基础支撑能力。结合国家“宽带中国”建设，采取多种形式，基本实现各级各类学校宽带网络的全面覆盖，具备条件的教学点实现宽带网络接入，东部和具备条件的城镇各类学校应实现无线网络全覆盖。确保各级各类学校普遍具备信息化教学环境。大力推进“网络学习空间人人通”，网络学习空间应用普及化，基本形成与学习型社会建设需求相适应的信息化支撑服务体系。

二是实现公共服务平台协同发展，大幅提升信息化服务教育教学与管理的能力。积极利用云计算、大数据等新技术，创新资源平台、管理平台的建设和应用模式。鼓励企业根据国家规定与学校需求建设资源平台，提供优质服务。“十三五”末，要形成覆盖全国、多级分布、互联互通的数字教育资源云服务体系，为学习者享有优质数字教育资源提供方便快捷的服务，提升教育信息化支撑教育教学的水平。制定出台教育数据管理办法，规范数据的采集、存储、处理、使用、共享等全生命周期管理，保证数据的真实、完整、准确、安全及可用，实现教育基础数据的有序开放与共享。逐步实现资源平台和管理平台的互通、衔接与开放。

三是不断扩大优质教育资源覆盖面，优先提升教育信息化促进教育公平、提高教育质量的能力。

四是加快探索数字教育资源服务供给模式，有效提升数字教育资源服务水平与能力。大力实施面向不同行业、企业的高等学校继续教育e行动计划，办好开放大学、老年大学、就业技能培训等，为全民学习、终身学习提供有力支撑。

五是创新“网络学习空间人人通”建设与应用模式，从服务课堂学习拓展为支撑网络化的泛在学习。要积极利用成熟技术和平台，统筹推进实名制网络学习空间的建设与应用。

六是深化信息技术与教育教学的融合发展，从服务教育教学拓展为服务育人全过程。要依托信息技术营造信息化教学环境，促进教学理念、教学模式和教学内容改革，推进信息技术在日常教学中的深入、广泛应用，适应信息时代对培养高素质人才的需求。

七是深入推进管理信息化，从服务教育管理拓展为全面提升教育治理能力。

八是紧密结合国家战略需求，从服务教育自身拓展为服务国家经济社会发展。

《教育信息化“十三五”规划》的出台标志着我国教育信息化进入了一个全新的发展阶段。首先，教育信息化的战略地位已经由国家层面确立，党中央、国务院对教育信息化的战略地位有了更明确的定位，即从教育改革的重要内容和手段上升到实现教育现代化和推动经济社会各项事业现代化的必由之路的地位。第二，全球信息技术发展迅速并深刻地影响着教育教学。高速互联网、移动通讯、云计算、大数据和智能产品等新一代信息技术在全球教育领域产生深刻影响，慕课、翻转课堂、创客教育等信息技术支持的新兴教育、教学模式蓬勃发展，这就要求融合新技术与教学管理，变革传统教学模式，“抢占信息化制高点，增加国际话语权”。第三，教育信息化基础设施与资源的深度应用成为广大教育者的广泛吁求。由于中西部信息化基础设施不够完善，亟须在初步实现普遍应用的基础上进一步贯彻“应用驱动”这一教育信息化的基本方针。第四，教育信息化建设机制进一步转变。“十三五”期间，教育信息化将进入深化应用、融合创新的发展新阶段，“政府政策支持、企业参与建设、学校持续使用”的建设机制需要进一步坚持，教育信息化工作重心更需要不断下移。

《教育信息化“十三五”规划》明确了教育信息化的行动纲领和路线图，提出了坚持促进信息技术与教育教学深度融合的核心理念以及应用驱动与机制创新的根本方针。

国务院《“十三五”国家信息化规划》和教育部《教育信息化“十三五”规划》对我国老年远程教育的发展具有非常重要的指导意义。

第二节　信息技术与老年远程教育

以互联网为代表的信息技术日新月异，引领了社会生产新变革，创造了人类生活新空间，拓展了国家治理新领域，极大地提高了人类认识世界和改造世界的能力。当前，云计算、大数据、物联网、移动计算等新技术逐步广泛应用，经济社会各行业信息化步伐不断加快，社会整体信息化程度不断加深，信息技术对教育的革命性影响日趋明显。

面对信息化浪潮，教育的关键问题是技术如何与教育深度融合。发达国家纷纷将教育信息化提高到前所未有的高度。美国《2016 国家教育技术规划》提出："当前的重点，已经不是是否要在学习中使用技术，而是如何用技术来改进学习，以确保每个学生都获得高质量的学习体验。"

我国政府较早就认识到信息技术对教育发展的重要作用，20 世纪末开始实施的《面向 21 世纪教育振兴行动计划》中就设立了"现代远程教育工程"。进入新世纪以来，中国政府对信息技术的认识进一步深化，《国家中长期教育改革和发展规划纲要（2010—2020 年）》强调，"信息技术对教育发展具有革命性影响，必须予以高度重视"，并为此专门制定了《教育信息化十年发展规划（2011—2020 年）》和《教育信息化"十三五"规划》。

老年教育信息化是我国教育信息化建设的重要组成部分，同时，也是深化老年教育领域综合改革中不可或缺的支撑和推动力。由于我国地域广阔，老年人口众多，再加上地区经济文化发展的不平衡，这一切使得开放性的老年远程教育具有广阔的发展前景。随着新理念与新技术在教育领域的渗透应用，随着老年群体对应用新技术进行学习的需求越来越大，未来，人工智能、云计算、大数据等新技术与老年教育的结合也将会成为时代发展的必然。

一、社交软件、云课堂和慕课

从目前来看，微信已成为我国网络时代重要的社交软件，它是腾讯公司 2011 年推出的一款可以通过网络进行即时聊天的软件。微信使用智能手机操作，用户可以通过手机、平板电脑以及网页快速发送语音、图片、文字和视频。人们可以通过电话号码、摇一摇、附近的人、扫描二维码等形式添加好友以及关注公共平台，而且可以把精彩的内容发到朋友圈和大家一起分享。微信具有即时通信、多平台、零资费、省流量等特点，而且支持多人群聊，更灵活、更智能，被越来越多的人使用。它让人与人之间的距离更富有弹性，使信息的传播更加高效，使内容更加丰富。微信的这些功能对老年教育的影响也逐步加深。

对于老年学校来说，微信、QQ 不仅可以即时发布学校各类信息，辅助老年学校进行招生，通过上线云课堂开展老年远程教育，更重要的是可以加强教师和学员以及学员和学员之间的联系。

“云课堂”这一概念源于互联网的云技术、云存储、云管理等概念。“云”是互联网的一种比喻说法。“云课堂”，即以互联网这个庞大的资源库为后盾，将学习资源、学习平台、学习终端、学习服务和学习网络有效整合，在日常课堂教学中运用信息技术打造的高效课堂。目前，云课堂主要有网络课堂（或网络教室云课堂）、电子书包（或电子书包云课堂）、iPad 移动学习课堂（或 iPad 云课堂）。云课堂的主要特点是高效、互动、开放、个性化。“云课堂”的实施，需要软件和硬件条件的支撑。硬件主要是指学校硬件的投入和家庭的支持，比如 APP 客户端、教学硬件、校园 Wi-Fi 的构建等。

慕课（MOOC）是近些年涌现出来的一种较为典型的在线课程开

发模式。所谓“慕课”（MOOC），英文直译为“大规模开放的在线课程（Massive Open Online Course）”。顾名思义，“M”代表Massive（大规模），与传统课程只有几十个或几百个学生不同，一门慕课课程动辄上万人；第二个字母“O”代表Open（开放），以兴趣为导向，凡是想学习的，都可以进来学，不分国籍，只需一个邮箱就可注册参与；第三个字母“O”代表Online（在线），学习在网上完成，不受时空限制；第四个字母“C”代表Course，即课程的意思。

慕课是在新兴网络和视频通信技术推动下，针对大规模人群的在线教育模式，其特点是规模大、平台开放、用户体验好。此外，从平台的运作方式看，慕课模式颠覆了传统的由政府/学校集中（也是垄断性）承担出资、教学、管理、课程内容设计等各项教学活动，转而由具有不同专业技能的机构/实体负责不同的环节。

慕课的互动操作更加明显。慕课在操作模式上融入了很多社交元素，比如，使用者可以在慕课平台建立个人简介，并上传图片，通过平台与来自全世界的在线学习者互动，建立学习小组，讨论课程话题，分享学习心得。这与传统的远程教育非常不同，远程教育的实质是一对多，学生只通过视频跟老师单项互动，或者通过E-mail实现最基本的双向互动；而慕课做的是一个社区概念，老师对学生，学生对学生，学生对老师，完成了一对多、多对多、多对一的全方位互动，更贴近现在的社交方式。

慕课作为典型的在线课程开发模式，其发展对老年远程教育平台开发有着很好的借鉴作用。

二、人工智能、大数据和云计算

人工智能（Artificial Intelligence，简称AI）主要研究如何用计算机模仿人脑所从事的推理、证明、识别、理解、设计、学习、思考、规划以及问题求解等思维活动，以解决只有专家才能处理的复杂问题，如咨询、诊断、预测、规划等决策性问题。目前，人工智能的应用领域主要还是以工业制造为主，如无人驾驶汽车、辅助诊断、刑侦监测等领域。

然而，人工智能和人工智能科学自诞生之日起，其研究和应用领域就与教育紧密相关。人工智能在教育中的应用主要集中在智能教学系统、智能化考试系统、智能化学校管理、智能化学校环境。结合当前的人工智能和教育应用结合现状，人工智能和教育的融合应用具体体现在自适应学习系统、智能批改系统、智能排课系统、中英文口语考试、智能教室环境系统等。

从目前的发展趋势来看，人工智能技术对基础教育的影响与日俱增，并进而对老年教育和整个终身教育产生重要影响。值得关注的是，人们对智能家居等应用领域的关注度越来越高。随着人均可支配收入的增加以及人口老龄化时代的来临，未来包括机器人在内的人工智能产品的市场需求将会不断扩大。人工智能家庭化的现象将会普及，届时家用助老服务机器人、医疗机器人以及家用清洁机器人的市场需求将会激增。

目前，把老年教育内容植入人工智能机器，将人工智能技术应用到老年远程教育中已初现端倪；未来，老年远程教育与人工智能的结合将远超想象。

大数据教学依托于人工智能、OMR（光标阅读机）、OCR（光学字符识别）、评价统分分析引擎、大数据等先进技术，通过全场景过程性动态数据采集，构建以学习者为中心的学业评价体系，基于大数据的精准诊断、分析及优质资源推荐，帮助学校实现“轻松备、针对教、智能改、全面辅、精准研、高效管”，同时提升学员自主学习的积极性和有效性。

目前，海量大数据存储及计算技术也在各类教育中得到应用。将大数据技术应用到支撑学校教学和学生学习过程中是教育大数据应用的终极目标。

大数据、云计算技术的综合运用，可以提高老年教育教学过程的个性化和互动性，提高教学的效率和效果，实现老年教育教学决策的数据化，对于解决老年教育均衡发展问题、提高薄弱地区老年教育质量、打破传统大班制教学的局限、拓展解决老年教育教学问题的思路、引发老年教育模式的重大创新、实现因材施教，具有划时代的意义。未来，它将会引领整个老年教育现代化进程。

三、虚拟现实（VR、AR）技术

虚拟现实（Virtual Reality，简称 VR）是指利用电脑模拟产生一个三维空间的虚拟世界，提供使用者关于视觉、听觉、触觉等感官的模拟，让使用者如同身临其境一般，可以及时、没有限制地观察三维空间内的事物。

虚拟现实技术能够为学生和教师提供逼真、生动的环境，又具有较强的可参与性，从而使学员和教师都能进入虚拟环境进行角色扮演，与传统教育环境相比，是一种完全不同的教学模式，对突破传统教学的缺陷和调动学员的学习积极性等方面都将起到积极的作用。目前，从学科教学角度来看，虚拟教学在理工科的教学和操作技能训练中使用十分广泛，如传统上具有一定危险性或需要大量人力、物力和财力投入的建筑、机械、物理、化工等学科的教学。

虚拟现实技术应用的重要成果还有以下方面：

VR 科普教室：将虚拟现实技术与教学相融合，以优质教研内容资源为核心，集硬件设备、软件应用系统、教研内容、课件资源于一体，将抽象的概念情景化，为体验者打造高度仿真、沉浸式可交互的虚拟互动学习场景。

AR 智能课桌：学生以小组为单位进行 AR 虚拟实验与科普知识学习，并通过对卡牌进行操作开展各类主动探究活动，培养了学生的学习兴趣，提高了学生的探究能力、动手实践能力、独立思考和沟通协作能力。

轻沉浸 VR 套装：通过 3D 虚拟数字技术，利用形象逼真的 3D 画面将抽象的知识形象化，采用 VR 全息教学台和 3D 投影为学生创造一个多维度教学场景，学生佩戴 3D 眼镜对课程内容进行学习与操作，调动视觉、听觉、动觉等多感官参与其中。

全沉浸 VR 套装：利用 VR 多感知性、交互性等特征，通过软硬件一体化的产品，打造沉浸式教学体验。学生佩戴头盔在虚拟环境中学习体验，教学内容变得形象生动，学生在互动中学习，有助于提高学习效率。

对于教师而言，通过虚拟现实和增强现实技术可以使教学内容变得形象生动。同时，通过硬件与软件的配合，可以有效解决教师在备课和课堂秩序管理中浪费精力的问题。

第三节　现代老年远程教育事业的发展

一、老年远程教育事业的发展环境

老年远程教育事业是老年教育的重要组成部分，也是老龄事业的组成部分。老龄事业可划分为满足老年人的健康需求、生活需求、精神需求和发展需求四种类型，老年教育兼顾了老年人的精神需求和发展需求。随着社会经济的不断发展和人们生活水平的不断提高，在物质生活得到极大满足之后，老年人对个体精神的需求更加迫切。在新技术发展和社会革新不断推进的社会背景下，部分对自身要求高的老年人更是有着较高的发展要求。

从目前来看，老年远程教育事业的发展环境主要包括以下五个方面：

（一）老年远程教育发展的政策环境

党和国家高度重视老龄工作。党的十八大提出要“积极应对人口老龄化，大力发展老龄服务事业和产业”。《国民经济和社会发展第十三个五年规划纲要》明确要求开展应对人口老龄化行动。《老年人权益保障法》规定：“国家发展老年教育，把老年教育纳入终身教育体系，鼓励社会办好各类老年学校。”《国家中长期教育改革和发展规划纲要（2010—2020年）》也明确提出“要重视老年教育”。

2012年，全国老龄委等16部门联合下发《关于进一步加强老年文化建设的意见》（全国老龄办发〔2012〕60号），指出：“大力发展老年教育。加强老年教育设施建设，推进各级各类老年大学、老年培训中心、老年远程教育机构的健康发展。探索老年大学教育内容与模式，适应时代发展要求，采取老年人喜闻乐见的教学方式，进行科学文化知识普及，开展养生保健、文学艺术和实用技能培训，提高老年人社会适应能力和生命健康品质。”

2016年10月，国务院办公厅印发《老年教育发展规划（2016—2020年）》。这是我国历史上第一个专门为老年教育制定并颁布的国家专项规划。该规划对加快发展老年教育、扩大老年教育供给、创新老年教育体制机制、提升老年教育现代化水平进行了部署。

发展老年远程教育是《老年教育发展规划（2016—2020年）》中的重点推进计划之一，主要内容包括：探索以开放大学和广播电视大学为主体建设老年开放大学，开发整合远程老年教育多媒体课程资源。支持国家开放大学率先建设在全国发挥示范作用的老年健康艺术教育体验基地。推动有条件的省（区、市）老年大学、开放大学和广播电视大学建设具有地方特色的示范性老年教育体验基地。到2020年，力争全国50%的县（市、区）可通过远程教育开展老年教育工作。

（二）老年远程教育发展的社会环境

近年来，在各级政府的共同努力下，我国新型城镇化建设取得了阶段性成果，有效促进了经济快速发展和居民生活水平显著提高。新型城镇化是以城乡统筹、产城互动、和谐发展为基本特征的城镇化，是大中小城市、小城镇以及新型农村社区协调发展、互促共进的城镇化。其核心在于实现城乡基础设施一体化和公共服务均等化，促进经济社会协调发展，最终实现共同富裕。

我国老龄化问题越来越严峻，随着物质生活水平提高带来的养老观念的改变，城镇化建设必须考虑老有所养、老有所居、老有所学、老有所乐，这是实现人性化城镇化建设以及和谐社会建设的需要和保障。其中，社区居家养老受到许多老年人的欢迎，它将传统的居家养老和养老院的部分功能结合在一起，具有不离开家庭、经济负担低、覆盖面广等诸多优点。在推进新型城镇化的过程中，各地政府积极创建养老服务社区，改善老年人的生活，有助于提高政府的威信。

同时，老年远程教育成为地方基层组织教育老年人的基地，特别是对于多民族地区和经济发展不平衡地区，老年教育事业对克服地域间经济文化发展的不平衡发挥了重大作用。

（三）老年远程教育发展的经济环境

国家统计局公布的信息数据显示，2017 年全国居民人均可支配收入 25974 元，比上年名义增长 9%，扣除价格因素，实际增长 7.3%。收入增长带动消费快速增长。在支出方面，2017 年全国居民人均消费支出 18322 元，比上年名义增长 7.1%，扣除价格因素，实际增长 5.4%。其中，人均教育文化娱乐消费支出 2086 元，增长 8.9%，占人均消费支出的比重为 11.4%。

近几年来，我国的经济增长结构正在发生根本性的变化，消费已经逐步取代投资成为经济增长的主要驱动力。居民可支配收入增长远高于 GDP 增长速度，消费结构也不断升级。我国目前的居民消费正处在由生存型消费向发展型消费、商品性消费向服务性消费、传统型消费向新型消费转变的上升期，居民用于服务性消费的支出大幅增加。整体来看，我国已经进入消费升级时代，预计未来几年，我国的服务性消费还将大幅增加。

（四）人口老龄化对我国社会经济的影响

人口老龄化是指人口中因年轻人口数量减少、年长人口数量增加而导致的老年人口比例相应增长的动态。目前，我国是世界上人口老龄化程度比较高的国家之一，老龄化已经成为我国的基本国情，也成为我国经济社会发展的巨大挑战。2017 年底，我国 60 岁以上老年人口已达 2.4 亿，占总人口的 17.3%，2017 年净增老年人口 1004 万。其中，60—65 岁的老年人有 8253 万，占 34%；60—69 岁的老年人占 56%；70—79 岁中龄老年人占 30%；80 岁以上高龄老年人占 13.1%。低、中龄老年人是老年教育的主要对象，老年教育的发展空间非常广阔。

21 世纪以来，我国老龄化发展迅猛，显现出四个突出特点：一是超大规模。预计到 2050 年，我国老年人口将增至 4.8 亿，80 岁以上高龄老人将翻三番，增至 1.1 亿。这意味着届时我国老年人口比发达国家的总和还要多几千万人。二是超快速度。2010—2050 年，我国老年人口预计净增加 3.08 亿，年均增长 700 多万人，年均增长率高达2.57%。三是超高水平。预计至2050年，不足3个人中就有1个老人。我国老龄化水平比世界平均值高13.8%，比发达国家平均值高2.2%。四是超级稳定。当快速老龄化过程结束后，预计21世纪下半叶，我国将呈现超高水平、超级稳定的老龄社会形态，老年人口规模保持在3.8亿—4.8亿，老龄化水平徘徊在36%—38%，位列全球老龄化水平最高国家方阵。

现代社会，老年人对精神需求有较高要求，甚至超过生理需求，他们愿意花时间和精力投入到学习、旅游、摄影、唱歌等较丰富的休闲娱乐活动中，通过学习、娱乐等活动，增强社会参与感，保持与社会的联结，从而保持良好的心态。

老年教育是我国教育事业和老龄事业的重要组成部分。发展老年教育，是积极应对人口老龄化、实现教育现代化、建设学习型社会的重要举措，是满足老年人多样化学习需求、提升老年人生活品质、促进社会和谐的必然要求。

（五）老年远程教育的需求与供给力求匹配

目前，我国老年远程教育仍处于起步发展阶段，许多地方的老年远程教育课程和老年远程教育平台资源较为匮乏，仅仅依靠政府和学校承担不菲的资源开发费用并不现实。未来，充分利用市场资源，适当引入市场机制，将市场配置优秀资源引入到老年远程教育事业中来，将使老年远程教育有更广阔的发展空间。

二、老年远程教育事业的发展前景

在可预见的未来，在多种有利因素的共同作用下，老年远程教育事业发展前景广阔。

（一）老年远程教育需求不断扩大

近年来，我国老年大学无论是学校数量还是学员数量，都有显著的增长，不仅办学规模扩大了，办学条件也得到了很大的改善。老年大学从最初的山东济南辐射到全国各个城市及部分农村。根据调查，多数老年人认为在老年大学学习有收获，上老年大学改变了他们的精神和心理状态。

随着老龄化社会的到来，全国接受老年教育的学员增速并未跟上老龄人口的增速，两者相比，老年教育发展速度与全国老年人总人口的增速形成相当大的落差，老年大学"一座难求"的新闻时常见诸报端。未来，老年教育拥有巨大的发展空间，而现代老年远程教育可以有效地发挥老年教育的资源优势，为提高老年教育的教学质量提供有力支持，为不同的老年学习对象提供方便、快捷、广泛的教育服务，其发展空间也是不可限量的。

（二）老年人均收入的提高促进老年远程教育事业的发展

根据民政部网站的信息，中国城乡老年人生活状况抽样调查结果显示，我国老年人的经济状况得到显著改善。老年人口城镇化水平持续提高，城乡老年人的消费结构升级已现端倪。同时，老年人口的受教育程度也有了大幅提升。

收入的提升促使老年人对精神文化生活的需求相应提高。老年人更加注重品质和时尚，注重更新知识和娱乐休闲。同时，老年人收入的提高对老年远程教育提出了新的要求，部分老年人对老年远程教育平台的体验和老年远程教育课程内容的精品化要求越来越高。建设适合老年人的远程教育平台，开发适合老年人的远程教育资源，已成为老年远程教育事业发展的动因之一。

（三）科技发展使老年远程教育功能更加完善

现代科技直接影响着老年远程教育发展。老年远程教育的发展历史本身就是不断使用新技术、新系统以促进老年远程教育变革和发展的历史，未来也离不开互联网、物联网、大数据、云计算、下一代移动通信网络等信息通信技术在老年服务领域的融合应用。可以预见，互联网科技将推动老年远程教育的功能更加完善，并为老年远程教育事业带来新的机遇和挑战。

三、"互联网＋"助力老龄事业发展

2015年，李克强总理在政府报告中首次提到"互联网＋"这一新的经济形态。一般认为，“互联网＋”具有六个特征，即跨界融合、创新驱动、重塑结构、尊重人性、开放生态、连接一切。人口老龄化的快速发展以及信息网络技术的突飞猛进，促使“互联网＋”与老龄事业快速结合，催生出智能养老、智慧健康等诸多新业态。

（一）“互联网＋”时代的远程养老服务

老年人的生活质量是衡量经济繁荣、社会进步和文明发达的重要标志，中国社会面临的老龄化问题不仅包括老年人的经济保障问题，也包括社会交往、医疗护理、人身安全、交通出行、文化娱乐等。随着老龄人口年代更迭和构成的变化，新进入退休行列的许多老人愿意拥抱新技术、新事物。互联网的发展使得越来越多的老年人开始“触网”，成为社交媒体的重要使用群体。相关调查显示，在上网的老年人中，86.07% 的人使用微信，不少老人拥有了自己的“朋友圈”。

“互联网＋”秉承互联网开放、便捷、分享的理念，将信息技术、人工智能、互联网思维与养老服务机制建设相融合。“互联网＋”时代的养老服务也可称为“智慧养老”“智能养老”，是指面向居家老人、社区及养老机构的传感网系统与信息平台，并在此基础上提供实时、快捷、高效、低成本、物联化、互联化、智能化的养老服务，包括远程监护、远程教育、远程分诊、远程家庭健康、社会支持等服务领域。运用互联网、物联网、大数据等信息技术手段，能够为老人提供诸多“高科技福利”。同时，利用远程服务还可以与教育、家政、物业、餐饮等诸多行业对接起来。

比如，老人可以通过佩戴“智能手环”等设备，实现实时定位、紧急呼叫、自动报警、健康管理等功能。有一些社区针对独居老人开设了“智慧门禁”系统，通过远程监控、控制门锁系统相连接，预警陌生人入室行骗，保障了老人的安全。

早在 2012 年，全国老龄办就提出了“智能化养老”的理念，并且鼓励支持推动开展智能养老的实践探索。有专家指出，善用网络既能方便老年人的生活，还可以增加老人与儿女、朋友的沟通交流，消解老人的孤独感，延缓脑力衰退。关注老年人，不仅要让他们吃好穿暖，也要重视如何让老人享受实用的互联网产品，帮助他们更好地融入快速发展的时代。

互联网不仅成为线下老年人购买服务“交易”的前台，增加了老龄服务的供给并对接老年人的实际需求，而且充分拉近了供需双方的距离。老年人可通过网络平台直接预约相关服务，足不出户就能享受便捷的服务，从而有力解决了养老服务“最后一公里”难题。例如，海南“15 分钟生活服务圈”、广东“没有围墙的养老院”等，都是基于互联网平台而开展的养老服务。很多地方还将养老服务信息集成到移动端，一键集成多种服务，老年人可方便享受到子女亲情呼叫、120 急救呼叫、社区医生医疗咨询、健康管家、医院预约挂号、家政等服务。

（二）“互联网＋”时代的老年远程学习

“互联网＋”时代，大数据、云计算、云存储等新技术在各个领域不断应用和融合，物联网、智慧城市等技术集成系统逐渐成熟和普及，互联网赋予老年人更多的机会和能力，逐渐渗透进老年人的日常生活，成为老年人对外交流的新途径，并使其能够主动参与到老年远程学习中来。老年人通过网络参与远程学习和学习交流，获取更多信息，培养兴趣爱好，增加情感表达，从而改善孤独感，充分享受生活的乐趣。

随着老年群体多层次、多样化学习需求的持续增长，对老年远程教育的要求必然逐渐提高。互联网科技的不断创新为远程养老服务内容的充实提供了绝好的发展动力，也为老年远程教育事业的多样化发展开辟了广阔的前景。

1. 个性化定制学习

在互联网高速发展的趋势下，针对居家养老的老年人的学习需求，老年远程教育可以借助信息技术精准对接学习，提供个性化的学习模式，让老年人随时随地实现老有所学、老有所获、老有所乐。

个性化定制学习是在以“互联网＋”为技术支撑的基础上，针对老年学习者特定的学习需求、学习基础、学习风格以及文化背景而提供一系列有针对性的教学方法和技术支持服务，目标是为老年人提供自主选择合适的学习策略和进度的机会。有效的个性化定制学习服务强调的是老年学习者与其他年龄学习者不同的个性化学习与发展需求，而不是仅仅停留在升级教育技术层面。个性化定制学习尤其适合远程在线学习，在在线学习环境中，个性化定制学习能更为有效、适合地开展。

未来，借助互联网技术和各种应用、数据分析工具，老年学习者能随时随地获取为其量身定制的教育资源和个性化教学服务。比如，在线智能推送学习，即计算机应用可以基于智能的数据分析，根据老年学习者输入的个人资料，综合分析其需求、兴趣、起点水平等个性化指标，智能地提供学习内容和有针对性的指导与评价，以协调解决老年学习者的知识差距问题，并提高其学习的兴趣和效率。智能推送技术是基于个性化学习需求的教学方法所设计和实施的，所使用的智能学习设备需要具有适应性和灵活性，如为学生提供定制的学习网站和资源平台，个性化推送自适应的课程内容和学习建议、智能化任务提醒等各种私人定制的信息。

2. *跨界多维度学习*

终身学习理念随着教育信息化的发展越来越受重视，互联网为老年学习者提供了多种教学环境和丰富多样的教学资源。随着“互联网＋”技术对老年教育多元化教学活动的融合推进，跨界多维学习将成为老年人远程学习的新形态，即跨越不同领域边界学习，糅合了正式学习与非正式学习、线上学习和线下面对面授课、课堂教学与信息技术的多维度边界，覆盖不同学科、不同场所、不同社会文化。

跨界多维学习活动发生在衔接课堂知识的任何空间，如工作场所、家庭环境、公益机构、居住社区等，老年学员可以利用一系列课内外资源来促进学习，包括互联网、书籍、博物馆、同伴、家人等。

在跨界多维学习中，“互联网＋”新技术提供了师生之间、生生之间、人与技术之间的无缝连接途径。比如，教师可以在课堂上布置一个调查任务，引导老年人从课上到课外持续完成。老年学员可以使用平板电脑、智能手机等移动网络设备，在教室、博物馆、家中、老年活动中心等校内外一切场所搜集资讯，在线整理分析，并在老年学校课堂上进行讨论、分享和展示。教师们可联系不同的社会机构和企业单位，组织校企联盟、社会公益服务、公共教育资源支持等方式的学习活动。

“互联网＋”时代，随着笔记本电脑、平板电脑、智能手机等学习设备不断普及，跨界多维学习如同一个学习场所、时间、设备和社会背景的大集合，无缝连接老年学校和日常生活的每个学习过程，充分拓宽老年在线学习和线下老年学校学习的边界，随时随地直接融入老年学习者每一天的学习和生活中。

第三章

全国老年远程教育实验区和示范区建设

第一节　我国老年远程教育实验区的建立与发展

一、全国老年远程教育实验区的建立

2012年12月12日，中国老年大学协会远程教育工作委员会在上海召开全体委员会议。会议决定，根据《国家中长期教育改革和发展规划纲要（2010—2020年）》的精神，拟在全国实施老年远程教育“三个一”推进计划。在这“三个一”中，第一个计划就是在全国部分省市建立一批老年远程教育实验区。会议制定并通过了关于创建全国老年远程教育实验区的方案，该方案在2013年1月7日召开的中国老年大学协会四届二次常务理事会上获得原则通过。

远程教育工作委员会计划，自2013年起，以点带面，分步推进，在几年内建立一批老年远程教育实验区。远程教育工作委员会就开展老年远程教育实验区建设的目标、任务、途径以及评估方案，提出了如下意见：

（1）开展老年远程教育，要以广大老年人为主要对象，以现代远程教育网络资源为主要载体，以运用、开发适合老年人需求的课件和教材为主要抓手，以各级各类老年教育机构和社会资源为主要依托，以建设基层老年远程教育收视点、学习点为重点，努力满足广大老年人多层次、多样化的学习需求。

（2）建设老年远程教育实验区是一项区域（县域）范围内老年远程教育的综合改革，涉及老年远程教育的管理体制、队伍建设、收视点的组织，老年远程教育课件和教材的利用、开发，相应的经费投入及制度保障等。因此，必须坚持综合、系统的发展理念，搞好统筹、协调、整合。其主要任务是，建设一批以居、村委会为重点的老年远程教育的收视点、学习点；推广一批反映当地老年人需求的老年远程教育的课件和教材；组织一支少量专职、大量兼职的老年远程教育的管理队伍和志愿者队伍；学习推广老年远程教育的先进经验；开展老年远程教育的课题研究，破解制约发展老年远程教育的“瓶颈”；培育一批老年远程教育的先进典型；健全老年远程教育可持续发展的机制。经过若干年努力，使老年远程教育的集中收视点建设、老年远程教育的街镇（乡）覆盖率、区域均衡发展率、收视率及老年人满意率都达到较高的水平。

（3）开展区域性的老年远程教育实验，要努力形成一方牵头、各方参与、上下联动、共同推进的格局。要从各地实际出发，建立推进老年远程教育的领导小组，建立由各相关部门领导参加的联席会议制度，充分合理地利用各种网络资源，充分发挥各级各类老年教育机构的组织和管理作用，充分发挥各社会组织的参与推进作用，努力做到目标明确、任务具体、分工合理、职责到位、运转有序、保障有力。

（4）要努力建立一支专兼职推进老年远程教育的管理工作者队伍，重视建设一支热心奉献于老年远程教育的志愿者队伍。要动员老龄工作者、老教育工作者、离退休干部参与推进老年远程教育工作。充分发掘社区人才。发挥老年学校学员的作用，将老有所学、老有所为延伸到推进老年远程教育事业中来。要加强老年远程教育专兼职工作者的培训，不断提高其组织、管理、服务的能力和水平。

（5）要切实加强老年远程教育收视点、学习点的建设。老年远程教育学习主体在基层，重点在基层。依托居、村委会建设收视点，要建立以街镇和居、村委会领导牵头的老年远程教育管理组织；建设一支热心于老年远程教育工作的志愿者队伍；要逐步完善老年远程教育收视点、学习点的制度，积极探索吸引广大老年人学习的方式，丰富学习的内容，提高学习的实效。

（6）要高度重视现代远程教育网络资源的开发和利用；要积极争取相关部门和单位的重视与支持；要善于运用已经公开的适合老年远

程教育的课件，让更多老年人共享远程教育的优质资源；要鼓励和扶持开发适应当地老年人需求的课件和教材；要倡导各实验区之间的交流与合作，倡导老年远程教育先进地区、远程教育资源丰富地区帮助欠发达地区、中西部地区开展结对活动，促进东西联动，共同推进老年远程教育的发展。

（7）要重视加强与高校、中等学校的联系，争取将大、中学校学生参与老年远程教育作为大学生、中学生参加社会实践和志愿者活动的组成部分。当代大、中学生懂网络、会运用，利用双休日，特别是寒暑假，组织大、中学校学生帮助指导老年人上网，提供培训和咨询服务，这是老少结对、互利双赢的好形式。实验区要积极探索，开发利用各种社会教育资源发展老年远程教育的新路径。

（8）要努力营造积极发展老年远程教育的社会环境和舆论氛围。充分利用报刊、广播、电视及网络等媒体，大力宣传发展老年远程教育的意义；大力宣传表彰关心支持老年远程教育的先进单位和个人；积极利用宣传媒体提供有效的服务。倡导企业和各相关基金会资助老年远程教育事业。利用多种媒体，定期向老年远程教育收视点、学习点提供课件菜单，发布课程指南，方便广大老年学员选学。

（9）要重视老年远程教育的科研，紧密结合发展实践中的热点、难点，诸如领导重视问题、教学设施问题、组织管理问题、经费问题、师资问题等，开展课题研究。要及时总结新鲜经验，更好地指导并推进老年远程教育。要重视农村、山区及交通相对不便的地区开展远程教育的组织形式及设备维护等方面的研究，切实解决好当地发展中迫切需要落实的事项，提高老年远程教育课题研究的针对性、可操作性和有效性。

（10）要重视老年远程教育的制度建设，包括组织管理制度、经费筹措制度、资源共享制度、安全运行制度、信息收集与反馈制度、相关职能部门职责分工制度、统计评价制度、表彰奖励制度等，使老年远程教育逐步制度化、规范化。

（11）为了更好地服务于老年远程教育实验区工作，以点带面推进老年远程教育事业，中国老年大学协会远程教育工作委员会在全国范围内开展理论研讨、学术交流、信息交流、教育培训、咨询服务，实施老年远程教育的“三个一”推进计划，即在全国部分省市建立一批老年远程教育实验区计划；推荐并评选出一批老年远程教育优质课件及教材计划；开展一批老年远程教育的课题研究计划。依托山东老年大学建立老年远程教育实验区指导中心，依托上海老年大学建立老年远程教育课件研发与推广中心，依托福建老年大学建立老年远程教育科研与信息服务中心。中国老年大学协会远程教育工作委员会办公室要加强协调与沟通。

（12）按照以点带面、稳步推进的原则，建议各省市每年都推荐几个具备实验基础和条件的县、市、区，申报全国老年远程教育实验区，力争全国每个省（自治区、直辖市）都有一定数量、具有代表性的实验区。为了更好地总结实验区先行先试、可复制可推广的经验，建议中国老年大学协会的会员单位，特别是省级学校的会员单位，以及省（自治区、直辖市）老年大学协会，设立老年远程教育工作委员会或老年远程教育工作部，形成中国老年大学协会远程教育工作委员会与各地老年远程教育工作部门信息沟通的网络。

（13）开展老年远程教育要坚持科学发展观，坚持一切从实际出发，统筹兼顾、分类指导、以点带面、循序渐进、整体推进。要重视实践探索，鼓励开拓创新，坚持培育典型，以成功的经验指导和推进工作；要精心研究和实施适合本地区发展老年远程教育的组织形式与发展方式，切实提高老年远程教育的实际成效。

通过建设老年远程教育实验区，进一步拓宽老年远程教育的发展路径，扩大老年远程教育的覆盖面，提升老年远程教育的现代化水平，为开创老年教育事业的新局面做出新的贡献。

二、全国老年远程教育实验区的申报要求

《老年教育发展规划（2016—2020年）》对省、市两级老年大学在办学定位和功能上提出了要求，即在办学模式示范、教学业务指

导、课程资源开发等方面对区域内老年教育要发挥带动和引领作用，将老年大学集聚的教育资源向基层和社区辐射。

要使县以上老年大学的远程教育功能得到更好拓展，就需要形成一个以老年大学为中枢平台，以网络为手段，以优质课程、课件为载体，以网络志愿者为骨干，以基层收视点为基础的老年远程教育的组织架构，这是建立老年远程教育实验区的出发点和落脚点。因此，申报全国老年远程教育实验区要达到以下要求：

第一，老年远程教育实验区设在县（市、区），具备条件的，可扩大到地级市、直辖市等。

第二，老年远程教育实验区要有一所县（市、区）级老干部大学或老年大学，作为具体实施老年远程教育实验工作的指导单位。

第三，老年远程教育实验区的主管领导（县、市、区分管老龄工作或老年教育工作）以及相关职能部门（县、市、区老龄工作部门、老干部工作部门、教育部门等），有开展老年远程教育实验的积极性，并给予实验工作支持和扶持。

第四，老年远程教育实验区要有开展老年教育工作的基础，在本区域内已经开展老年学校教育和远程教育工作。

第五，全国老年远程教育实验区名额。在起步阶段，一般1个省、市、自治区推荐2—3个名额。对于老龄人口多、老年教育事业发展较快的省、市、自治区，可以多推荐几个名额，充分发挥引领、示范和辐射作用。在全面推进阶段，可覆盖到每个地级市有1—2个县（市、区）实验区，扩大老年远程教育优质资源的共享范围。

第六，各省、市、自治区老年大学或老年教育协会，在推荐老年远程教育实验区时要与相关部门和机构协商，充分听取被推荐区县相关部门和领导的意见。

第七，全国老年远程教育实验区要由承担指导工作的县（市、区）老年大学填写申报表，加盖单位公章，并由县（市、区）老年大学的主管部门签署意见，地级市老年大学初审，省、市、自治区老年大学或老年教育协会提出审核意见，报中国老年大学协会远程教育工作委员会批准，同时报中国老年大学协会备案。所推荐的实验区经过中国老年大学协会远程教育工作委员会审核后，集中发文公布并授牌。

老年远程教育实验区的收视点主要以居民、村民的集中居住区为重点，坚持就近、便捷、灵活、多样，满足老年人日益增长的教育需求，实现老有所教、老有所学、老有所乐，切实提高老年人的生活质量。

由于各地经济社会发展水平不同，因此，制订本区域老年远程教育的实验方案一定要从实际出发，循序渐进。城镇化水平较高的街镇要求可以适当提高，力度也可以稍大些，推进速度也可快一些。

实验区主要以县（市、区）为单位，积极开展以老年人为对象的老年广播、电视、网络教育，有组织地进行收听收看，以利用多种远程教育资源为抓手，以老年教育课程为载体，以建设老年学习团队为重点，推进多种形式的老年远程教育。按照中国老年大学协会远程教育工作委员会的规划，实验区经过3—5年的努力，实现县（市、区）域内2/3的乡镇和2/3的居村委参与，有组织地接受老年远程教育的老年人达到中、低龄（70岁以下）老年人的10%—15%，使80%的老年远程教育收视点达到合格标准，老年远程教育的课程达10门及以上。同时，参与老年远程教育的老年人的满意率达80%以上。

三、全国老年远程教育实验区的发展

（一）全国老年远程教育实验区

2013年7月，中国老年大学协会远程教育工作委员主任会议在山东老年大学召开。会议对各省市申报实验区的材料进行审阅，最后确定31个老年远程教育实验区，并于2013年12月4日至5日在山东省滕州市召开的全国老年远程教育推进会上进行授牌。

全国首批31个老年远程教育实验区包括：上海市闵行区、嘉定区、松江区、宝山区、徐汇区、长宁区、浦东新区，天津市和平区、南开区，重庆市北碚区、九龙坡区、大足区、荣昌区、万州区，福建省福州市鼓楼区、泉州市南岸区、泉州市德化区、泉州市晋江市、宁德市寿宁县，贵州省六盘水市六枝特区、盘县，山东省平度市、滕州市、临朐县、荣成市、临沭县、青岛市经济技术开发区，安徽省六安市金安区，湖北省武汉市蔡甸区，内蒙古呼和浩特新城区，湖南省岳阳市。

2014 全国老年远程教育工作推进会于 2014 年 10 月 30 日至 31 日在福建省泉州市召开。这次会议对全国第二批 34 个老年远程教育实验区进行了授牌。

全国第二批 34 个老年远程教育实验区包括：北京东方妇女老年大学焦作校区，四川省隆昌县，安徽省临泉县、和县，天津市河北区，湖南省长沙市，贵州省贵阳市乌当区，河南省新郑市、荥阳市，福建省莆田市涵江区、秀屿区和永春县、平潭县、武夷山市，重庆市开县，河北省滦县、抚宁县、平山县、怀来县、邢台县，上海市奉贤区、杨浦区，内蒙古自治区包头市，江西省分宜县、万年县、鄱阳县、井冈山市、婺源县，黑龙江省牡丹江市、穆棱市、林口市、东宁县、宁安市、海林市。

2015 年，中国老年大学协会远程教育工作委员会发布《关于建立全国老年远程教育示范区的决定》(中老协远教字〔2015〕7 号)，决定在实验区中遴选一批先进典型，充分发挥示范引领作用，大力弘扬老年远程教育先进典型的工作经验，使之得到推广。经各省市推荐、实验区申报，远程教育工作委员会主任会议审核，并报中国老年大学协会同意，共有 19 个远程教育实验区被确定为全国老年远程教育示范区。当年 11 月 12 日，全国老年远程教育工作推进会在重庆市万州区召开，会议为全国首批老年远程教育示范区和第三批老年远程教育实验区授牌。

全国首批 19 个老年远程教育示范区包括：天津市和平区、南开区，黑龙江省穆棱市、海林市，上海市闵行区、徐汇区、浦东新区，安徽省临泉县，福建省寿宁县、德化县，江西省井冈山市，山东省青岛市黄岛区、滕州市，湖北省武汉市蔡甸区，湖南省长沙市，重庆市万州区、大足区，贵州省贵阳市乌当区、六盘水市六枝特区。

全国第三批老年远程教育实验区有 25 个，分别是：内蒙古自治区巴彦淖尔市，牡丹江市爱民区、西安区，上海市静安区、黄浦区，福建省泉州市、福清市、泉州市鲤城区、安溪县，山东省宁阳县、蒙阴县、邹平县，湖北省武汉市江夏区、东西湖区，湖北省应城市，湖南省湘潭市，重庆市秀山土家族苗族自治县，贵州省贵阳市白云区、南明区、花溪区和清镇市、开阳县、德江县、黎平县，甘肃省天水市。

2017 年 9 月 27 日，全国老年远程教育工作推进会在江西省井冈山市召开，会议为全国第四批老年远程教育实验区授牌。

图 3-1　全国老年远程教育实验区授牌掠影

全国第四批老年远程教育实验区有 52 个，分别是：重庆市渝中区、忠县，吉林省靖宇县、集安市、公主岭市、梅河口市、白山市、延吉市、延边州、梨树县，黑龙江省牡丹江市阳明区，浙江省杭州市老年电视大学、绍兴市、宁波市鄞州区、温州市、安吉县，福建省石狮县、泉州市丰泽区，江西省赣州市赣县区、上犹县、吉安县、安福县、修水县、彭泽县、莲花县、丰城市、广丰县、抚州市、南城县，山东省潍坊市、乳山市、寿光市、淄博市淄川区，河南省登封市、洛阳市、郑州市、漯河市、许昌市、禹州市、长葛市，湖北省武汉市洪山区和江汉区、襄阳市、宜昌市，广东省广州市海珠区，四川省资中县，贵州省遵义市、兴义市、绥阳县、凤冈县、赤水市、瓮安县。

（二）全国老年远程教育实验协作区

为了更有效地推进老年远程教育实验区的建设，加强实验区之间的经验交流，探索开展多形式、多模式实验区建设的路径，推进老年远程教育又好又快发展，经报中国老年大学协会同意，按优势互补、合作双赢、协调发展的原则，将实验区分成五个老年远程教育协作区，每个片区负责人由所在片区的中国老年大学协会远程教育工作委员会副主任担任。

1. 全国老年远程教育实验协作区分片情况及牵头单位

一片区：包括天津市、黑龙江省、内蒙古自治区、甘肃省4个省（市、自治区），共有15个实验区。牵头单位为天津市老年人大学。

二片区：包括山东省、河北省、河南省（含北京东方妇女老年大学焦作学区）3个省，共有17个实验区。牵头单位为山东老年大学。

三片区：包括上海市、安徽省、湖北省3个省市，共有18个实验区。牵头单位为上海老年大学。

四片区：包括福建省、江西省、湖南省3个省，共有22个实验区。牵头单位为福建老年大学。

五片区：包括重庆市、贵州省、四川省3个省市，共有18个实验区。牵头单位为重庆市老年大学。

2. 全国老年远程教育实验协作区的工作要求

一是适时开展活动。各片区每年至少开展一次交流活动。活动形式可以是经验交流，可以是工作研讨，也可以是到有特色的实验区参观学习考察。活动经费由本片区各实验区共同承担。

二是认真总结典型经验。各实验区要相互借鉴，积极探索发展老年远程教育的新思路、新办法。各片区要积极沟通协调，发现和培育典型，认真总结本片区实验区特别是示范区建设的经验，引领老年远程教育又好又快发展。

3. 牵头单位的主要职责

负责牵头的单位要对每年本片区的活动提前做出安排，并与远程教育工作委员会进行沟通，同时告知全国老年远程教育实验区指导中心。每次活动后，牵头单位要形成活动纪要，并报送远程教育工作委员会办公室和全国老年远程教育实验区指导中心。

实践证明，对实验区按片进行搭配组合，有利于相互学习、相互切磋，达到合作共赢，从而推进老年远程教育实验区建设。

四、创建全国老年远程教育实验区、示范区的做法及意义

（一）创建全国老年远程教育实验区、示范区的做法

随着全国创建老年远程教育实验区、示范区建设的不断深入，各省市的实验区结合本区实际，各显其能，做出了许多有益的探索，创造出一些好的经验和做法，为推进全国老年远程教育发展发挥了重要作用。其基本做法如下：

1. 加强领导是实验区建设的组织保证

实验区建设能否深入扎实地向前推进，达到预期效果，为老年远程教育的发展探索出可供学习借鉴的经验做法，关键在于加强组织领导，部门配合支持，齐抓共管，形成合力。以上海为例，上海老年远程教育实验区都成立了老年远程教育领导小组。上海市徐汇区建立了老年远程教育三级管理网络。区一级成立徐汇区老年教育工作小组，指导、推进全区老年远程教育工作；街镇一级成立街镇老年远程教育工作小组，由街道分管主任为组长，科长负责组织协调，老年学校派专人负责具体推进；在居委一级，由居委党总支书记任组长，居委主任任副组长，居委干部任班主任，社区志愿者任辅导员。三级网络定期联络沟通，加强信息交流，促进了全区远程收视工作有条不紊地开展。目前，上海市徐汇区老年远程教育在管理机制、教育形式、教育课程、队伍建设、经费保障、表彰交流等方面都形成了有效机制，确保老年远程教育正常开展并不断创新。

2. 完善管理制度是实验区建设规范发展的基础

制度是行动的保障，要通过完善各项制度，保证老年远程教育工作的大力推进和正常开展。老年远程教育作为一个开放的、新型的、动态的、充满发展活力的教育形式，其良性运行需要健全的质量监控体系作为保障。老年远程教育发展时间不长，其标准化考核细则在逐步探索过程中。

不少实验区都出台了相应的老年远程教育工作考核方案。有的将老年远程教育工作纳入各乡镇（街办）、村的年度工作目标，考核结果与单位和主要负责人的评优、晋升等挂钩，有效地促进了老年远程教育建设、管理、研究、应用的落实。部分实验区的组织部门将老年远程教育工作纳入农村基层工作考核。比如，重庆市万州区出台了《重庆市万州区老年远程教育管理守则》。又如，黑龙江省海林市建立帮扶机制，明确要求每个市老年教育工作小组成员单位“一把手”帮扶一个村级老年远程教育联系点，加大帮扶力度，努力把远程教育联系点办成示范点。海林市还建立了监督考核机制，将农村老年学校远程教育工作纳入全市党建工作目标，确定相应分值，与基层党建工作同部署、同考核，督促引导各乡镇把远程教育工作落到实处。

各实验区和示范区根据自身的实际情况，本着“因地制宜、统筹规划、分类推进、分步实施”的原则，制订了完善的老年远程教育工作计划，实现了“一方牵头，各方参与；分级负责，上下联动”，从制度化、规范化的层面保障了老年远程教育工作的顺利推进。有的实验区还定期召开专题会议，总结工作，提出要求，并深入老年远程教育学习点，通过实地走访调研的形式，找问题、查不足、听建议、促整改。

3. 注重宣传是实验区营造建设氛围的基本途径

为引导更多的老年人参加远程学习，全国老年远程教育实验区通过广播、电视、报纸等媒体，广泛宣传大力发展老年远程教育的重大意义。部分老年人终身学习意识比较淡薄，对终身学习的认知度、参与度比较低，因而需要在老年教育中大力宣传，多措并举，使老年人树立终身学习理念。在老年远程教育推进过程中，各实验区通过多种形式广泛宣传老年远程教育的重要意义和作用，引导老年人形成自觉学习和自主学习的观念。通过广泛发动，营造老年人广泛参与的良好氛围。

为提升老年远程教育的知晓率，各实验区进行了多种探索与创新。不少实验区通过老龄工作网络，在小区公告栏、楼道中广泛张贴宣传广告，并借助居民活动扩大宣传发动范围。比如，上海市浦东新区利用新区老龄事业发展中心"一网一刊"（"浦东老龄网"、《浦东老龄》期刊）和"一表"（学习课程表）开设老年远程教育专栏、专版和专题，不断加大老年远程教育活动宣传力度。又如，湖南省长沙市老干部大学在《星沙时报》和电视台对网络直播课堂进行宣传报道，通过《老年人》杂志投放渠道统一派送"收看指南"，采用短信群发、QQ群等方式广泛告知，利用微信平台等媒介大力推介、积极宣传、跟踪报道等，大大提升了网络课堂的知晓率、影响力。此外，标语横幅、文艺演出、上门串户也成为有力的宣传推广形式，使广大老年朋友提高了对参加老年远程教育学习的意义的认识，进而了解远程教育、认可远程教育、参与远程教育，激发起参加老年远程教育的热情、积极性和主动性。

4. 典型引路是实验区建设全面推进的有效机制

先进典型是旗帜，是灯塔，是方向，也是楷模，是希望，是力量。开展老年远程教育工作，需要先进典型的示范引领。通过评选，各老年远程教育实践区在实践基础上，总结了开展老年远程教育的经验。通过定期举行全国老年远程教育实验区、示范区会议，表彰典型，发挥典型的示范引领和辐射功能，扩展了全国老年远程教育实验区的创建成效。

5. 加大投入是推进实验区基础建设的重要保障

全国大部分实验区每年都有固定的老年远程教育专项经费，以保障老年远程教育工作的顺利推进。其中，财政投入部分作为主要的经费来源，为老年远程教育工作提供了经费保障。此外，各个实验区不断探索新的资金来源，逐渐形成“以财政投入为主，社会捐资、学费收取为辅”（也称“1 + N”，财政投入是“1”）的多渠道筹措经费的办法。通过多方筹集资金，确保了办学之需。“1 + N”的资金投入模式，使老年远程教育的基础设施建设得以持续。筹措的经费用于购买教学设备、整修办学场所、添置课桌课凳、配置教材课件，基本满足了办学的需求，有力地保障了老年远程教育的顺利开展。部分实验区还将老年远程教育工作人员的培训费用纳入财政预算。部分实验区将老年远程教育纳入新型社区老年学校的建设方案，配置电视机、投影仪、电脑、DVD 播放器、有线电视、宽带网络、无线 Wi-Fi 等硬件设备。山东省滕州市建立了以市财政投入为主要来源的经费投入保障机制，建成了教学设施智能化、现代化的老年大学和覆盖全市的远程教育网络，为老年远程教育打下了坚实基础。湖南省长沙市老干部局在长沙市老干部大学建立了网络直播室，多机位摄像头、摄像控制软件、计算机、话筒、音箱、投影仪等各项硬件设施到位，并与市政府电子政务办紧密衔接合作，完成了市老干部大学网站的服务器移址、安全备案、前后台漏洞检测等流程，确保了服务器和网站的正常、安全运行。黑龙江省海林市加大投入力度，全市 112 个村全部建有村级活动场所，安装了电脑，配置了摄像头、投影仪、打印机、桌椅、教学课件，接通了宽带，硬件水平不断提高。

不少省市在网络的建设过程中，十分注意与其他相关工作结合，取得了良好的成效，提高了老年远程教育的覆盖面和影响力。如依托农村党员干部现代远程教育网络和辅助教学平台、基层党组织和老年人协会、老年人学习团队、街镇老年学校、居委楼组、社会公益组织、志愿者协会等团体与机构，确保老年远程教育网络正常运行。

（二）创建全国老年远程教育实验区、示范区的意义

《国家中长期教育改革和发展规划纲要（2010—2020 年）》提出，要“把改革创新作为教育发展的强大动力”。“教育要发展，根本

靠改革。”纲要中明确提出要以体制机制改革为重点，鼓励各地大胆探索和试验，加快重要领域和关键环节改革步伐。从我国农村教育的综合改革以及社区教育改革发展的经验来看，都是率先从基层试点抓起的。

“试点是改革的重要任务，更是改革的重要方法。”习近平总书记主持召开中央全面深化改革领导小组第十三次会议并发表重要讲话时指出，试点能否迈开步子、趟出路子，直接关系改革成效。创建全国老年远程教育实验区，对于老年远程教育事业全局的发展具有重要意义。

在全国创建一批老年教育实验区，各地通过学习老年远程教育实验区，推广老年远程教育的先进经验，推荐使用优秀的老年远程教育课件和教材，转化老年远程教育成熟的科研成果，提升老年远程教育的整体水平。

第一，全国老年远程教育实验区和示范区具有示范效应。所谓示范效应，是指通过实验区的成功探索，其他单位学习先进工作经验，从而带动这些单位共同发展。实验区取得的先进经验集中反映了我国老年远程教育在利用现代信息技术方面的成绩，体现了老年远程教育面向基层、面向农村的发展方向。实验区和示范区用事实证明，我国老年教育向现代化办学目标迈出了非常坚实的一步，特别是在教学手段、课件开发上，更加贴近老年人的生活，为今后进一步开发老年远程教育教材提供了样本。

第二，全国老年远程教育实验区和示范区具有引领效应。老年远程教育实验区按照老年教育改革发展目标，突破了原有的架构和程式，化解了老年远程教育发展中的难题，积极发挥引领效应。通过优秀试点的引领，充分激发老年教育工作者的工作热情，以点带面，使全国老年远程教育形成可观的发展规模。

第三，全国老年远程教育实验区和示范区具有辐射效应。辐射效应是指老年远程教育发展水平和现代化程度相对较高地区与发展较落后的地区之间进行人才、技术等要素的流动和转移，从而进一步提高本区域老年远程教育资源配置的效率。教育公平是社会公平的基础，党的十八大报告明确指出，合理配置教育资源，要重点向农村、边远、贫困、少数民族地区倾斜。通过把实验区的先进经验辐射出去，达到“树立一面旗，带动一大批”“拨亮一盏灯，照亮一大片”的目的。

第二节　全国老年远程教育实验区、示范区的管理

一、全国老年远程教育实验区、示范区的组织管理

建立一个强有力的组织机构，形成上下沟通的工作网络，是老年远程教育事业顺利、有效开展的重要保障，也是老年远程教育工作长期稳定推进的根本。

第一，全国老年远程教育实验区由中国老年大学协会远程教育工作委员会组织指导。为了分工负责推进实验区的工作，远程教育工作委员会委托山东老年大学设立全国老年远程教育实验区指导中心，日常工作由山东老年大学负责。其主要职责是：对各省市上报的实验区进行资格审核，制订实验区工作指导方案，并报远程教育工作委员会审定，报中国老年大学协会备案；组织实验区干部业务培训和工作研讨；开展全国老年远程教育示范县区、示范街镇的评选，由老年远程教育工作委员会或中国老年大学协会进行表彰。

第二，各省、市、自治区远程教育工作委员会的委员单位或中国老年大学协会理事单位承担所辖范围内的老年远程教育实验区指导工作，具体负责本区域老年远程教育实验方案的制订以及试点工作的组织指导和实施。

第三，老年远程教育实验区拟建立以党政分管领导任正副组长，区教育局、区委老干部局、区民政局、区财政局、区老龄办、区文广局、区老年大学等相关部门和机构主要负责人为成员的老年远程教育实验区工作领导小组，并建立街道、乡镇老年远程教育工作指导小组，积极开展所辖区域的老年远程教育工作。

二、全国老年远程教育实验区的目标管理（评估指标）

（一）组织保障

区级层面有老年远程教育领导小组，委托县（市、区）老年大学有效实施具体管理职能；县（市、区）、乡（镇、街道）、村（社区）三级管理网络健全。

（二）制度保障

老年远程教育有年度工作计划和工作总结；健全远程学习收视点建设、管理、活动、信息、表彰等制度；推进收视学习、网络学习、移动终端等学习。

（三）经费保障

县（市、区）、乡（镇、街道）日常教学、活动经费列入老年教育（或社区教育）预算或用款计划，建立多元化经费投入机制。

（四）资源优化

整合利用区域范围内教育资源与设施；学习收视点设施设备硬件建设能满足学习者需求；教育环境不断优化。

（五）网络学习

充分运用全国远程教育网的学习资源，探索老年学员自主组织、自主学习的运行机制；主动将本区优质学习资源上传老年远程教育网，共建共享。

（六）管理队伍

有一支综合素质高、热爱老年教育、工作敬业的专兼职管理者队伍；每个学习收视点都有一名事业心强、能管理的负责人。

（七）师资队伍

形成相对稳定的专兼职教师队伍，包括助学志愿者队伍，发挥团队作用，创设条件满足各类学习团队的发展需求。

（八）教学内容

课件内容丰富，适应老年学员的需求和特点；在区域内每个学习收视点能开设 3—5 门远程教育课程。

（九）学习方式

教学方式适合老年学员特点，学习收视点要有辅导教师（可先学习，然后从事辅导），能结合教学内容进行辅导解答。

（十）教学形式

学习收视点学习形式多样化，形成课程、讲座、网络、微信学习圈、团队、展示、活动等多种学习形式。

（十一）参与活动

积极参与远程教育工作委员会课题研究和课件评选活动并争取获奖；积极参与“远程教育网”信息交流等各项活动。

（十二）影响力和满意度

老年远程教育在区域内有一定影响力，社会方方面面积极支持和参与；远程学习人数占区域老年人数10%以上；老年学员满意率达85%以上。

三、全国老年远程教育示范区的目标管理（评估指标）

中国老年大学协会远程教育委员会为各省、市、自治区所推荐的实验区制定了老年教育示范区评估指标，具体包括：

（一）组织管理指标

组织管理指标有三个子项。一是要具备一定的组织网络基础，成立老年远程教育领导小组或工作委员会，县（市）级老年大学、乡镇老年学校（或辅导站）、居村委教学点管理网络健全。二是要分工明确，有收集资料、选择教学内容、编写教材、面授辅导的教师队伍，有拍摄电视教学录像、制作光盘以及网站设备管理、维修的技术人员队伍，有负责组织、宣传、发动、指导基层做好老年远程教育收视的队伍。三是要有目标和计划，制定的老年远程教育发展目标明确、有特色，具有可操作性和可测性。

（二）资源设备指标

资源设备指标包括设备完好和资源利用两个子项。设备完好是指电视机、电脑、DVD 播放器、有线电视、宽带网络设施设备完整，完好率达100%，利用率高；光盘播放、卫星收视、网络传输有完善的制度管理。资源利用是指老年远程教育的专职或兼职人员能够通过多种途径搜集、编制教学资源库，对教育资源进行归类整理、编目，建立课程资源库提供给基层开展教学使用。

（三）教学活动指标

教学活动指标主要包括日常教学和业务培训两个子项。在日常收视方面，要求视频内容丰富，能够满足老年人的学习需求，每周课时达4个小时以上；辅导教师能结合远程教学内容进行面授答疑，开展助学服务；结合教学内容组织老年人开展相关活动。在业务培训方面，要求县老年大学承担实验区指导学校的职能，每月对乡镇老年学校（社区学校）或工作站相关人员进行1次以上的业务辅导，每学期开展辅导课的观摩交流以及教研活动2次以上。

（四）条件保障指标

条件保障指标包括经费投入、基地建设、队伍建设等内容。主管部门应将老年远程教育经费纳入财政预算，在确保政府投入经费逐年增长的同时，有多种渠道筹措教育经费的机制；县老年大学、乡镇老年学校（社区学校）或工作站分别有至少50平方米的专用教室，远程教育设施设备完备；教学基地管理制度科学健全并切实加以实施；每月召开工作站例会，每年开展工作站的督导评比工作；工作站各类人员的岗位职责俱全，同时有一支能够满足远程教育需求的兼职或志愿者队伍。

（五）教育成果指标

教育成果指标包括主题活动、典型经验和教育科研等内容。结合教学内容开展的相关活动每年至少两次以上，老年远程教育有创新和特色，有典型经验被其他省、市、自治区老年教育机构采用推广；积极开展课题研究，课题研究成果获省、市、自治区级奖项，或在相关刊物上发表。

四、实验区学习收视点的基本设施及管理

老年远程教育实验区建设的重心在基层、在社区、在农村，在基层各个学习收视点上。各实验区依托基层老年学校或居村委活动室，建立老年远程教育学习收视点，配备必要的设备（电视机、电脑、投影仪、影像器材、课桌椅等），建立由基层老年学校或居村委领导牵头的以老年学员为骨干、居民共同参与的管理模式。

据2016年统计，全国共有基层学习点39011个，学员人数400多万。2014年开展评选优秀学习收视点工作，共评出156个先进收视点。学习收视点都有一个共同点，就是从规范日常各项制度等入手，建立老年远程教育学习收视点的相关制度，包括年度工作计划及工作总结、工作职责（班主任工作职责、辅导员工作职责、班长职责）、管理制度（奖励制度、学员守则、宣传辅导活动安排）、各类表式（学员报名表、花名册、考勤点名册、宣传辅导活动记录表、集中或分散学习情况统计表、优秀学员情况表）以及各类照片、影像资料等。

第三节　全国老年远程教育优秀和特色课程

中国老年大学协会远程教育工作委员会于2012年在上海召开全体委员会议，会议根据《国家中长期教育改革和发展规划纲要（2010—2020年）》精神，拟在全国实施老年远程教育“三个一”推进计划。“三个一”中的第二项重点工作就是评选一批全国老年远程教育优质课程。

自2013年起，连续4年，由各省市老年大学推荐，经专家评审，评选出344门老年远程教育优秀、特色课程，内容涵盖医学、声乐、书法、手工艺等18个大类。这批优秀教材贴近老年人的学习、生活，易学、易记、易用，而且形式生动活泼，图文并茂。通过评选，促进了各省市老年大学对老年远程教育课件建设高度重视，设施设备不断完善，制作质量不断提高。

一、首批全国老年远程教育优秀和特色课程

2013年，首批评选出全国老年远程教育优秀教材33部，特色教材23部，优秀课件8个，特色课件5个，见表3–1。

二、第二批全国老年远程教育优秀和特色课程

2014年，评选出第二批全国老年远程教育优秀课程48部（个）、特色课程33部（个），见表3–2。

表 3-1　首批全国老年远程教育优秀和特色课程

获奖类别	地区	制作单位	成果名称
优秀教材	天津市	南开区老年大学	《面塑技法》《泥塑技法》
	上海市	上海远程老年大学	《耳穴保健按摩》《老年实用保健》《祛病延年百岁圆梦》《老年生活情趣》《生活，让老年更精彩——老年人快乐健康的四季人生》《旅游文化赏析》《让心灵充满阳光》《把健康掌握在自己手中——导引十八拍和健康生活》《老年中医保健》
		上海开放大学老年教育学院	《老上海聊新生活》《老年旅游文化十日谈》《老年居家护理》《京剧的门槛》《硬笔书法》
	浙江省	浙江老年电视大学	《服饰文化》《走出锻炼误区》《家庭清洁小窍门》《喝出健康来》《好吃的粗杂粮》《老年人营养攻略》《二十四节气民俗文化与养生》《走出健康来》《现代孙辈教育指南》《身边的环保》
	福建省	福建老年大学	《书法心解》
		莆田市老年大学	《声乐提高》
		泉州老年大学	《广场舞教学》《穴位按摩治疗常见病》
	重庆市	重庆市老年大学	《农村老人维权常识》《无公害蔬菜栽培常识》
	陕西省	陕西省老年大学	《花鸟画技法大全》
特色教材	河北省	河北老年大学	《吴凡书法初级》
	上海市	上海远程老年大学	《老年社会心理》

续表

获奖类别	地区	制作单位	成果名称
特色教材	浙江省	浙江老年电视大学	《旅游美食文化》《老年心理保健》
	福建省	莆田市老年大学	《中国画》
		泉州老年大学	《西医保健》《四季养生》《音乐教学》《中草药》《南音琵琶》《南音演唱》《家庭教育》《中医养生》
	重庆市	重庆市老年大学	《书法基础赵体楷书》《自我推拿治疗高血压》《老年人心理及老年期精神障碍》《柑橘容器育苗生产》《中国山水画系列》(春、夏、秋、冬四册)
	四川省	隆昌老年大学	《中国传统山水画》
	陕西省	陕西省老年大学	《书法》
优秀课件	天津市	天津市老年人大学	《二十四式太极拳》《计算机基础》
	安徽省	宣城市老年大学	《古典诗词鉴赏与写作》
	福建省	厦门老年大学	《摄影提高》
	湖南省	湖南老干部大学	《旅游地理》《山水画写生》
	四川省	资中老年大学	《老年养生》《古诗词别解》
特色课件	天津市	和平区老年大学	《数码照片后期处理》(第二、三、四、八、九册)

表 3–2　　第二批全国老年远程教育优秀和特色课程

获奖类别	地区	制作单位	成果名称
优秀教材与课件	北京市	北京东方妇女老年大学	《构建和谐心灵》《疾病不可怕，带病可延年》《概说国学》《中华孝道与和谐社会》《道家的智慧》《佛学与心性修养》《书画艺术与修身养性》
	天津市	天津市老年人大学	《中国山水画教程技法精讲》《声乐基础教学》《芭蕾形体》《中医养生》《钢琴基础教学》《米芾行书入门》《民族舞基础教学》《宋代文学》
		和平区老年大学	《脊柱养生操》
		南开区老年大学	《葫芦烙画》
	上海市	上海远程老年大学	《我的权益法作主》
		上海开放大学老年教育学院	《中国近代史讲座》
	重庆市	重庆市老年大学	《中老年学二胡》《中老年人骨关节病保健与防治》《老年人营养与保健》《书法小篆》《如何学习隶书》
		荣昌县老年大学	《方圆养生·太极拳、剑》
		大足区老年大学	《工笔花鸟画木本枝干画法》
	江苏省	江苏开放大学	《毛泽东诗词赏析》《做更棒的家长——聊聊身边的幼儿教育小话题》《江苏古典园林旅游文化赏析》《中国山水画鉴赏与技法》
	浙江省	浙江老年电视大学	《延缓衰老有方法》《家庭安全用药指南》
	安徽省	六安市老年教育工作委员会	《六安茶文化》
	福建省	厦门老年大学	《刮痧疗法》《中医经络养生》
		泉州老年大学	《中医按摩》《中老年泌尿系统保健》《南音三弦》

续表

获奖类别	地区	制作单位	成果名称
优秀教材与课件	福建省	晋江市老年大学	《老年健身操》
		石狮市老年大学	《音乐欣赏与教学》
		莆田市老年大学	《中国画·枇杷画法》
		永安市老年大学	《健身操舞》
	山东省	山东老年大学	《写意花鸟画的临摹》
	湖北省	湖北省老年大学	《画意摄影》
	湖南省	长沙市老干部大学	《颈椎病的自我防治》
	江西省	赣州市老年大学	《声乐教学》
	黑龙江省	牡丹江市老年大学	《声乐练习》《冰雪画教学》
特色教材与课件	北京市	北京东方妇女老年大学	《隔代教育的五大问题》《儒学的核心价值》《环境与健康》
	天津市	天津市老年人大学	《菜品的烹调与制作》《古典诗词解读鉴赏的方法与实践》
		南开区老年大学	《刻瓷技法》
	上海市	上海开放大学老年教育学院	《声乐教程》
	重庆市	重庆市老年大学	《家庭园艺发展趋势与花卉新品种管护方法》《太极拳基本功教学练习》
	江苏省	江苏开放大学	《摄影基础》
	安徽省	芜湖老年大学	《二胡演奏教学》《钢琴易弹》《老同志学桥牌》
	福建省	晋江市老年大学	《科普教育》
		莆田市老年大学	《时装表演·国色天香》《英语入门教学》《灯谜·字素方位法》
		永安市老年大学	《电脑维护（六）》《怎样制作挂历》
		福州市老年大学	《古汉语动词》《制作流水动画》

续表

获奖类别	地区	制作单位	成果名称
特色教材及课件	湖北省	湖北省老年大学	《诗词研究》《播音与主持》
	湖南省	长沙市老干部大学	《健康从头开始》
	四川省	隆昌县老年大学	《中国传统山水画技法》
		资中老年大学	《我国的八大卫国武器》
	贵州省	六盘水市盘县老年大学	《民族健身舞》《形势教育》
	陕西省	陕西老年大学	《山水画技法教程》
	江西省	赣州市老年大学	《拉丁舞·伦巴套路教学》《摄影·构图教学》
	黑龙江省	牡丹江市老年大学	《老年人秋冬保健及常见病的预防》《民族舞·花绢秧歌》

三、第三批全国老年远程教育优秀和特色课程

2015 年，评选出全国老年远程教育优秀教材 49 部、特色教材 31 部、特色课件 13 个，见表 3–3。

表 3–3　　第三批全国老年远程教育优秀和特色课程

获奖类别	地区	制作单位	成果名称
优秀教材	北京市	北京东方妇女老年大学	《隔代教育中的中国传统文化》《祖辈和孙辈共同成长》《用阅读彩绘孩子的童年》《儿童身心发展规律和特点（0—3 岁）》
	天津市	天津市老年人大学	《菜品的烹调与制作（中册）》《梅兰竹菊》《健身舞蹈》《健身气功八段锦、易筋经》《出国旅游英语》《健身气功大舞、马王堆导引术》《摄影基础》

续表

获奖类别	地区	制作单位	成果名称
优秀教材	天津市	和平区老年大学	《摄影基础知识》
		南开区老年大学	《风筝制作》《古帆船模型制作》
	黑龙江省	牡丹江市老年大学	《树的画法·塔松的画法》《柔力球基本套路》《糖尿病的预防保健知识及诊疗误区》
	上海市	上海远程老年大学	《当今，应该怎样养生保健》《老年人学 iPad》
	江苏省	江苏开放大学	《陶笛艺术》《数字易生活》《希腊神话与英雄传说》《现代散文赏析》《江苏地域文化》《二十四式简化太极拳》
	浙江省	浙江老年电视大学	《教你饮食滋味》《四季果蔬养生》《养生按摩手法》
	安徽省	芜湖老年大学	《钢琴中级班教学》
	福建省	厦门老年大学	《旅游文化》
		泉州老年大学	《老年中医养生》《时政课（4）·2015年〈政府工作报告〉解读》
		莆田市老年大学	《声乐·梨花颂》《中国画·墨竹的画法》《烹调·冬笋鲍鱼片》
	江西省	景德镇老年大学	《陶瓷釉上工笔牡丹画技法》
		萍乡市老年大学	《写意荷花的画法》
		上饶老年大学	《合唱的情感表达与声音处理》
	山东省	山东老年大学	《面塑·制作小猴子》
		临沭县老年大学	《教你学国画·学画丝瓜》
		潍坊市老年大学	《中国风筝文化与制作技艺教程》
	重庆市	重庆市老年大学	《柔力球操基础教学》《四十二式太极剑竞赛套路》《国画四君子（梅、兰、竹、菊）》《营养与痛风》《中医治疗肩周炎》
	贵州省	贵阳市老年大学	《瑜伽的基础教学》《缠绕指尖的美·美丽的百合花绽放》《第三套太极藤球功》

续表

获奖类别	地区	制作单位	成果名称
特色教材	北京市	北京东方妇女老年大学	《良好品德行为习惯养成教育》
	天津市	天津市老年人大学	《楷书寻真·欧楷的学习》《礼器碑技法讲座》《中医药学基础》《计算机中级》
	黑龙江省	牡丹江市老年大学	《我们共同的家》
	江苏省	如东县岔河镇社区教育中心	《葡萄产业链的延伸》《葡萄栽培管理技术》
	安徽省	芜湖老年大学	《二胡基础教学》《桥牌基础教学》《脑卒中的康复与预防》
	福建省	厦门老年大学	《实用中成药》
		永安市老年大学	《怎样制作给天加云和水中加云的倒影》《电脑维护与制作（第一册）》
		莆田市老年大学	《拉丁舞·恰恰基础舞步与花样小组合》《摄影·创作三部曲及构图》
	江西省	赣州市老年大学	《练声·练歌·合唱》
		抚顺市老年大学	《如何提高摄影的构图技巧》
		修水县老年大学	《修水民间舞·春风吹来百花开》
		南昌市老年大学	《声乐练习》
		吉安市老年大学	《诗词基础知识系列讲座》
	河南省	郑州市老干部大学	《飞云画法》
	湖南省	长沙市老干部大学	《旅游新天地·老年人非去不可的二十个地方》《室内健身舞·草原的月亮》
	重庆市	重庆市老年大学	《古诗词鉴赏》《虚症的区别及选方应用（一、二）》

续表

获奖类别	地区	制作单位	成果名称
特色教材	贵州省	清镇市老年大学	《十三小行剑》
		息烽县老年大学	《党的政策好》
		开阳县老年大学	《浅谈春夏两季养生》
		仁怀市老年大学	《舞蹈基础》《获奖春联赏析》
特色课件	天津市	河北区老年大学	《茶道（手机版）》
	江苏省	江苏开放大学	《老年人高血压病防治知识讲座》《满族打花棍》
	山东省	山东老年大学	《书法》
	湖北省	湖北省老年大学	《声乐基础》《电脑网络》《山水画构图》《新概念英语》
		武汉市蔡甸区老年远程教育工作领导小组	《畜牧》《农业》
	四川省	资中老年大学	《二胡名曲欣赏》《科技课》
	贵州省	白云区老年大学	《生态文明建设》

四、第四批全国老年远程教育优秀和特色课程

2017年评选出全国老年远程教育优秀教材35部、特色教材66部，见表3–4。

表3–4　　第四批全国老年远程教育优秀和特色课程

获奖类别	地区	制作单位	成果名称
优秀教材	天津市	河北区老年大学	《婴幼儿卫生与保健》
		天津市老年人大学	《曹全碑》《工笔花鸟画基本技法（上、中、下册）》《钢琴提高》《兰亭序行书技法》《面点》《瑜伽养生》
	福建省	厦门老年大学	《古筝》
		泉州老年大学	《泉州讲古》《营养保健》《微电影系列（2）》

续表

获奖类别	地区	制作单位	成果名称
优秀教材	重庆市	重庆市老年大学	《茶文化与生命健康》《太极养生扇》
		九龙坡区老年大学开放教育学院	《摄影》
	上海市	上海教育电视台	《环保新生活》《居家养老那些事》
	贵州省	贵州老年大学	《葫芦丝演奏讲解》
		贵阳市老年大学	《古筝基础课程》
		贵阳市花溪区老年大学	《第二套太极藤球功》
		贵阳市开阳县老年大学	《社会主义道德教育》
		黔西南州兴义市老年大学	《太极拳健康工程教育》
		遵义市播州区老年大学	《红色教育课》
		遵义市桐梓县老年大学	《写意荷花的画法》
	湖北省	襄阳市老年大学	《智能手机应用》
	安徽省	六安老年大学	《热菜》《声乐训练》
	浙江省	浙江老年电视大学	《发现身体的危险信号》《睡出健康来》
	江西省	修水县老年大学	《声乐》
		庐山管理局老年大学	《中国画》
		南昌市老年大学	《孟祥明山水教学》
	山东省	山东老年大学	《剪纸》《楷书·欧体》
		东营市老年大学	《花鸟画》
		威海市老年大学	《宋词赏析》

续表

获奖类别	地区	制作单位	成果名称
特色教材	天津市	和平区老年大学	《五脏呼吸发音养生》
		河北区老年大学	《婴幼儿活动观察与指导》《古典舞》《踢踏舞》
		天津市老年人大学	《诗解六十四卦（上、下册）》《图像处理提高》《古筝基础》《墨竹专题技法》《刻瓷》
		南开区老年大学	《母婴护理》
	福建省	厦门老年大学	《音乐》
		莆田市老年大学	《木兰双扇》《葫芦丝》《古筝》
	重庆市	重庆市老年大学	《含蓄的新诗》《老年期、认知老化》《中老年人学古筝（一、二）》《中老人玩相机（一、二）》
		九龙坡区老年大学开放教育学院	《时尚创美》《保健按摩》
	湖南省	长沙市老干部大学	《老年声乐》
	四川省	资中老年大学	《老年养生》
		隆昌县老年大学	《传统山水画教学》
	黑龙江省	牡丹江市老年大学	《声乐课堂》《芭蕾形体》
	贵州省	贵州老年大学	《东方插花》
		贵阳市老年大学	《葫芦丝（苗岭春早教学）》
		息烽县老年大学	《中国舞舞蹈基本课程》
		黔西南州老年大学	《二胡初、中级教学课程》
		黔西南州贞丰县老年大学	《古筝初级教学课程》
		仁怀市老年大学	《普通话》《舞蹈（一、二）》《音乐》《二胡》

续表

获奖类别	地区	制作单位	成果名称
特色教材	贵州省	遵义市老年大学	《诗词曲联》《民间工艺》
		遵义市汇川区老年大学	《合唱知识的讲解》
		绥阳县老年大学	《古体诗词》
		金沙县老年大学	《中老年舞蹈》
		正安县老年大学	《音乐课》
		凤冈县老年大学	《中国舞》
		余庆县老年大学	《音乐基础理论和声乐演唱基础训练》
	湖北省	襄阳市老年大学	《太极藤球拂尘》《行书二年级》
	安徽省	六安老年大学	《微信电脑端的趣味应用》《旅游文化》《休闲三步踩铜牌套路》
	江西省	修水县老年大学	《修水民间舞蹈》
		都昌县老年大学	《国画山水构图》
		赣州市老年大学	《民族舞》
		上饶老年大学	《越剧·黛玉焚稿》《中医养生保健》
		德兴市老年大学	《海派秧歌》
		上饶市广丰区老年大学	《采茶戏（湖广调）》
		新余市老年大学	《现代瑜伽》《中国舞》《声乐》
		抚州老年大学	《诗词课》《音乐课》
		永修县老年大学	《姓氏文化讲座》
		石城县老年大学	《保健课》
		婺源县老年大学	《天才豪放的诗仙李白》
	山东省	乳山市老年大学	《手机带我们去旅行》
		威海市环翠区老年大学	《如何用手机及相机拍出高品质的视频短片》
	福建省	永安市老年大学	《摄影后期制作》

随着时代的发展和社会的进步，老年人的学习需求不断增长，各实验区也在不断根据实际需要开发新的课程，同时向老年远程教育尚处于起步阶段的地区提供优质的教育资源，以提高老年远程教育资源的共享度。

第四节　全国老年远程教育研究课题优秀成果

科学的理论来源于实践，同时又对实践起重要的指导作用。老年远程教育除了具备现代远程教育的一般特点外，还具有老年教育的特殊性。积极开展老年远程教育的基础性研究和应用性研究，对发展老年远程教育具有先导性和引领性作用。

中国老年大学协会远程教育工作委员会“三个一”推进计划的第三项重点工作就是开展一批老年远程教育的课题研究。中国老年大学协会远程教育工作委员会组织会员单位，积极开展老年远程教育课题研究工作，聚焦老年远程教育的性质、特点、功能、途径、组织管理、资源共享、技术支撑、经费保障、效果评价等进行专题研究和综合研究。

由远程教育委员会老年教育科研和信息服务中心组织的三次全国老年远程教育课题评选工作，征集的课题成果整体研究质量和研究水平有较大提高。这主要体现在：一是参评课题数量逐届增多；二是参评省份逐届增加；三是参评课题质量总体逐届提升，课题成果有理论阐述、有经验总结、有现状调查、有建言献策等，呈现了当前老年远程教育研究的总体发展趋势和水平。

一、首批全国老年远程教育研究课题优秀成果

2013 年 11 月 20 日，中国老年大学协会远程教育工作委员会专文通知，由各省、自治区、直辖市老年大学（老年教育协会）申报的老年远程教育研究课题，经全国老年远程教育科研和信息服务中心评

审、中国老年大学协会远程教育工作委员会审核通过，立项38个老年远程教育研究课题。

2014年10月，各省、自治区、直辖市老年大学（老年教育协会）申报的老年远程教育科研成果，经全国老年远程教育科研和信息服务中心评审，经中国老年大学协会远程教育工作委员会审核，确定优秀成果一等奖3篇、二等奖5篇、三等奖8篇和优秀成果奖21篇（如表3-5所示），福建老年大学、贵州老年大学获优秀组织奖。

表3-5 首批全国老年远程教育研究课题优秀成果

获奖类别	地区	单位及责任人	课题名称
一等奖	上海市	上海老年大学；江晨清、朱家凤	上海老年远程教育学习收视点建设的实践与思考
	山东省	山东老年大学；杜英杰、马杰、傅汝仁、王墨菊	推进老年远程教育科学发展的路径选择及对策研究
	天津市	天津市老年人大学；史学忠、高歌东	充分挖掘社会资源发展老年远程教育
二等奖	上海市	松江区永丰成校；梁囡弟、金明忠	提高老年远程教育效果的研究——松江区永丰街道“邻里缘”学习小组的实践与探索
	福建省	福建省社区教育指导服务中心；吴盛雄、陈坚	老年学员的学习动机、自我效能感与主观幸福感关系研究——以福建省为例
	重庆市	重庆市老年大学；文传竹	重庆市农村老年远程教育工作的现状与对策
	湖南省	岳阳市老干部活动中心；刘正明、李高翔	积极整合社会资源，大力发展老年远程教育——岳阳市加强老年远程教育工作的做法与思考
	重庆市	大足区老年大学；邢智勇	“利用社会资源发展农村老年远程教育”研究报告

续表

获奖类别	地区	单位及责任人	课题名称
三等奖	贵州省	习水县老年大学；缪剑波	加强区县、乡镇老年远程教育管理的研究
		绥阳县老年大学；简禄韫	充分利用社会资源发展老年远程教育的研究
	安徽省	六安市寿县老年教育工作委员会、老年大学	建立健全保障体系确保老年远教健康发展——发展老年远程教育保障体系的研究
	内蒙古自治区	内蒙古老年大学课题调研组	加强基层老年远程教育收视点建设的研究
	上海市	宝山区大场镇老年学校；沈纯纲	提高老年人参加远程教育学习兴趣的实验报告
		上海市老龄研究中心；彭亮、张智、谢平、朱家凤	上海机关企事业单位退休人员远程教育调研
	安徽省	和县老年大学；潘新松	搭建老年远程教育平台，实现系统资源互惠共享
	四川省	四川老年大学；何云、袁慧波、刘韬	成都老年学员对老年远程教育认识情况调查
优秀奖	天津市	天津市老年人大学；罗援朝	提高老年远程教育课件质量的研究
	福建省	福建广播电视大学；吴盛雄、涂永琛	2000—2011 年中国老年教育研究文献计量分析
		泉州老年大学；林瑞营	大力发展老年远程教育的目的和意义
		厦门市集美区老年大学；陈夕彩	发展老年远程教育保证体系的研究
	安徽省	霍邱老年大学；王国信、吴明月柏、方炳	关于提高远程教学质量的探讨——安徽省霍邱老年大学远程教学实例

续表

获奖类别	地区	单位及责任人	课题名称
优秀奖	安徽省	六安市裕安区老年教育工作委员会；程品	开展老年远程教育主要途径的研究
		六安市金安区老年教育工作委员会；陈茂儒	加强县（区）乡镇老年远程教育管理
		舒城县老年教育工作委员会；周永海	充分利用社会资源发展老年远程教育
	湖南省	湖南老干部大学；杨文盛	开发旅游地课件，提高老年远程教育效果
	贵州省	遵义市老年大学；杨军	发展遵义市远程老年教育的目的和意义
		赤水市老年大学；李敏	浅析老年远程教育的特征
		遵义县老年大学	老年远程教育的途径和研究
		余庆县老年大学；田静	充分利用社会资源发展老年远程教育的研究
		务川县老年大学；覃剑鸿	加强县、乡（镇）老年远程教育管理的研究
		桐梓县老年大学	发展老年远程教育保障体系的研究
		道真自治县老年大学	道真老年大学发展远程教育的认识与实践
		湄潭县老年大学	用活远程教育平台办好基层老年教育
		遵义市汇川区老年大学	大力发展老年远程教育的目的和意义
		凤冈县老年大学	加强对农村远程老年教育课件质量的研究
		遵义市红花岗区老年大学；王华	开展老年远程教育的主要途径和研究
		仁怀市老年大学；韩芳	充分利用现代远程教育资源发展农村老年远程教育的研究

二、第二批全国老年远程教育研究课题优秀成果

2016 年 11 月 10 日，各省、自治区、直辖市老年大学（老年教育协会）申报的老年远程教育科研论文，经全国老年远程教育科研和信息服务中心评审，经中国老年大学协会远程教育工作委员会审核，确定优秀成果一等奖 6 篇、二等奖 9 篇、三等奖 11 篇和优秀成果奖 46 篇，见表 3–6。

表 3–6　　第二批全国老年远程教育研究课题优秀成果

获奖类别	地区	单位及责任人	课题名称
一等奖	上海市	上海老年大学；江晨清、朱家凤等	上海老年远程教育课程建设的创新与发展——上海老年远程教育课程调研的思考
	四川省	资中老年大学；李兵	幸福养老大课堂“1＋1 六环节”教学模式研究
	内蒙古自治区	内蒙古老年大学；段建平、闫利民、冀晶晶	如何开展老年远程教育区域的实验探索，充分发挥老年远程教育示范区的示范、辐射作用
	山东省	山东老年大学；任德强、傅汝仁	山东老年远程教育实验区建设的实践与思考
	福建省	莆田市老年大学；许文豹	收集、制作、整合优秀老年教育课件建立资源库，丰富老年远程教育教学的内容
	天津市	天津市老年人大学；史学忠、高歌东	对老年远程教育中几个关系的辩证思考
二等奖	贵州省	贵阳市老年大学；杨明	关于老年远程教育的思考
	上海市	松江区永丰街道老年学校；梁囡弟、诸君	以“三微”学习模式增强老年远程教育的时代性、教育性和实效性
	贵州省	贵州老年大学；陈祖云	围绕服务保障“四个全面”战略布局，扎实推进“四大工程”建设
		遵义市道真县老年教育工作小组办公室；李阳现	浅议发挥县老年大学在推进老年远程教育中的主导作用

续表

获奖类别	地区	单位及责任人	课题名称
二等奖	福建省	泉州市老年教育工作委员会办公室；黄炉炜、余清梅	发挥老年教育工作委员会职能作用，助推老年远程教育快速发展
		福州市老年大学；赖昌贤、张庆建等	利用党员干部教育网发展老年远程教育事业的实践与思考
		三明市老年大学；李长生、郭传读等	推进远程教育，助力农村文化养老
	吉林省	白城市老年大学；梁凯、王桂林	试论省、市、县老年大学在推进现代老年远程教育中的主导作用及实现途径
	重庆市	九龙坡区老年大学；叶忠华、谭代福	汇集选用优秀老年远程教育课件，精心打造老年远程教育品牌
三等奖	上海市	宝山区老年教育工作小组办公室；沈纯纲	老年远程教育“生态圈”的初步构建
	贵州省	贵州老年大学；杨平	构建“网络＋老年教育”宣传平台，促进贵州老年教育事业不断发展
		黔西南晴隆县委离退休干部工作局；龙徐	新形势下农村地区老年远程教育途径的探索
	天津市	南开区老年大学；徐从军、薛宾	深入开展老年远程教育研究与实践，创建南开老年远程教育示范区
	上海市	徐汇区老年教育工作小组办公室；马丹宇、裴雪明	推进网络学习，提升老年远程教育内涵发展
	内蒙古自治区	内蒙古老年大学航天六院分校；杜学州	如何构建区域性老年远程教育的评价指标体系充分发挥其导向、激励作用
	山东省	临沭县老年大学；郭友华	加强县级老年远程教育示范带动作用，提高老年远程教育的社会效益

续表

获奖类别	地区	单位及责任人	课题名称
三等奖	四川省	四川老年大学；刘韬	老年学员视频课程学习效果与对课程所涉主题熟悉程度之间关系的研究
	福建省	南安市老年教育工作委员会；吴自强	加强实验区创建力度，推动基层老年教育发展
	湖南省	湖南老干部大学；肖丽娴	老年远程教育的探讨
	湖北省	武汉市蔡甸区老年大学；李家亮	我省区县老年远程教育情况研究
优秀奖	上海市	闵行区老年教育工作小组办公室；周宝宝	在实践中探索，充分发挥学习模式的示范、辐射作用
		黄浦区老年教育工作小组办公室；费秀壮等	运用信息化手段提升老年远程教育效能的研究
		松江区新桥镇老年学校；张忠万、沈佳丽	充分利用多种网络资源发展老年远程教育事业
		松江区九亭镇老年学校；张志	借鉴远程教育成果实验，增强老年远程教育的时代性、实效性
		松江区中山老年学校北门学习点；施静	居民学习点提高远程教育实效性的实践思考
		崇明区堡镇老年学校；陈娟、顾斌	市郊老年远程教育收视点学习现状及发展对策研究
	重庆市	万州区老年大学；李楠陵	区（县）老年远程教育工程实施的研究
		重庆市大足区老年大学；邢智勇	发挥中心作用，推进老年远程教育发展
		荣昌县老年大学；邬权亮	发挥远程教育优势，探索农村地区老年远程教育途径
	山东省	青岛市黄岛区老年大学；宋锡久、任根远	新型农村社区建设中基层老年远程教育路径研究

续表

获奖类别	地区	单位及责任人	课题名称
优秀奖	山东省	潍坊市老年大学；王梅俊	县级老年远程教育管理网络建设研究
	贵州省	贵阳市乌当区老年大学；晏明	充分利用党员干部教育网资源，积极推动老年远程教育的研究实践
		贵阳市南明区老年大学、沙冲社区老年学校；张孝琴、孙敏等	如何充分利用优秀课件丰富老年远程教育
		贵阳市花溪区老年大学；陈建新	区级老年远程教育区域试验中的探索与思考
		贵阳市白云区老年大学；王太明	发挥区老年大学在推进老年远程教育的作用
		息烽县老年大学；罗国敏	如何充分发挥省、地（市）县老年大学在推进老年远程教育中的主导作用
		清镇市红枫湖镇老年教育工作小组办公室；官荣燕	整合资源，积极发展老年远程教育事业
		修文县老年大学；李国栋	加强基层老年远程教育收视点规范化建设切实提高农村老年教育覆盖面
		贵阳市观山湖区老年教育工作小组办公室；赵嫚宁	论如何充分利用多种网络资源积极发展老年远程教育事业的重要性
		六盘水市盘县；王平	积极整合远教资源，发展基层老年教育
		黔南州都匀市；何万玉	利用远程教育平台，开展老年教育工作
		赤水市老年教育工作小组办公室；李敏	如何充分利用多种网络资源积极发展老年远程教育事业
		遵义市红花岗区老年教育工作小组办公室；邓光应	新形势下农村地区老年远程教育途径的探索

续表

获奖类别	地区	单位及责任人	课题名称
优秀奖	贵州省	遵义市汇川区老年教育工作小组办公室；李倩	如何充分利用优秀老年教育课件丰富老年远程教育的内容
		湄潭县老年教育工作小组办公室；夏道军	利用农村党员干部远程站点积极探索办好村级老年教育
		绥阳县老年教育工作小组办公室；简禄韫	充分利用优秀老年教育课件丰富老年远程教育内容的研究
		桐梓县老年教育工作小组办公室；何文仙	如何充分发挥远程教育优势，积极探索边远农村地区、山区发展老年远程教育的途径
		习水县老年教育工作小组办公室；缪剑波	提高认识，扩大宣传，抓好站点建设，做好偏远农村老年远程教育工作
		遵义县老年教育工作小组办公室；吴永梅	如何充分发挥县老年大学在推进老年远程教育中的主导作用
		余庆县老年教育工作小组办公室；田静	充分利用多种网络资源发展老年远程教育之我见
	内蒙古自治区	内蒙古老年大学工业大学分校；乐建辉、刘成芳	如何学习借鉴各类远程教育的成果经验增强老年远程教育的时代性、教育性、实效性
	吉林省	吉林省老年大学；范静	加强与各类远程网络机构的合作，切实提高老年远程教育的社会效益
		松原市老年大学；汪绍宏	谈老年大学在老年远程教育中的主导作用
		延吉市老年大学；韩昌镐	如何充分利用优秀老年教育课件丰富老年远程教育的内容
	福建省	福州市台江区老年大学；林海	充分利用优秀老年教育课件丰富老年远程教育内容
		福州市台江区老年大学；郑巧梅	学习借鉴各类远程教育的成果经验，增强老年远程教育的时代性、教育性、实效性

续表

获奖类别	地区	单位及责任人	课题名称
优秀奖	福建省	福清市老年大学	开发大领域，应用大资源
		闽清县老年大学；邓一萍	浅谈基层老年远程教育的一些粗浅体会
		莆田市城厢区老年大学；陈德新	发展农村老年远程教育的意义及实践
		晋江市老年教育工作委员会；陈荣辉	加强远程教育规范化建设，提高农村老年教育覆盖面
		晋江市安海镇老年教育工作小组办公室；颜呈辉	发挥远程教育优势，巩固农村老年教育
		永春县老年教育工作委员会；陈丽娜	加强老年远程教育收视点规范化建设在提高老年教育覆盖面中的作用
		德化县老年大学；李孝仪	发挥老年教育工作委员会职能作用，推进老年远程教育
		南平市老年大学；连晓婧	借鉴经验改善老年远程教育之我见
		邵武市老年大学	发挥老年大学优势，推进老年远程教育
		永安市老年大学；刘兆昌	“开门办学”是老年大学拓展与深化改革之机

三、第三批全国老年远程教育研究课题优秀成果

由各省、自治区、直辖市老年大学（老年教育协会）申报的老年远程教育研究课题，经全国老年远程教育科研和信息服务中心评审，2018年6月14日由中国老年大学协会远程教育工作委员会主任会议审核通过，确定优秀课题一等奖8篇、二等奖16篇、三等奖30篇、优秀奖61篇。

表 3-7 第三批全国老年远程教育研究课题优秀成果

获奖类别	地区	单位及责任人	课题名称
一等奖	贵州省	贵州省老年教育工作领导小组办公室；杨平	关于老年远程教育互动直播平台建设的思考
	上海市	上海市松江区永丰街道老年学校；梁囡弟	老年人远程学习能力及其影响因素实证研究
	广东省	广东省广州市老年干部大学；黄楚婷	浅谈老年远程教育网站功能和效益
	山东省	山东老年大学；任德强、傅汝仁	老年远程教育实验区建设经验与作用研究
	天津市	天津市老年人大学；高歌东	要重视老年远程教育教学与应用的结合
	福建省	福建老年大学	福建省老年远程教育运行机制和管理体制研究
	四川省	四川省资中老年大学	县老年大学“立足学校教，服务基层帮”远程老年教育模式研究报告
	贵州省	贵州省贵阳市清镇市红新社区服务中心；陈旭娟	赋权理论视角下社区老年远程教育研究
二等奖	天津市	天津市老年人大学；吴凤岐、张纹	发挥志愿者队伍作用为发展老年远程教育助力
	湖南省	湖南省老干部大学；杨文盛	开发旅游地理课件 提高老年远程教育效果
	重庆市	重庆市老年大学；曾科	远程老年教育发展研究
	福建省	福建省福州市老年大学	多种形式开展老年远程教育的实践与探索
	山东省	山东省蒙阴县老年大学；秦承良	远程老年教育与城乡养老机构的功能融合及新兴养老业态培育
	江西省	江西省上饶市老年大学；饶祖天	老年大学远程教育优质课程开发联盟研究

续表

获奖类别	地区	单位及责任人	课题名称
二等奖	贵州省	贵州省贵阳市清镇市新岭社区服务中心；罗红梅	老年远程教育发展水平评估指标体系的研究
	安徽省	安徽省繁昌老年大学；谢荣华、章国传	建立县（市）、乡镇、村（居委）三级社区老年远程教育网络、方便老年人就近就便学习的研究
	上海市	上海市宝山区老年教育工作小组办公室；沈纯纲	移动互联网学习组织的构建
	贵州省	贵州省贵阳市乌当区老年大学；蔡常洪	织密老年远程服务网络，助力生态乌当智享生活——浅析贵阳市乌当区老年远程教育发展前景
	湖南省	湖南省湘潭市老年大学、市老干部活动管理服务中心；赵学文、李向荣	老年远程教育为提高老年人生命和生活质量搭建了广阔的平台
	贵州省	贵州省黎平县老年大学；石雷	老年远程教育为城市、农村的福利院、敬老院服务，推广养教结合一体化、康复教育一体化模式的研究
	吉林省	吉林省辽源市老年大学；肖振安	构建“一体两翼”学习模式，推进老年学员“智慧学习”
	贵州省	贵州省贵阳市观山湖区老年大学；彭建生	老年人远程学习现状调查
	福建省	福建省福清市老年大学；何芝兰、王朝振、吴继斌	凝心聚力，打通老年远程教育“断头路”——福清市三级老年远程教育调研报告
	上海市	上海市黄浦区老年大学	数字化背景下的老年教育学习资源开发思考
三等奖	山东省	山东老年大学；杜茂龙、孙海峰、陈俊、李婧媛	远程老年教育系列课程开发实践研究
	贵州省	贵州老年大学机关党委；何德全、陈江	新时代加强老年学员意识形态教育的思考

续表

获奖类别	地区	单位及责任人	课题名称
三等奖	湖南省	湖南省老干部活动中心；肖丽娴	在老年教育转型创新中老年远程教育课程之探讨
	福建省	福建省晋江市老教委；陈远	建立与完善三级老年远程教育网络提升老年远程教育收视效益
	安徽省	安徽省马鞍山市老教委；汪永年、陈树桃	广泛开展基层老年远程教育必须完善其服务体系
	福建省	福建省永安市老年大学；周小林	浅谈老年大学电脑教学中微课资源的应用
	贵州省	贵州省贵阳市清镇市百花社区服务中心；许芸	老年远程教育志愿者队伍建设的研究
	重庆市	重庆市工艺美术学校；夏靖	正声雅音伴桑榆——老年远程教育之音乐鉴赏课程的研究
		重庆市九龙坡区第二实验小学校；钟莉	老年远程教育下古诗词鉴赏的研究
	贵州省	贵州省贵阳市南明区老教办；张孝琴	充分利用各级各类学校、文化馆、图书馆等网络资源为老年远程教育服务的研究
	福建省	福建省三明市老年大学；王小荣	老年远程教育服务“三农”的思考
	贵州省	贵州省贵阳市老年大学；杨明、姚镝	新时代社区老年教育工作探究
		贵州省铜仁市江口市老年大学	老年远程教育为提高老年人生命和生活质量的研究
	福建省	福建省德化县老教委	立足山区实际，远教近学谱新篇
	重庆市	重庆市九龙坡区老年大学；王忠	老年远程教育学习资源平台建设探索与运用——基于重庆市九龙坡区的实证研究

续表

获奖类别	地区	单位及责任人	课题名称
三等奖	吉林省	吉林省公主岭市老年大学；辛虹播	贯彻十九大精神进一步推动市乡镇（街道）村（社区）老年远程教育网络全覆盖的思考
	重庆市	重庆市开州区老年大学服务中心；陈华、彭春、黄莉	指尖上老年大学的实践与思考
	贵州省	贵州省贵阳市息烽县老年大学；罗国敏、王宜祥	关于县乡村社区三级老年远程教育网络模式创新问题及对策
		贵州省遵义市桐梓县老年大学	针对实际，一事一课，学有成效——从山堡村的实践浅谈社会力量参与老年远程教育
	江西省	江西省上饶市老年大学；郭英、郭安海	牢记使命，积极推进远程老年教育，解决不平衡不充分发展的思考
		江西省万年县老年大学；陈火胜	不忘初心，牢记使命，致力发展新时代老年教育——万年县老年大学远程教育初探与浅见
		江西省抚州老年大学；刘松	浅谈如何提高老年远程教育的实效性
	重庆市	重庆市忠县老年大学；叶国村	老年远程教育收视点模式和实效性的研究
	江西省	江西省鄱阳县老年大学；严计鸾	老年远程教育实验区建设和作用的研究
	安徽省	安徽省和县老年教育委员会；陈其才	努力提高老年人的幸福指数——老年远程教育的实践与感受
	吉林省	吉林省松原市老年大学；汪绍宏	老年远程教育与老年人生命和生活质量
	黑龙江省	黑龙江省海林市老年大学；邵兴全、张洁	坚持标准满足需求全面推进老年远程教育示范区建设再上新台阶

续表

获奖类别	地区	单位及责任人	课题名称
三等奖	江西省	江西省鄱阳县老年大学；胡阳东	完善基层老年远程教育服务体系的研究
	贵州省	贵州省黔西南州兴仁县老年大学；肖媛凤	老年远程教育志愿者队伍建设的研究
	河南省	河南省老干部大学；宾奕、李宇宁	加强数字化学习资源，跨区域、跨部门共建共享的研究
优秀奖	湖南省	湖南老干部大学；李凯彬	老年远程教育操作技术的探讨
	吉林省	吉林省老年大学；范静	建立县（市）—乡镇（街道）—村（居委）三级社区老年远程教育网络方便老年人就近就便学习的研究
	重庆市	重庆市万州老年大学；李楠陵	“互联网+”助力城乡老年教育发展的研究
	福建省	福建省三明市老年大学；王育忠	加强老年远程教育，实现积极老龄化
	湖北省	湖北襄阳市老年大学	浅谈强化数字学习资源，跨区域、跨部门
	贵州省	贵州省遵义市老年大学；杨军	吸引社会力量广泛参与老年远程教育机制的研究
		贵州省贵阳市云岩区老教办	规范办学，推动老年远程教育新发展
		贵州省贵阳市花溪区老年大学	花溪区老年远程教育收视点模式和实效性的研究
		贵州省贵阳市白云区老年大学；周忠诚、罗蕤	关于区、乡（镇、社区）、村（居）三级老年远程教育服务网络建设、管理、成效的研究
		贵州省清镇市老年大学；王守慧	老年远程教育为提高老年人生命和生活质量的研究
		贵州省贵阳市开阳县老年大学；黄达	老年远程教育管理体制和运行机制

续表

获奖类别	地区	单位及责任人	课题名称
优秀奖	贵州省	贵州省遵义市赤水市老年大学；李敏	建立县（市）—乡镇（街道）—村（居委）三级社区老年远程教育网络、方便老年人就近就便学习的研究。
		贵州省遵义市绥阳县老年大学；杨文勇	积极应对现状，充分发挥示范，不断加快老年教育发展
		贵州省遵义市绥阳县老年大学；杨文勇	发展远程老年教育，提高老年人生命生活质量
		贵州省遵义市汇川区老年大学；李倩	浅谈乡土史课程资源在老年远程教育中的运用
		贵州省遵义市红花岗区老年大学；邓光应	老年远程教育实验区建设和作用的研究
		贵州省遵义市播州区老年大学；	老年远程教育在提高老年人生命和生活质量上发挥的作用
		贵州省遵义市余庆县老年大学；邱波	依托优势，整合资源，完善设施——协调推进全县三级老年远程教育网络建设
		贵州省遵义市正安县老年大学；杨亚敏	关于完善基层老年远程教育服务体系的研究
		贵州省毕节市金沙县老年大学；黄泽兴	农村老年远程教育的实践和体会
		贵州省铜仁市碧江区老年大学；杨昌珍、黄晓燕	基于三级老年远程教育体系的终身学习平台搭建问题研究
		贵州省铜仁市松桃县老教办；华明香	松桃县老年大学远程教育服务体系初探
		贵州省铜仁市德江县老年大学；周芝廷	整合资源，部门联动，发展壮大远程老年教育
		贵州省黔东南州黎平县老年大学；石会昌	老年远程教育为提高老年人生命和生活质量的研究
		贵州省黎平县老年大学；石赵	农村老年远程教育收视点模式和实效性的研究

续表

获奖类别	地区	单位及责任人	课题名称
优秀奖	贵州省	贵州省黔东南州黎平县老年大学；吴化明	黎平县推进全国老年远程教育实验区建设的研究
		贵州省黔南州都匀市老年大学；索恩乾、何万玉	都匀市积极探索发展老年远程教育、努力解决老年人就近方便学习的实践和思考
		贵州省黔西南州贞丰县老年大学；黄文琴	完善基层老年远程教育服务体系的研究
		贵州省黔西南州册亨县老年大学；谭尚忠	深入推进县乡村三级老年远程教育网络建设，方便老年人就近就便学习
		贵州省黔西南州晴隆县老年大学；代青伶	浅谈老年远程教育对提高老年人生命和生活质量的作用
	吉林省	吉林梅河口市老年大学；李佳芮	发展远程教育，开启老年教育新征程
		吉林二道区委老干部局；马东云	论“老年远程教育”的意义
		吉林集安市老年大学；梁秀梅	老年远程教育实验区建设和作用的研究
	重庆市	重庆市荣昌区老年大学；邬权亮	共享远程教育资源，提高农村老年人生活质量
		重庆市九龙坡区老年大学；谭代福	用好用活全国老年远程教育网，提高老年人生命生活质量
	福建省	福建省福州市台江区老年大学；郑巧梅	老年远程教育为提高老年人生命和生活质量的研究
		福建省福州市马尾区老年大学；萧道群	老年远程教育对提高老年人生活与生命的意义
		福建省晋江市老教委；颜呈辉	互联网＋农村老年教育＝搭车赶路
		福建省永春县老教委；郑大华	依托老年远程教育优势 整合老年远程教育资源为满足老年人提高生命和生活质量需求发挥重要作用

续表

获奖类别	地区	单位及责任人	课题名称
优秀奖	福建省	福建省石狮市老年教育委员会；吕文彬	建立和完善三级远程教育网络是提高老年教育成果的有效途径之一
		福建省南安市老教委；吴自强	建立三级老年远程教育网络、方便老年人就近学习的探索与实践
	山东省	山东淄博市老年大学；	加强数字化学习资源，跨区域、跨部门共建共享的研究
		山东威海市老年大学；刘新芳、姜丽娜	吸引社会力量广泛参与老年远程教育机制的研究
		山东省乳山市老年大学；王颖、勇鹏远	建立县—乡镇—村三级社区老年远程教育网络、方便老年人就近就便学习的研究
		山东省荣成市老年大学	关于老年远程教育为城市、农村的福利院服务推广养教结合一体化、康复教育一体化模式的研究
		山东省临沭县老年大学；郭友华	发挥老年远程教育实验区作用，助推县域老年人生命、生活质量提高
	江西省	江西省婺源县老年大学；胡根保	婺源县老年大学远程教育实践
	安徽省	安徽省马鞍山市和县老年大学	老年远程教育实验区建设和作用初探
	黑龙江省	黑龙江牡丹江老年大学；张国君	精准发力 不断提升全市老年远程教育整体水平
		黑龙江牡丹江市委组织部远程教育中心；郑重	牡丹江市“四个共享”实现远程教育与老年学校的深度融合
		黑龙江穆棱市老年大学；冯晓春	依托远程教育平台，助力老年人增收致富
	江西省	江西省吉安市永丰县老年大学；袁宗裕	向乡镇、村（居）委会延伸老年教育是扩大教育覆盖面、体现教育公平的必由之路

续表

获奖类别	地区	单位及责任人	课题名称
优秀奖	江西省	江西省万年老年大学；陈火胜	不忘初心，牢记使命，致力发展新时代老年教育——万年县老年大学远程教育初探与浅见
	福建省	福建省泉州市丰泽区老教委；林心政	基层老年远程教育管理体制和运行机制的思考
		福建省泉州市丰泽区东湖街道老年学校；黄丽珠	探索远程教育服务老年人群新模式
		福建省泉州市鲤城老教委办公室；王银才	远程教育如何提高老年人的生命生活质量
	贵州省	贵州省贵阳市清镇市麦格苗族布依族乡；贺娟	充分利用社会资源为农村老年远程教育服务的研究
		贵州省贵阳市清镇市红枫湖镇；汪程	我国老年远程教育现状与对策研究——基于“互联网+”环境下的分析
		贵阳市清镇市站街镇；张容	老年远程教育的新模式探索研究
		贵州省贵阳市清镇市新店镇；彭程程	老年远程教育为提高老年人生命和生活质量的研究
		贵州省黔西南州贞丰县永丰街道岩鱼村老年学校；黄生辉	老年远程教育为提高老年人生命和生活质量的研究

综合来看，远程教育工作委员会历次评选课题的研究深度和广度逐步深化，主要反映在：一是从研究内容上看，既有对老年远程教育的基础理论研究，又有对老年远程教育的创新研究；二是从研究层面上看，横向研究层面牵涉体系构建、课件资源建设、网络平台、实验区建设、现状研究等，纵向（研究深度）层面涉及老年远程教育的教学模式、学习模式、评价模式、互动式教学等研究，并能做到点上深化、面上铺开、点面结合。

部分研究成果观点新颖，主要表现在：一是研究方法和手段多样化，在研究成果中出现了通过调查法、实验法、实证研究法等手段对当前远程教育的教学规律进行研究，通过数据分析来解决远程教育过程中出现的困难和问题。二是研究观点和视角新颖，比如出现了“互联网+”“学习圈”“移动学习”等前沿热点研究等，有利于老年远程教育研究朝着内涵深化发展。

比如，获得首届研究成果一等奖的《上海老年远程教育学习收视点建设的实践与思考》(上海老年大学)，在认真梳理和总结上海老年远程教育学习收视点的基本实践和成果的同时，为进一步推进老年远程教育建设提出了四点对策：注重完善老年远程教育管理和运行机制；注重整合资源，激发学习收视点建设的活力；注重提高教学质量；注重帮助老年人进入数字化时代。

获得首届研究成果一等奖的《推进老年远程教育科学发展的路径选择及对策研究》(山东老年大学)，提出了进一步推进老年远程教育科学发展的基本思路：以现代远程教育网络为载体，整合社会资源，做强、做大服务平台；以加强基层和农村社区收视点建设为重点进一步扩大老年远程教育覆盖面；以扶持培育一批先进典型为抓手，充分发挥典型的示范引领和辐射作用。

获得第二届研究成果一等奖的《收集、制作、整合老年教育优秀课件，建立资源库，丰富老年远程教育教学的内容》(福建省莆田市老年大学)，提出发展老年教育，应致力于互联网上老年教育教学资源的收集以及学校和社会上的老年教育优质教学资源的收集；老年教育教学资源应重点开发制作体现“老有所学、老有所乐、老有所为”、提升老年人生活质量和生命质量的远程老年教育资源。老年教育教学课件在设计、开发时，应把握标准化、易操作、形象化、模块化和小型化的原则；老年教育教学资源的整合应符合集中、优化、系统、交互性和社会化整合的原则；收集、制作、整合老年教育优秀课件，建立资源库的目的，是丰富老年远程教育教学的内容。

获得第二届研究成果一等奖的《对老年远程教育中几个关系的辩

证思考》(天津市老年人大学),对老年远程教育中网络建设与队伍建设、课程开发与共享、传统课程与现代课程、课件数量与质量、经费积累与公共资金合理利用等关系进行了分析和辩证思考,并针对实践中出现的问题,提出了解决的办法。

获得第二届研究成果一等奖的《如何开展老年远程教育区域的实验探索,充分发挥老年远程教育示范区的示范、辐射作用》(内蒙古老年大学),结合内蒙古老年大学开展老年远程教育的实际情况,分析在开展老年远程教育工作中取得的成效和存在的问题,就如何开展老年远程教育区域的实验探索谈了几点思路:加强组织领导加大宣传力度;整合资源,充分实现资源共享;积极实践探索,推动实验区工作上新台阶;积极开展远程教育评估工作;建立包括高校教师志愿者队伍等。

获得第二届研究成果二等奖的《浅议发挥县级老年大学在推进老年远程教育中的主导作用》(贵州省遵义市道真自治县老年大学),通过对远程老年教育在老年教学方面作用发挥的分析,以及近年来该县在老年远程教育实践中取得的成功经验的基础上,提出了以县老年大学为老年教育主阵地,积极利用现代网络技术,通过收集整理网上学习内容和符合地方实际的大众化的民族民间文化知识两个渠道创作远教课件供基层老年学校使用,发挥县老年大学的主导作用,以远程老年教育为抓手,推动老年教育工作上新台阶。

《老年远程教育“生态圈”的初步构建》(上海市宝山区老年远程教育工作小组)一文提出,在“互联网+”时代的背景下,老年人群信息素养很薄弱,应构建老年远程教育生态圈,让老年人群充分适应信息社会,提升幸福指数,造就“在学习中养老”的格局。文章探索了构建生态圈的主体、客体和内容这三要素的和谐与共生。构建老年远程教育生态圈的主体,除了政府部门作为最重要的主体之外,还有多元化的主体,即各级各类老年大学、街镇老年学校、各级政府的老龄办、社区学校、成人学校和社会办学力量等。生态圈的客体是老年人群,他们又是学习的主体。培育老年远程教育生态圈的客体:一是建立老年远程教育学习平台；二是开展对居民学习点（远程收视点）的资源配送；三是以民间自主发展基地为平台，进一步推进“乐学团队”各项活动；四是建立区域社区志愿者教师基础信息档案，形成区域志愿者教师资源共享平台。

时代在不断进步，未来，随着教育技术和科学技术的发展，还需要老年远程教育工作者不断去研究新情况，解决新问题，特别是借鉴引进国内外远程教育的最新研究成果，丰富、充实远程老年教育理论与实践，这样才能把老年远程教育理论研究事业不断与时俱进、向前发展。

第四章

全国老年远程教育优秀案例

案例是人们对所经历的具有典型性和富有指导意义的工作实情的记录与陈述，对于人们的学习、研究、工作等具有重要的借鉴意义。一般来说，案例包括新技术、新方法等的应用经历、经验或是对现有工作做法的优化等经验。根据案例，人们可以对相关问题进行深入的研究分析，尤其是一些优秀案例，可以通过分析从中寻找带有规律性、普遍性的因素，并汲取营养，进而改进并完善工作。

党和政府历来重视经验总结工作，重视鲜活经验的指导作用。本章汇集了不同地域、不同层级老年大学及政府职能部门开展老年远程教育的优秀经验。这些经验是一线老年远程教育工作者智慧的结晶，也是其他学习者获取关于开展老年远程教育工作最有效、最简捷、最有信服力的信息资源。

老年远程教育是老年教育中最有发展潜力与发展空间的一种教育形式，因此，必须在认真学习和贯彻党的十九大精神、高举习近平新时代中国特色社会主义思想伟大旗帜的前提下，通过借鉴这些优秀案例中的创新举措和丰富经验，不断完善工作方式方法，增强开展老年远程教育工作的才干和能力，从而进一步推动全国老年远程教育工作再上新台阶。

第一节　省（市）、地（市）级老年远程教育优秀案例

省（市）、地（市）级老年大学在教学条件、设施、场地和分校建设等方面具有得天独厚的资源优势，往往是本省或本市老年教育示范单位，也是开拓全国老年远程教育工作的中流砥柱。在长期的办学过程中，省（市）、地（市）级老年大学积累了丰富的老年远程教育工作经验，有一大批致力于老年远程教育事业的管理工作者和技术工作者，有足够的资金和丰富的资源拓展老年远程教育工作。省（市）、地（市）级老年大学将集聚的教育资源向基层和社区辐射，积极利用本校优秀师资力量，策划老年远程教育课程并录制成片，搭建老年教育在线平台或老年远程教育收视网络，不断向基层和社区输送教学资源，服务本省（市）、地（市）甚至全国老年人群体，在老年远程教育的开拓工作中引领理论研究、指导教学业务、示范办学模式、开发课程资源，强力辐射各项功能，发挥着不可替代的“龙头”作用。

一、天津市老年人大学：坚持“一体两翼”，发展远程教育

（一）学校基本概况

天津市老年人大学于1985年4月6日成立，目前是全国规模最大、设备条件最完善的老年大学之一。学校占地面积5640平方米，三座校舍建筑总面积15277平方米，建有72个现代化多媒体教学场地。在教学设置上，设立文史外语、书法、绘画、生活艺术、健身养生、医学保健、舞蹈戏曲、音乐、计算机9个教学系和远程教育学

院。在课程设置上，开设360门专业课程。2017年，有教学班750个，学员26877人。

在天津市委、市政府高度重视和亲切关怀下，天津市老年人大学已走过32年历程。前期10年是创建和探索发展阶段，白手起家，举步维艰。中期10年为规范和壮大发展阶段，有了固定校舍，规模扩大，规范建设，教学质量大幅提升，步入全国一流老年大学行列。近期10年是创新发展阶段，特色更突出，亮点更多，成效更大。其标志有：一是2007年成为全国第一所校舍面积和在校学员数量“双过万”老年大学；二是进一步提升办学理念，不断改革创新，适应老龄社会要求；三是在建设学习型城市和构建终身教育体系、应对老龄化社会中发挥了积极作用；四是呈现“章鱼式”办学新境界、“一体两翼”跨越发展新态势，在全国产生了积极影响。

学校的办学特色鲜明，教学成果显著。2009年，学校获得“全国先进老年大学”、全国“优秀成人教育培训机构”称号；2010年获得“全国老龄工作先进单位”称号；2013年10月荣获首批“全国敬老文明号”称号；2014年天津市老年人大学教职工集体获得“全国老有所为楷模”荣誉称号；2016年获得“全国示范老年大学”称号。

（二）开创“一体两翼”办学模式

所谓“一体两翼”，是王鸿江校长确定的办学模式，也被中国老年大学协会确定为办老年教育值得推广的一种模式，即以校本部为办学主体，以建立老年人大学教学实践基地的“章鱼式”办学模式和“老年远程教育学习网”为腾飞两翼的创新发展新格局。这是基于解决学校即使是扩大规模后仍然不能完全解决报名难的现实问题，以及对广大学员学有所成后主动自觉地服务社会做法的经验总结。这一办学模式打破了老年大学“关门办学”和“囿于课堂”的思维定式，打开了开门办学、融入社会、服务社会的视野，为学校发展开辟了更为广阔的前景，同时也凸显了老年教育的特点，成为学校今后实现更大发展的新起点。

自2012年至今，天津市老年人大学在校外先后建了136个教学实践基地，分布在天津市13个区，涉及110余个社区或市民学校。现在有近万名老年朋友常年坚持活动在这些基地里，享受老年大学优质的教育资源。天津市老年远程学习网于2013年3月开通，目前已有57门、608集课程在线播放，其中的36门、539集课程为本校编辑制作；截至2017年10月，网上访问人数已达9192377人次。据2017年9月统计，天津市老年人大学先后报送的34门课程被中国老年大学协会评为优秀教材，其中11门课程被评为特色教材。

（三）天津市老年人大学发展远程教育的基本做法

天津市老年人大学重视远程教育工作的发展，从人员（专职和兼职人员的组合）到设备（适时更新和添置），不断加大管理和投入。如今，天津老年远程学习网实现常规化运行并已初见成效，取得了良好的社会效果。天津市老年人大学的主要做法是：

1. 托管建站，加快网站建设

几年来，天津老年远程学习网的运行采取托管建站模式，即网站的服务器带宽和网站维护建设都委托给专业公司，专业公司提供24小时的专业服务。这样可以解除后顾之忧，特别是网站运行的网络安全方面有了技术上的保障，短平快地推动了天津老年远程学习网的发展。

2. 充分利用教学资源，搞好课程录制

制作出高质量的远程教育课件，是老年远程教育的核心工作。天津市老年人大学的老年远程教育课程建立在各教学系的教学基础平台上，充分利用天津市老年人大学的优秀教师资源及多年积累的专业课程资源，采用录播形式进行编辑、制作精品课程，在天津老年远程学习网推出。

天津市老年人大学视频课程的制作流程，有规范化的管理制度，主要分为以下几个阶段：

（1）各系重点推荐。视频课程每年由各系推荐两门受学员欢迎的优秀教师的精品课程。

（2）课程择优为先。择优选择15门课程，优先安排专业造诣深、有影响的优秀主讲教师参加录制。

（3）制订录制计划与实施。搞好课程教案沟通，此项尤为重要，它会直接影响到录制进度。对于录制场景选择，一般采取演播室录制和随堂录制并重，依据课程的特点确定。

（4）录制课程的初审与定稿。主讲老师与制作人员共同审定录制课程初稿，针对出现的问题协商解决，以保证课程录制质量。

图 4-1　学校领导指导远程课程拍摄

3. 搞好课程库建设

截至目前，天津市老年人大学不但自制完成了 46 门（655 集）视频课件，还通过交流课件、购置采选等多种途径，汇聚了一些校外优质课件，以加强和丰富学校远程课程资源库，充分利用课程资源，进一步提高教学水平和远程教育质量。

4. 搞好网站维护，提高播放质量

随着老年人对学习需求的提升，上网学习的老年人数量与日俱增，随之而带来必须解决好带宽和网速的问题，为此，学校加大投入，将 100Mbps 共享升级为 100Mbps 独享，以保证视频播放的流畅和清晰度。

（四）加强联系，提供精品

中国老年大学协会远程教育网（以下简称“中老协远程教育网”）的启动是贯彻落实老年教育发展规划提出的“加强数字化学习资源跨

区域、跨部门共建共享，支持和鼓励各类社会力量通过独资、合资、合作等形式举办或参与老年教育”的一个重要举措，是老年远程教育工作的网络联盟。

天津市老年人大学支持和积极配合中老协远程教育网的建设，提供和分享更多优秀和特色视频课程，双方携手互补互通，保持良好顺畅的信息沟通。网站不但有通讯员，还设有专人负责维护远程教育网天津市老年人大学网页内容的更新及课件资源的积极上传，并利用远程教育网平台为天津老年人大学开设的网页建立信息视频小窗。未来，天津市老年人大学将积极开发微课堂教学，设立主讲教师答疑互动栏目，以吸引更多的老年人关注“中老协远程教育网”，关注天津市老年人大学远程学习网。

（五）借助东风，再上新台阶

（1）将远程教育工作列为“十三五”规划中的重点工作，在“十三五”期间坚持提高远程教育课程的数量和质量。

（2）升级课件库。在原有基础上建立起适合本校的一套系统化的视频课程媒体资源管理库，不断汇集和向外输送新的、前沿的、传统的优秀精品视频课程。

（3）目前，天津市老年人大学正在和市教委协商，利用学校优秀教师资源和丰富的课程资源，借助天津市广播电视大学设备资源和播放运作优势，扩大远程教育覆盖面。

（4）视频课程答疑，提高学习效果。为了使上网学习的老年人对课程内容有比较透彻的领会，学校将对部分课程在学校学习网开辟留言答疑板，由主讲老师集中一个时间统一解答回复，促进老年人网上学习的积极性，提高网上学习的效果，进而解决学员因视频课程无法和老师面对面互动所带来的学习上的困惑。

（5）加强与民政部门联系，在养老院抓紧建立远程教育收视点，针对不便出门的老年人中的弱势群体，满足其学习需求并安排好课程，组织授课老师和参加相关课程学习的在校志愿者进行辅导，通过解惑答疑提高学习效果，让更多老年人享受学习的乐趣。

二、浙江老年电视大学：一所“没有围墙的大学”

（一）学校基本情况

浙江老年电视大学办学近20年来，已形成较为完善的省校、市分校、县分校、乡镇（街道）教学辅导站、村（社区）教学点五级教学网络。从城市到农村，从山区到海岛，老年电大的教学点遍布全省各地。据统计，截至2017年底，全省已设有103个分校和14897个基层教学点，全省每年招生也从学校建立初期的1.2万人次，增长到2017年的145.3万人次。

1. 教学形式

（1）“第一课堂”电视教学

每周五上午的8点30分在浙江电视台公共新闻频道播出电视教学节目，第二天周六同一时间重播，两天中可灵活选择一天学习。老年人既可以由教学点组织集体收视学习，也可居家学习，非常方便。同时，浙江老年电视大学的基层教学点都有自己的辅导员队伍，当老年学员在电视课堂上有听不懂或者记不住的时候，在课后的辅导中，可以听到辅导员的重点讲解、答疑，以及用当地的方言来翻译电视课堂上专家老师的普通话授课内容，真正做到学习无障碍。

（2）“第二、第三课堂”教学

在老年电大，吸引老年人的除了老年电视教育的主课外，还有各级分校和教学点开设的形式多样、内容丰富的第二、第三课堂教学活动。通过组织专题辅导、报告讲座、知识竞赛、社会活动等，激发老年人的学习热情，同时活跃电大课堂气氛。在不少地方，还通过老年电大的平台，结合实际、因地制宜，在学员队伍中组建起了合唱队、腰鼓队、时装队、太极拳队等老年文体团队，既激发了广大老年人的兴趣爱好，又丰富了各地基层群众的业余文化生活。

（3）网络点播和公众号

浙江老年电视大学除了在电视上播出教学课程外，还将教学片视频上传到东方老年网（www.zj60.com），开辟网上教室。只要进入网页，点击老年电大课程，既可以在线点播，还可以选择下载视频，随时随地播放学习。网上教室除了有当前学期开设的课程外，还有以前年度各学期的课程，如果是入学新生，可以不留遗憾地学到老年电大以前的一些精品课程。

另外，浙江老年电视大学还开通了微信公众号“乐学堂”（微信号：Lxuetang），每天向社会公众推送养生保健、清洁环保、科学营养、健身锻炼等生活常识，内容短小精练，贴近生活，科学实用。

2. 课程内容

浙江老年电视大学的课程体系以“精彩人生”为核心，教学内容主要包括健康养生、社会交往、居家生活、文化休闲等。近年来，具有代表性的精品课程有《家庭孙辈教育指南》《身边的环保》《家庭安全用药指南》《养生按摩手法》《清歌漫漫大家唱》等，不少课程在全国老年教育有关评比中获得奖项。浙江老年电大邀请的授课老师都是省内一些高校、医院、科研机构等的知名专家学者，具有非常高的权威性，在授课中都引用了丰富案例，讲课通俗易懂，老年人非常喜欢。

3. 入学方式

浙江老年电大每年分春季、秋季两个学期，每学期开设 2 门电视教育课程。社区和农村老年人到当地基层老龄组织或辖区内教学点报名；各地的离退休干部、职工到系统内设立的教学点，或就近就便到居住所在地教学点报名。浙江老年电大是一所完全开放式的老年大学，参加电大学习无任何户籍、学历、身份、年龄等条件限制。

（二）办学的中心工作

1. 学期招生

每年分别开展春、秋季两个学期的招生，主要是向分校和教学点提供宣传海报、课程简介折页，并指导其开展招生宣传、报名登记等。招生完成后，根据教材征订量印刷课本，在开学前分发到全省各级分校。

2. 课程建设

浙江老年电视大学办学发展最重要、最根本的工作核心是课程建设，主要包括课程选题立项、教材开发设计和电视教学片摄制等内容，每年至少完成 4 本教材的编写开发和 4 门 500 分钟教学片的摄制。

图 4–2 浙江老年电视大学远程课程学习配套教材

3. 教学管理规范建设

近年来，学校非常重视教学管理的规范化建设，通过采取多种形式努力提高办学水平与老年教育教学质量。一是分校的实体化办学，开展民办非企业法人登记，实现了人员、制度、场地等方面的办学保障。二是示范教学点建设，通过创建、考评、交流等，以点带面，提高基层教学点的办学水平。三是先进评比，以典型引路，先进带后进，促进各地区间的办学工作交流。

4. 讲师团送课

学校成立省级讲师团，积极开展“乐博士”大讲堂送课活动，一方面丰富基层分校教学点的授课形式与教学内容，另一方面也促进了各地分校讲师团的队伍建设和送课下乡活动。通过开展讲师团送课活动打造的“乐博士”大讲堂，正逐步成为全省老年电大的形象品牌。

5. 校园文化

大力开展校园文化主题活动，是学校树立自身品牌的关键所在，也是办学发展的源泉和内在要求。近年来，浙江老年电大在全省开展“我与老年电大”征文、“乐享生活，唱响校歌”、老年学员书画比赛等主题活动，进一步丰富了第二、三课堂活动，增强了老年电大凝聚力，展现了广大老年学员健康、快乐、积极的精神风貌。

（三）发展老年远程教育的思路

按照国家对老年教育发展的总体规划部署，目前及以后一段时间，浙江老年电视大学的主要工作是，进一步完善老年电大教育的三个体系建设：

1. 加强老年电大的组织体系建设

以前，学校重点抓的是老年电大从省校到市、县分校，再到教学辅导站、教学点纵向体系的组织建设。在新的阶段，学校将思考如何把这个组织体系朝横向发展，做进一步的扩展和渗入，比如与其他老年教育机构联合办学，与社会实现资源共享，培育发展专业的社会组织和志愿服务组织等。

2. 完善老年电大的课程体系建设

今后，浙江老年电视大学在课程体系建设上着重抓好两方面工作：一是继续做好前一阶段关于课程体系建设研究成果的转化与应用，开发出广大老年人欢迎的教学课程；二是根据社会经济发展、人口老龄化和老年人文化素质提高等变化趋势，把老有所教提上议程。同时，按照关于发挥老有所为的要求，认真开展研究并积极承担起相应的工作责任。

3. 推进老年电大的标准化体系建设

在人口老龄化不断加剧、老年人精神文化生活需求不断提高的新形势下，随着中央和省委省政府对老年教育工作的日益重视，全省老年电大应该有一种规范化教学管理工作永远在路上的意识。下一步，要认真总结、探索创新，积极推动《老年电视大学办学规范》省级地方标准的编制工作，从教学内容、教学设施、教学管理、教学评估、教学力量等不同的环节和方面大力推进老年电大的标准化建设，不断提升办学整体水平。

（四）开展老年远程教育的若干经验

1. 领导重视是关键

2006年，浙江省政府印发了《关于加强老年电大教育工作的意见》，将老年电大教学点建设确定为每年的省级福利彩票公益金资助项目。2015年，省委、省政府把《推进浙江终身教育体系与学习型社会建设研究》列为重点调研课题，开展全省终身教育与老年教育的专题调研，并就如何应对浙江人口老龄化发展趋势、推进老年教育和终身教育事业提出政策建议。2017年1月，继国务院出台《老年教育发展规划（2016—2020年）》之后，省政府办公厅正式印发了《扶持发展老年教育的若干意见》，要求各级政府重视和加强老年教育，专门指出要"加快老年电视大学教学网络建设，推进各级老年电视大学分校实体化办学"。《浙江省老龄事业发展"十三五"规划》也明确提出推进老年教育改革、创新老年教育载体、加强老年教育工作者队伍建设等要求。每年，省民政厅、省老龄办都将老年电大工作列为对各市民政局、老龄办的工作考核指标。在各级党委、政府的关心、重视与支持下，浙江老年电视大学的办学工作得到了持续健康的发展。

2. 组织网络健全是基础

浙江老年电视大学依托全省老龄系统，建立和完善了省校、市分校、县分校、乡镇（街道）教学辅导站、村（社区）教学点五级教学网络。目前，浙江全省拥有103家分校、14897个基层教学点，横向覆盖全省各个县市区，纵向拓展到基层社区村。如此树状型的教学网络，既有利于日常教学管理的开展，也有利于各项工作举措的贯彻落实。为增强对教学点的管理和工作指导，省校还印制并下发了《教学管理工作台账》，内容包括教学点管理制度、负责人职责、辅导员职责和具体教学管理实践等，在一定程度上促进了教学网络的规范化发展。

3. 队伍建设是抓手

教学辅导是浙江老年电视大学教学管理中的一项重要内容，也是提高老年电大教学质量的前提和根本保证。由于老年电大是一种完全开放式的远程教育，入学的老年学员年龄不一、文化程度不一，加上教学过程中师生不能见面交流，即使学员有疑问，老师也不能当面解答。因此，老年电大的教学需要进行辅导讲解，以解决老年人学习中遇到的困难，提高老年电视教育的质量。浙江老年电大及各级分校始终抓好办学人员和辅导员队伍建设，省校坚持每两年开展一次办学先进工作者评比，各市、县级分校经常性组织基层培训员骨干培训，开展工作交流与学习。

4. 创新发展是根本

习近平总书记在中央政治局第三十二次集体学习时提出的老龄工作四个转变，特别是要向加强人们全生命周期养老准备转变，向同时注重中老年人物质文化需求、全面提升老年人生活质量转变的新观点，极大地丰富了老龄工作的内涵，为老年电大工作的创新发展指明了方向。

三、湖南省长沙市老年远程教育实验区（指导学校：长沙市老干部大学）：积极组织网络精品课，创建老年远程教育新平台

（一）学校基本情况

长沙市老干部大学老年远程教育始于2013年，虽然起步晚，但成果还是较为喜人的。学校先创办网站，发布学校名师的录像课，再开放网络直播课程。目前，长沙市老干部大学已经播出网络直播课130余堂、网络录播课170余堂，收看总人数达到30万人次，有力地促进了全市老年教育向基层辐射。

2014年10月，长沙市被中国老年大学协会远程教育工作委员会评为远程教育实验区。2014年11月，长沙市老干部大学的经验在湖南省老年教育工作会议暨老年远程教育现场会上进行了推广。2015年10月，长沙市被评为全国老年远程教育示范区。2017年6月，学校远程教育负责人在老年远程教育中南片区协作会上做经验介绍。2017年11月，长沙市老干部大学的经验在湖南省开放老年大学的平台上进行了推广。

（二）开展老年远程教育的主要做法

长沙市老干部大学在开展老年远程教育工作中主要着力以下几个方面：

1. 抓好“两个建设”，夯实工作基础

老年教育网络直播课堂是一种新型的现代化教学方式，是对传统课堂教学的有益补充。因此，抓好阵地建设，是做好老年教育网络课堂工作的重要基础和首要条件。

一是抓好网络课堂的“硬件”建设。长沙市委老干部局通过政府采购，投入 30 余万元，配置了老年教育网络直播室的相关设备，将网络直播室设在学校四楼，学校派专人负责管理和直播。长沙市老干部大学与长沙市政府电子政务办紧密衔接和合作，完成了学校网站的服务器移址、安全备案、前后台漏洞检测等流程，确保了服务器和网站的正常、安全运行；结合学校提质改造工程，增设光纤，提高网速，确保基层站点能够流畅收看。2017 年底，长沙市老干部大学陆续投入 50 万元，引进更先进的摄录系统，不断提升学校网络课堂的硬件水平。

二是抓好网络课堂的“软件”建设。在师资队伍选择上，长沙市老干部大学建立了全市老干部大学教师人才库，实现了优秀教师资源的共享，并且加强业务交流和培训，选聘了一批政治水平高、业务能力强、敬业奉献、热情服务的高素质网络课堂教师队伍。例如，为办好“老年养生经”栏目，长沙市老干部大学常年和长沙市疾病控制中心及长沙市保健协会合作，请全市知名的医学专家、教授前来授课；为办好“室内健身舞”栏目，学校邀请了特别具有亲和力的明星教师授课，受到了各收视点老年学员的热烈欢迎。

学校每周四上午 9:30—10:30 在校网直播课程，学员不需要注册，可直接登录学校网站浏览。所有登录网站的学员和收看站点都能同步收看到学校直播的课程。直播结束后，学校将该课程剪辑上传到网站的网络课堂栏目，供老年朋友随时、反复学习。

图 4-3　湖南长沙宁乡市历经铺大湾岭收看网络直播课

学校通过发放调查问卷、召开座谈会、个别走访等方式，制订了老年教育网络课堂课程表，每年共安排 32 节直播课，每周一课，包括养生保健、文学故事、音乐舞蹈等众多实用且深受老年人喜爱的内容。共开辟 12 个栏目：时政热点谈、文史大讲堂、趣味故事会、歌曲欢乐汇、室内健身舞、法律普及窗、老年按摩术、老年养生经、心灵康乐园、旅游新天地、隔代教抚养、太极练习坊。这些课程满足了不同层次的老年人的需求。

2. 推进“三个互动”，实现教学相长

让老年人满意，受老年人欢迎，是老年教育工作的出发点和归宿点。老年教育网络课堂与传统的课堂教学不同，它是单向的网络视频教学，教师不在现场，缺少互动。为了让网络课堂“动”起来，长沙市老干部大学通过三个“互动”，提高了网络课堂收视效果。

一是收看站点与直播站点的互动。各基层收看站点管理员，通过自己收看和收集老年学员的意见，及时向学校管理人员反馈，进行互动。比如，在收看过程中有时缓冲时间比较长，会出现“卡”的现象；有些教师地方口音比较重，又没有板书，学员听起来很费劲等。针对各站点反映的教师授课方式、场景布置、教学内容、收看效果等问题和建议，直播站点及时进行改进，在视频屏幕下方添加字幕，增加板书内容，并多次派技术人员到基层站点现场指导、解决技术难题，提高了收视效果。

二是收看站点与老年学员的互动。网络课堂视频教学，由于教师不在现场，所以收看站点辅导员和学员之间的互动尤为重要。比如，有时学员跟不上视频的速度，没有听清楚，记不下来，有些基层站点辅导员就采取暂停、回放的办法；在上保健按摩课时，有些基层站点辅导员通过上网下载了“耳穴图”“手穴图”“人体穴位图”和常用32个穴位的功能等印发给学员，使老年人真正学有所得。

三是老年学员与授课教师的互动。学校在网站上专门开辟“留言板”专栏，并教会老年学员如何登录网站，如何通过“留言板”栏目向授课教师请教、互动，努力弥补网络视频教学的不足。同时，结合基层收看站点和老年学员反馈的意见和建议，学校对网络课堂授课教师的教学内容、语言表达能力、教学质量和受欢迎程度等要素进行测评，作为老干部大学教师聘任的重要依据。

3. 把握“四个重点”，坚持统筹推进

老年教育网络课堂具有快捷、便利、投资少、覆盖面广的特点，从长远来看，老年教育网络课堂必将成为老年教育工作中不可缺少、无法替代的重要组成部分。为此，长沙市老干部大学主要做了以下工作：

一是积极争取党政重视。争取长沙市政府和市委老干局的支持，加大财政投入力度，保证必要的设施和正常的经费，特别是以各乡镇（街道）、村（社区）远程教育站点为平台，发挥“一站多用”的作用，开展老年教育网络课堂工作，为老年人提供各类教育培训服务，扩大了老年教育的基层覆盖面。

二是广泛进行宣传发动。学校与市委老干部局联合组织部门多次召开会议、下发通知、开展督查，通过多种方式对老年教育网络课堂进行宣传，提升了网络课堂的知晓率、影响力；利用报纸、杂志、电子显示屏、短信群发、QQ 群、微信平台等方式广泛告知，宣传效果明显，营造了开展网络视频直播教学、发展老年教育网络课堂的浓厚氛围。

三是坚持示范引领带动。为把网络课堂工作做实、做好、做出成效，长沙市老干部大学在全市精心打造了 160 多个乡镇（街道）、村（社区）老年远程教育示范点，精心挑选了 200 多个设备优良、老同志资源丰富、综合收看条件较为成熟的社区作为重点收看站点，要求他们定期组织老同志收看网络直播课堂，并及时收集和反馈老同志的意见、建议。

四是加强督促检查交流。学校建立督查机制和考核机制，采取每月定点督查、每周不定点督查的方式，督促各收看点对老年教育网络课堂工作抓落实、促整改、成常态、出实效。

目前，长沙市老干部大学的网络教育不断向具备收看条件的基层拓展和延伸。广大老年学员收看热情高涨，普遍认为“这样的课程简单易懂、收看方便，既丰富了老年人的生活、增长了知识，又使老年教育资源得到了最大化的合理利用，是一举两得的大好事”。

四、河南省郑州市老年远程教育实验区（指导学校：郑州市老干部大学）：整合资源，开拓创新，大力推进老年远程教育深入开展

国务院办公厅颁发的《老年教育发展规划（2016—2020 年）》和中共中央办公厅、国务院办公厅印发的《关于进一步加强和改进离退休干部工作的意见》（中办发〔2016〕3 号）都提出在创新老年大学办学模式的同时，要大力发展老年远程教育。郑州市老干部大学积极贯彻落实这一系列文件精神，立足市情，以老年人的终身学习需求为落

脚点，以推进老年教育内涵建设为着力点，坚持以人为本，创新资源整合方式，完善体制机制，促进了郑州市老年远程教育工作的开展。

（一）落实“三个到位”，为老年远程教育开展提供坚强保障

1. 领导重视到位

郑州市委、市政府高度重视老年教育工作，《老年教育发展规划（2016—2020年）》颁布后，老干部大学专门针对学校的发展及老年远程教育的规划思路，向上级领导进行专题汇报。老干部局工作班子也多次召开会议，研究解决老年远程教育普及推广过程中出现的问题、难题，并把“加强老年远程教育”列入老干部局2017年度工作要点进行推进和落实。

2. 人员落实到位

郑州市老干部大学为推进老年远程教育的开展，专门成立了远程教育工作领导小组，下设办公室专人负责老年远程教育的推进落实，制订相应的工作计划，按照“周计划、月进度、季完成”的总体思路，定期研究并解决老年远程教育推进中的困难和问题。

3. 经费投入到位

郑州市老干部大学在经费比较紧张的情况下，专门拨出资金用于远程教育基础设施、设备的购置和配备，并把老年远程教育所需经费列入每年的财政预算，在教学面积不足的情况下，专门腾出房屋设立了远程教育演播室，购置了摄像、灯光、录音、视频处理等相关设备，同时，逐步完善了网络收视点的配备，实现“互联网＋空中课堂”等多形式的远程教育模式。

（二）坚持“三项建设”，助推老年远程教育全面协调发展

1. 注重精品网络课程建设

注重精品网络课程建设，要严把网络师资入口关。一方面，挑选在学校长期任教的优秀教师如李春朴、李书义等知名专家教授，对他们的课程进行实时录制，并通过网络进行播放。另一方面，挑选深受学员们喜爱的山水、声乐、国学、形体、瑜伽、木兰系列等210个精品课程进行了前期录制与后期制作。学校为确保课程的质量，进一步

丰富网络课程资源，还购买了各类名家的教学视频，吸纳和借鉴兄弟单位的名家课程教学方法，拓宽了网络课程设置渠道。

图 4-4　学员们学习远程教育摄影课程

2. 注重远程教育师资库建设

强化网络推广力度，壮大远程教育队伍。学校通过不断加大对教师的培训，形成了一支政治水平高、业务能力强的高素质网络课堂教师团队，并针对学校班级多、学员网络知识参差不齐等现实情况，重点安排由每班班主任担任该班的网络推广员，学校定期对网络推广员进行业务培训，提高其业务素能。另外，学校还聘请了 3 名网络工程管理专业毕业的大学生专门负责网络的运行、维护和课程资源的整理和推送。

3. 注重借助社会资源建设

郑州市老干部大学充分利用组织部电教中心的党员干部现代远程教育网络，搞好网络借助平台的搭建工作，实现老年远程教育向基层的全覆盖。目前，学校已在郑州市委老干部局网站设立远程教育专栏，通过媒体教学课件进行视频点播；开通了郑州市老干部大学官方微信公众号，及时将学校的有关课程、各类通知和信息文章等第一时间向学员发布；设置了老年远程教育微课堂，把智能手机应用、老年人学英语等课程以微信视频的形式进行分期推送。

为方便老师与学员之间的互动交流，学校共建立了90多个微信群，更好地实现了教学管理、课堂指导和课后辅导的互通联动。学校还专门开设了计算机网络、智能手机应用、视频制作处理等课程，使学员在较短时间内掌握对网络设备和手机终端的操作运用。

另外，为满足广大老年人学习需求，学校打造15分钟学习圈，解决场地不足的问题，充分整合社会资源，拓展办学模式，与有关企业合作，建立远程教育教学点，如在海南省开辟了第一批远程教育省外游学班，在海南万宁成立了郑州市老干部大学候鸟旅居培训基地；与河南盛润置业集团有限公司合作，成立了樟岭小镇教学点；与龙骏集团合作，成立了龙骏家园教学点等，使郑州市老干部大学的远程教育形式更加多样化、人性化。

（三）把握“三个重点”，增强老年远程教育的发展后劲

一是强化制度建设。近年来，郑州市老干部大学先后制定了《郑州市老干部大学老年远程教育发展规划》《郑州市老干部大学远程教育责任分工明细表》《网络运行维护细则》和《网络信息管理员职责》等相关管理制度，为远程教育的顺利开展提供了保障。

二是坚持示范带动。针对郑州市远程教育点多、面广、布局分散、发展不均等现实情况，学校确立了“以点带面、典型带动”的工作思路，首先选取新郑、荥阳、登封等远程教育基础较好、发展较成熟的几个县市区作为老年远程教育的示范点进行重点培育和指导，通过经验交流、现场观摩、理论研讨等形式进行推广，以上促下，使老年远程教育逐步向基层延伸。目前，郑州、新郑、荥阳、登封等已被确定为全国老年远程教育实验区。

三是完善考评检查。学校把远程教育工作纳入重点工作目标，进行量化考核管理，定期对远程教育开展推进情况进行督导检查，建立并完善评价反馈体系，实行“一周一提示、一月一通报、半年一考核、年终一表彰”的反馈、检查、评价工作机制，将远程教育工作办公室列入绩效考核，与其他业务处（室）一并进行，激发了远程教育工作开展的内在动力。

（四）完善“三项措施”，推进老年远程教育的持续协调发展

一是强化政策保障。围绕《老年教育发展规划（2016—2020年）》和《关于进一步加强和改进离退休干部工作的意见》，就老年远程教育进行分区调研，研究并制定老年远程教育发展规划或者指南，使老年远程教育发展有章可依，从政策和制度上保障老年远程教育的发展。

二是加大财政投入。积极争取党委政府的重视和支持，及时将上级关于开展老年教育特别是发展老年远程教育的政策文件向党委政府进行汇报，同时，积极规划开展远程教育所需设备设施及器材，争取党委政府的财政投入，设立老年远程教育专项经费。同时，注重吸纳社会资金，整合利用社会资源，努力构筑老年远程教育政府主导、社会参与的发展格局。

三是配备专业人才。根据工作需要及远程教育的特点，可以到大专院校进行揽才，也可以在社会上进行公开招聘，同时，提高专业人才的福利待遇，营造宽松留人的工作环境。

五、福建省泉州市老年远程教育实验区（指导学校：泉州老年大学）：争创老年远程教育示范区，推进老年远程教育创新发展

（一）泉州老年远程教育基本情况

泉州市老年远程教育始于1994年，是全国最早开展老年远程教育的地区之一。20多年来，泉州市按照“自主创建，外引内联，资源共享，以点带面，全面推进，分层次、多形式，加快发展”的思路，大力推进老年远程教育，历经探索、发展、普及三个阶段。目前，全市已开通各类老年远程教育收视点2414个，占已办老年学校97.7%，每年参加学校和“居家”老年远程教育学习的有26万多人，占全市老年人口的26.5%；同时，全市11个县（市、区）已有8个被评为全国老年远程教育实验区，泉州市于2015年被评为全国老年远程教育地（市）级实验区。

（二）在实践中探索有效模式

泉州市各级老年大学（学校）发扬闽南人爱拼敢赢精神，积极探索老年教育发展新路，走出一条独具特色的侨乡老年远程教育发展之路。特别是自《老年教育发展规划（2016—2020年）》下发以来，泉州老年远程教育得到快速健康发展。

1. 积极探索适合老年远程教育发展的平台

1994年以来，泉州老园丁大学首办保健课函授教学，石狮市彭田村老年学校、永春县老年大学相继创办老年广播学校、“桃溪晚晴”广播栏目，开辟乡村老年教育新途径。1998年，泉州老年大学与市电视台合作开办了空中老年大学，开设老年远程教育。2005年，泉州老年大学网站开通，首次借助互联网推广老年教育。2008年，泉州市老年教育工作委员会、泉州老年大学与市科技局合作，利用泉州市星火科技12396多媒体服务平台，组织开展了“农村实用技术与妇女及老年保健远程培训”，为发展老年远程教育提供了有益的尝试。2010年9月，依托泉州市委组织部“农村（社区）党员干部现代远程教育”网络，开办了泉州老年远程教育平台，老年远程教育进入一个快速发展阶段。为了拓宽老年远程教育平台，让更多的老年学校收看到更加清晰、更加便捷的老年远程教育课程，2015年11月，在福建广电网络集团泉州分公司的大力支持下，泉州市老年教育工作委员会正式与福建广电网络集团泉州分公司签订了长期合作协议，在泉州广电网络上开通“泉州老年远程教育”云平台，开设“老年课堂”“校园文化”“空中展厅”“老干部之声”4个栏目，通过高清频道即可点播老年远程教育课程。实践证明，这个系统更简便、更实用，深受基层老年学校欢迎。

2. 积极拓展老年远程教育云平台的功能

在设计云平台伊始，就考虑到不仅要有老年远程教育的学习栏目，而且要开发其他栏目，全方面为老年教育发展服务。目前已开发以下两个功能：一是为学员提供展示学习、活动成果的新渠道。在云平台中设计了“校园风采”“校园文艺”栏目，主要播放校园文艺汇演的精彩节目和学员中的优秀诗、书、画、摄影作品，使广大学员有机会在电视上展示学习成果，提高学有所得感。该举措既受到学员欢迎，同时也扩大了云平台的影响，提高了学校吸引力和凝聚力。二是为老干部提供建言献策的平台。即加挂泉州市委老干部局的“老干部之声”栏目，这是一个以访谈为主要形式，老干部畅谈建言的栏目，主要选定当前热议的话题，访谈部分老干部，从他们鲜活的人生故事中提炼出宝贵的人生经验，从他们丰富的工作经验中总结出对党对国家的忠诚，以及对党和国家政策的见解，真实、直观地传播中国好声音，传递正能量。

图 4-5　泉州老年远程教育云平台启动

3. 广开门路，形成网络群体

坚持“多条腿”走路，统筹全市老年远程教育发展。在市、县两级老年大学全部建立网站，与福建老年学习网、上海远程老年大学等全国各地老年远程教育网站链接，开办“老年网络课堂”班，纳入日常教学班管理，免费为学员开放。泉州老年大学还把网络接到每个教室，利用课前课后时间，播放有关教学内容，作为课堂教学的有益补充。当个别教师临时有急事无法到校上课时，就播放远程教育视频教材，较好地解决了临时无法上课的难题。同时，还安排固定人员定期上网搜索全国各地远程教学优秀课程，作为老年大学“时政讲坛”的教学内容。

（三）健全领导体制，落实有力保障

老年远程教育是一项系统工程，涉及面广，不能由老年教育工作委员会、老年学校唱“独角戏”，不能“毕其功于一役”，要坚持在加强领导、广泛宣传、保证投入、树立典型、狠抓落实上下功夫。

1. 加强领导，形成合力

在泉州市委市政府的重视支持下，市里成立了老年远程教育领导小组，由泉州市委组织部分管领导担任组长，泉州市委老干部局、老龄办、老年大学主要领导担任副组长，泉州市委宣传部、老年教育工作委员会、电信公司、教育局、科技局、财政局等部门为成员单位，下设办公室，并配备专兼职人员，推动各项工作落实。领导小组会议定期研究和协调解决有关问题，有力推动工作开展。各县（市、区）、乡镇也相应成立领导机构，各老年学校校长或常务副校长兼任远程教育教学点负责人，配备兼职管理人员（播放员），条件许可的学校还配备一名辅导教师。

2. 加大投入，确保基础建设

泉州市各级畅通“财政投入为主，社会各界捐资为辅”的资金投入渠道，保证发展远程教育的必要设施和正常经费。泉州市政府把发展老年远程教育的经费纳入预算，一年划拨 20 万元，并根据工作需要逐年递增。泉州市慈善总会把扶持老年远程教育发展列入民生工程，每年拨款 20 万元；泉州市老龄办每年支持 10 万元。各县（市、区）积极争取政府、社会各界支持，每年筹集 200 多万元资金用于购买、更新设备，支付收视费。近年来，仅泉州台商投资给区老年教育工作委员会的资金就有近百万元，用于对基层老年学校收视点发放补助资金和赠送电视机等设备。鲤城、泉港、石狮、晋江、安溪、永春、德化等地由组织部门或县（市、区）财政统一支付基层老年远程教育收视费。

3. 以评促建，扩大覆盖面

一是积极开展示范点的创建活动。从 2010 年至 2012 年，泉州市

开展三轮“双百”工程活动，即每轮市、县各抓100个基层老年学校收视示范点，奖励100台电视机。到2013年底，市、县两级共奖励600多台彩电，树立600个基层老年学校收视示范点，有力推动各地老年远程教育工作的开展。2011年至今，还多次组织市委组织部、老干部局、老龄办等老年远程教育成员单位，分别对市级老年远程教育示范点和全市实现老年远程教育全覆盖目标进行验收，以点带面，促进全市老年远程教育更快更好地发展。同时，每年把老年远程教育作为重要工作进行部署，在年底召开的全市老年大学年会上组织交流老年远程教育的好做法，还先后3次召开全市老年远程教育现场推进会，并借助全省、全国老年远程教育推进会在泉州市召开的机会，安排泉州市收视示范点代表列席会议，激发了全市老年远程教育健康发展的热潮。

二是在大力推进老年学校收视点建设的同时，与广电网络公司合作，积极推广“居家老年学员”学习老年远程教育课程模式。从2015年开始，泉州广电网络公司对持有泉州市老年大学（学校）学籍的老年学员每年优惠120元的收视费，使更多的老年学员，尤其是年纪大、行动不方便的老年学员能够继续参加老年远程教育课程学习。永春县目前就有10080位老年学员在家里安装机顶盒，经常性收看老年远程教育课程，成为“居家老年学员”。

4. 配强队伍，强化培训

为了保障各收视点能正常收看，泉州市要求各老年学校安排一位校领导负责收视点的工作，确定一位责任心强、懂操作的管理员做好点播、维护工作，有条件的地方还要安排一位辅导员。目前，全市共聘请2600多名管理员、1600多名辅导员。辅导员要事先收看，认真备课，在收视过程中和收视后及时为老年学员答疑解惑，提高收视效果。泉州市老年教育工作委员会通过实施新的“双百工程”（每年分别表彰、培训100名基层优秀管理员、辅导员），已连续3年举行基层老年远程教育优秀管理员评比、表彰、轮训、调动。据不完全统计，全市已举办120多期各级老年远程教育管理员培训班，培训人数达3000多人，有效保障了老年远程教育学习点的正常收看。

（四）课程建设创新发展，提高远程教育有效性

老年远程教育能否取得成效，基层老年人能否真正接受老年远程教育，关键在于视频教材是否实用，是否有足够的吸引力。近年来，泉州市投入大量人力物力，积极探索、创新老年远程教育视频教材开发、制作新方法、新途径，使视频教材制作水平不断提高，尤其在制作界面设计、字体选择、技巧使用上，水平得到提升，规格越趋规范。近年来制作的《中医保健》《中医按摩》《西医保健》《泉州讲古》《舞蹈》《音乐教学》等20多部远程电视教材被中国老年大学协会远程教育工作委员会评为优秀和特色教材。

1. 用心设置云平台栏目

坚持因材施教原则，针对收视对象以农村社区老年人为主的特征，精心设计、制作融通俗性、教育性、知识性、趣味性于一体的栏目。目前，云平台开设了“老年课堂”“校园文化”“空中展厅”“泉州老干”4个栏目，其中“老年课堂”包含时事政治、法律常识、老年保健、音乐、舞蹈、南音、科普、灯谜、家教、泉州讲古等公共课程。为了使大多数基层老人（许多农村老人只会讲闽南话）能听得懂，大多数视频教材都采用闽南话授课，深受基层老年学员的欢迎。

2. 精心开发视频教材

重点考虑具有地方特色、符合农村（社区）实际需要的乡土教材，并建立泉州、晋江、石狮老年大学及惠安老年教育工作委员会4个视频教材制作基地，聚全市老年教育之力，满足教学需求。全市4个教材制作基地共制作完成《时政讲座》《中医保健》《西医保健》《南音演唱》《音乐》《广场舞》《科普》《家教》8种课程的视频教材300多课时，并上传百首经典红歌、校园文艺和广场舞等30多个欣赏片。这些教材邀请市里名医、名老艺人和专业人员做主讲教师，水平较高，效果特别好。目前，泉州老年远程教育云平台正逐步覆盖全市，各乡镇、村老年学校把该板块中的内容列入教学计划，成为老年大学教学的重要补充。

3. 丰富课程内容和形式

当微电影这种新媒体形态进入人们的眼帘，并深受大众认可和喜

爱时，泉州市老年远程教育工作者就开始思考如何把它引进老年远程教育的课堂，增强教材的吸引力。从2015年起，开始筹划自编自导自演自拍微电影系列教材五年拍摄计划，2016年开始自己创编剧本，请有演出经验的学员和泉州市公安局新闻发言人、鲤城公安局宣传干警参演，历时一个多月拍摄完成了以预防老年人诈骗为主题的微电影《陷阱》，还上传至腾讯网，仅两周就有近3000次点击量，得到了学员和老年人的广泛好评，还在中国老年大学协会、福建省委组织部等开展的优秀教材评选中获奖。后续，还计划继续拍摄以家风家教为题材的微电影。近两年的实践证明，制作微电影是开拓老年远程教育新渠道的一种有效尝试，它不仅投资小、门槛较低、推广较易，而且形式简单、短小精悍、有故事情节，可提高观赏性，参与者又多为草根，较接地气，播出渠道不仅可通过电视，还可通过网络、手机等新媒体视频平台播放，有更贴近大众、普及度高等诸多优势，是今后老年远程教育视频教材制作的好方式。

六、黑龙江省牡丹江市老年远程教育实验区（指导学校：牡丹江市老年大学）：努力办好“没有围墙的老年大学”

（一）基本情况

牡丹江市地处黑龙江省东南部、东北亚经济圈。全市辖6县（市）4区、53个乡（镇）、868个村（社区），人口278.3万，其中60岁以上老年人46万，占16.2%。多年来，牡丹江市委、市政府特别重视老年教育，早在2006年就下发《关于进一步加强老年教育工作意见》，提出“提高老年教育现代化水平，市县（市）区两级充分利用广播、电视、互联网现代传媒手段，积极开展‘空中课堂’‘网上大学’老年人远程教育，扩大覆盖面，增强时代感”。

牡丹江农村老年远程教育起步于2011年，经过半年准备，将牡丹江市委组织部远程教育资源与市老年大学教育教学资源有效整合，在全市859个村建立了老年远程教育收视学习网点。2012年6月27日，牡丹江“农村老年远程教育网络课堂”（以下简称“农村网络课堂”）

全面启动，实现了农村远程教育设备、学习活动场地、服务管理人员、教育教学资源“四个共享”。享受这一成果的农村老年人达10万多人，占全市老年人口的33.55%。农村网络课堂的开通，从根本上解决了农村老年学校缺教师、缺教材、办学形式单一、有学不能同上的问题，以及农村党员干部现代远程教育终端网点时间闲置、空间闲置、内容单一、有福不能共享的尴尬，使全市基层老年教育步入了“人人皆学、处处可学、时时能学”的“快车道”。农村网络课堂就此成为广大农民期盼已久的就近就地就便、来去自由的“没有围墙的老年学校”。

（二）发展老年远程教育的主要做法

1. 深化认识，创新办学理念

深化认识是重视农村老年教育、办好农村网络课堂的重要前提和思想基础。牡丹江市农村老年人现状是：老年人口比重较大，全市现有农村人口149.3万，60岁以上老年人29.8万，占19.9%；“空

图4–6　牡丹江市老年大学启动农村老年远程教育网络课堂

巢”“失能”老年人居多，以老助老“老年自愿服务”难度很大；革命老区、民族地区、偏远山区村屯集中连片，富裕程度不一，还有一定数量的贫困村没有脱贫，一遇天灾病孽，随即返贫；农村劳动力结构不尽合理，青年农民大多外出务工，多数留守老人，只要能走能撂，都要负责照看孙辈生活，承担大部或全部生产经营，当家主事说了算，且接受新事物观念滞后，能力较弱；农村老年学校分布不均，覆盖面不广，老年农民入学率不高，与赶上好光景的农村老年人强烈的精神文化渴望和科学技术需求不相适应。基于以上事实，重视农村老年教育，办好农村网络课堂，一定要从“让广大农民平等参与现代化进程，共同分享现代化成果”，从“基本实现教育现代化，基本形成学习型社会，进入人力资源强国行列”，从实现老年教育科学发展，助推“农业增产、农民增收，农村繁荣”，从“没有农村老年教育是不完整的终身教育，没有农村老年人参与不可能建设全民学习的学习型社会”的高度，把重视农村老年教育、办好农村网络课堂与建设社会主义新农村、引领农业现代化建设、积极应对人口老龄化、贯彻落实牡丹江市委“聚焦龙江思路带，加快发展牡丹江”，让农民在农村也能享受现代文明，过上和城里人一样的幸福生活结合起来。要不断创新办学理念，用心、用情、用爱、用实际行动关注农村老年教育事业。通过远程教育，使广大农村老年人的文明程度、科技素养、文化自信、致富本领和经济收入不断提高。许多基层党员干部说，是农村网络课堂帮我们把现代农业的方位对正了，距离拉近了，脚步加快了。有了农村网络课堂，农村老年人才能不被快速发展的信息时代抛下，才能不被“共同分享现代化成果”落下，才能不被进城务工的子女撇下。农村网络课堂的开设，既缓解了老年人的后顾之忧，又减轻了子女负担和社会压力。

2. 量化目标，突出建设重点

科学制定全市农村老年远程教育发展目标，可以规范行为，减少盲目；集中力量，突破重点；增强信心，激发活力；明晰目标，便于考评。

经过考察论证，从实际出发，大体分三步走。第一步，2012年至2015年，农村老年远程教育网络课堂全面开通，全市859个村收视网点基本实现全覆盖，有30%的老年人参加学习活动。第二步，2016年至2018年，按照全国《老年教育发展规划（2016—2020年）》总体部署，全面落实老年远程教育实验区建设“八项任务”，实现村级老年学校和远程教育收视网点深度融合。第三步，2019年到2021年，抓薄弱，促平衡，补短板，强基础，以点带面，整体推进，实现“四率”（村级老年学校收视点覆盖率、区域均衡发展率、老年人收视率及满意率）全面提高，尽量让有学习愿望和能力的老年人都获得相应的学习机会。

为此，牡丹江市老年大学着力抓好四件事。一是着力抓好远程教育网络平台建设。这得到市委领导的高度重视，2008年全市投入1585万元建设、完善、升级四级网络平台，2010年又全面建设远程教育教学系统，建设了“红杉树”视频直播系统、远程寻呼系统和远程教育网站，为终端站点配齐了“五大件”（电脑、投影仪、打印机、摄像头和音响），实现了全市村级远程教育终端站点设备高标准全覆盖。通过对站点管理人员网上技能培训和考核，分档次兑现补贴，靠制度严格管理，确保网络平台安全、清晰、便捷、流畅。

二是着力抓好课件研发推广体系建设。首先要解决的是选课设课问题。农村网络课堂的选课设课，要坚持引导老年人跟上时代、提高素质、参与社会的原则，既考虑个人情趣爱好满足精神需求，又要寻求“脱贫致富”过日子的生财之道。不管选什么课，都要有与本地主导特色产业紧密相连的农业生产新知识、新技术、新信息、新成果。按照“开发一批地方特色精品课件，数字改造一批现有传统课件，推介一批现代科普实用课件，引进一批域外高端优质课件”的总体框架，搭建思想道德、政策法规、实用技术（能）、文化娱乐、养生保健、生命科学、家庭理财、代际沟通、圆梦故事、鉴赏体验10个课程目录，为不同层次老年人提供“适口套餐”。其次是编辑制作。牡丹江市老年大学省吃俭用，请市分管领导出面协调，共筹措资金30

多万元，先后购置大洋 ME100 非线编辑机 1 台、松下摄像机 3 台、佳能光盘打印机 1 台、高配置电脑 2 台以及导播机、航拍器等设备，建成了非线编辑室。经过培训，学校活动指导室 3 名职工承担了远程教育课件的采、编、制、传等全部工作。学校先后编制远程教育教材（课件）47 部，其中 9 部被中国老年大学协会远程教育工作委员会评为优秀特色教材，3 部被评为精品教材。学校冰雪画教师高成山（中国冰雪画研究会理事、中国书法家协会会员，省美术家、书法家协会会员，牡丹江市书画院原院长、冰雪画院院长）编绘的《冰雪画教材（1—10 课）》被中国老年大学协会远程教育网选用。第三是推广应用。牡丹江老年大学把制好的课件按全年网络课堂教学计划适时上传“牡丹江先锋网”“牡丹江农业信息网”“牡丹江老年大学网”，同时刻成光盘发给县（市、区）老年大学备用。第四是信息反馈。及时掌握对课件的应用情况和老年人满意程度，对提高课件的研发制作质量至关重要。例如，林口县植场村初明华（57 岁）通过网络课堂健身战胜类风湿疾病；穆棱市钟山村王玉财（62 岁）在网上学习科学养猪方法，成了远近闻名的养猪专业户；穆棱市下城子镇保安新村农民丁利民（63 岁）在网络课堂学习北京市蔡家洼井甜公司草莓柿子栽培技术，年纯利 6 万多元。以上真实事例表明，老年远程教育积极引导老年人参加学习活动，获得了良好的效果。

三是着力抓好收视点基础设施建设。按照《农村老年远程教育网络课堂实施方案》要求，全市农村收视网点基本做到了“八有”，即有年度收视学习和活动计划、有学习教室课桌椅和活动广场音响、有相对稳定的经费保障、有学习活动参加人员名册、有信息收集反馈记录、有专（兼）职服务管理人员、有简约实用的制度、有校牌标识。

四是着力抓好多元投入机制建设。按照“四个一”总体要求（一套班子组织领导，一块基地村集体机动的保证经费，一个场地学习活动，一个目标建设小康），采取多种形式筹措农村老年学校办学经费。经济实力较强的村，由村集体按老年人数给学校拨款。大多数村实行划拨机动地给学校经营或由学校转包，收益归学校；“老、少、边、贫”村，享受上级业务部门帮扶的相关优惠政策；还有“以奖代投，以建代投，以物代投”以及进城、出国创业务工的子女资助学校、孝敬长辈。学校还及时总结了穆棱市“第一书记包村带校”、宁安市“敬老帮校”、林口县“重点突破”、海林市“网络坚守”和东宁市“尊师重教，老年优先”的经验，保证了农村老年学校办学经费成为“一池活水”。

3. 强化责任，推进工作落实

牡丹江市农村老年远程教育“三步走”的目标已经确定，关键是主动做好工作，抓好推进落实。市、县（区）老年大学是全国老年远程教育实验区指导单位，更是办好农村老年远程教育的责任主体。牡丹江老年大学对全市农村老年远程教育发展、老年学校建设的“统筹规划、组织指导、督促检查、协调反馈、示范带动”负全面、直接、具体责任。为此，学校建立并健全了“工作指导到片，服务到村，落实到校，普惠到人”逐级分工负责的工作推进机制。

一是当好党委、政府的参谋助手。老年大学校长要找准位置，选好角度，把握时机，主动想事、干事、成事、不误事。积极争取党委、政府领导关心重视，积极争取教育（大专院校）、科技（农业）、文化等部门指导帮助，积极争取社会各界理解支持。

二是完善“2 + 3”老年远程教育工作推进体系。“2”指县（市、区）老年大学选配一名精通电脑、年轻有为的专业人员（公益岗位）和一名熟悉农村、有基层工作经验、身体健康、热爱老年教育的老同志。“3”即“三人”群体，指在村里有威信、敢担当、兴教办学的带头人，有爱心、懂教学（技术）、上网讲课的明白人，有专长、能张罗、组织活动的热心人。“2 + 3”老年远程教育工作推进群体，是最直接、最有效、最得力、最可靠的帮手，功不可没。

三是建立远程教育工作联系点。牡丹江老年大学和市委组织部远程教育中心、市农委美丽乡村建设办公室一起，深入全市 60 多个村级远程教育收视学习点调查研究，通过进课堂、入农户走访座谈，接触老年群众和基层干部，对农村老年远程教育“有了底，有了数，增强了信心，但同时也感到有很大压力”。调研活动的最大收获是，先后三批选定了117个农村老年远程教育工作联系点，市委组织部远教中心、市农委美丽乡村建设办公室、市老年大学联合制定了《牡丹江市农村老年学校远程教育收视（学习）联系点工作制度》，实行“三纳入”（把农村老年学校远程教育纳入组织部年度党建目标、市农委美丽乡村建设内容和老年大学工作目标考核体系）、“四同步”（同部署、同落实、同检查、同兑现），逐步把这些联系点办成“先行先试，立标打样，辐射带动，信息反馈”的老年远程教育工作示范点。

七、江西省吉安市老年远程教育实验区（指导学校：吉安市老年大学）：着眼全局，面向基层，大力提升老年远程教育整体效应

发展老年远程教育，是创新发展老年教育的必由之路，是惠及广大老年朋友的有效举措，也是老年教育现代化的重要标志。近年来，吉安市老年大学主动顺应“互联网＋”新时代，积极探索老年远程教育发展新思路，固本强基，多点发力，全市老年远程教育的整体效应大幅提升，“时时都能学、处处都可学、人人都愿学”的“空中大课堂”办得有声有色。2014年，吉安市老年大学被评为“全国老年远程教育先进收视点”；2015年，井冈山市老年远程教育实验区晋升为19个“全国老年远程教育示范区”之一。

工作中，吉安市老年大学坚持把全市老年远程教育作为人体的完整架构，重点做好“健骨”“强身”“固魂”“塑形”四篇文章。

（一）着眼“健骨”，注重将规划布局向基层延伸，突出全市老年远程教育的均衡性

办好全市老年远程教育，必须首先将规划布局向基层延伸，搭建“基本骨架”，推进“均衡发展”。为此，吉安市老年大学按照“两级先行、作出表率，带动两翼、全面展开”的总体思路，着力在“点、线、面”上下功夫。

一是抓“点”，即抓好市、县老年大学这两个重点。坚持把市、县

老年大学作为全市的“龙头”，重点打造，典型示范。2013 年，市老年大学在全市率先启动远程教育，制定了全市老年远程教育发展规划，选定北京东方妇女老年大学开发的“幸福养老大课堂”作为网络学习平台。其后，各县市老年大学也相继出台了具体的实施意见，有序推进远程教育，实现了市、县两级老年大学在启动之年就全面开花的良好局面，成为推动全市老年远程教育的示范和典型。

二是延“线”，即延伸乡镇（街道）、村（社区）这两条线。老年教育的终端在基层。为使老年远程教育惠及更多基层群众，吉安市老年大学将远程教育的发展触角，千方百计地向乡镇（街道）和村（社区）延伸。一方面，在硬件设施较为齐全、老年人较为集中的街道、社区建立远程教育收视点，使更多的老年朋友能够就近、便捷地享受老年教育成果。另一方面，在较为偏远的乡镇农村，充分利用当地文化站、党员电教室等现有设备，开展老年远程教育，不断扩大全市老年远程教育的覆盖面。

三是扩“面”，即扩大示范点和实验区建设这两个面。在老年远

图 4-7　2013 年吉安市老年大学老年远程教育课堂正式开播

程教育起步之初，选定了中心城区2个社区、4所县校和市校这7个单位作为第一批老年远程教育试点，为推动面上的工作发挥了很好的示范效应。同时，以井冈山市为突破口，成功申报了全国第二批老年远程教育实验区。目前，又新增吉安县、安福县为全国老年远程教育实验区。同时，坚持以点带面，充分发挥示范点和实验区的引领、示范、辐射作用，促进全市13所市县老年大学全部启动了远程教育，并促使全市老年远程教育重心下移，不断向乡镇（街道）和村（社区）延伸。随着全市老年远程教育覆盖面的不断提升，受益人群已突破10万人次。

（二）着眼“强身”，注重将优质资源向基层辐射，实现全市老年远程教育的共享性

“基本骨架”搭起以后，关键的就是要向各端输送养分，促其共同发展。为此，吉安市老年大学通过网络平台，将优质教育资源向农村，尤其是边远、贫困地区辐射，推动城乡老年远程教育协调共进。

1. 共享“硬资源”

吉安是一个著名的革命老区，也是一个欠发达地区，很多地方尤其是一些偏远农村，由于办学经费紧张，致使老年远程教育的硬件设施严重不足。为此，吉安市老年大学从实际出发，加大资源整合力度，紧紧依托全市组织、教育、老龄、文广、农业等部门，充分利用农村党员干部远程教育网，建成终端接收站，解决偏远山区、农村老年教育工作中存在的种种困难，有效缓解供求矛盾，大大促进了老年远程教育的普及和提高。

2. 分享“优质课”

为不断提高老年远程教育的教学质量，学校积极开展精品课件评比活动，提出了“以创新教学工作为主线，力争教学规模创特色、教学成果出精品”的目标任务。同时，市老年大学充分利用网络技术资源，进一步转化精品课创建成果，探索制作了10个课时的古诗词教学课件，既注重了教材的工艺设计，又注重了视频的画面制作，具有较强的视觉冲击力和感染力。市老年大学将这套优质课件免费赠送给县级老年大学，推动线上线下一体化教学，大大丰富了全市老年远程教育的内容与形式。

3. 交流“好经验”

为加强全市老年大学沟通交流、相互学习。2015年，吉安市老年大学组织全市各老年大学开展经验交流会，围绕推进老年远程教育、巩固示范校创建成果等主题，畅谈工作体会、分享工作经验、提出工作建议。同时，充分发挥网络功能，利用QQ群和电子邮件，及时发布各地老年远程教育实践成果，定期收集教学点情况反馈，以促进吉安市远程教育信息交流，密切全市校际之间的沟通联系，及时推广办学经验。

（三）着眼“固魂”，注重将办学理念向基层示范，扩大全市老年远程教育的实效性

先进的办学理念，是一个学校的核心与灵魂。一直以来，学校坚持正确的办学方向，积极探索先进的办学理念，引领全市老年远程教育健康发展。

1. 在强化学校精神中引领办学方向

经过多年实践，吉安市老年大学在坚持“老有所教、老有所学、老有所乐、老有所为”办学方向的基础上，确立了“增长知识、丰富生活、陶冶情操、促进健康、服务社会”的办学宗旨，概括了“团结、创新、愉悦、平安”的八字校风和“乐学、善思、明理、有为”的八字学风，倡导了“尊师爱校、敬老重德、团结和谐、改革创新、无私奉献”的五种精神，逐步形成了特色兴校、规范治校的办学特色，在全市各级老年远程教育中带出了好头、做出了示范。

2. 在注重办学效果中引导课程设置

针对老年朋友文化程度参差不齐、兴趣爱好各人不一的现状，市老年大学不断完善和深化传统的专业教学，重点开设了原始点保健和摄影远程教育班，仅这两个班的参学人员就达100多人。同时，将远程教育作为专业社团日常活动的一项重要内容，在健康沙龙、书画、太极拳3个协会中增加了远程教育的课程，极大激发了学员的学习兴趣。在市校的示范引导下，全市各级老年远程教育也都顺应老年朋友的期盼，纷纷开设了既丰富多彩又别具一格的专题课程。

3. 在拓展办学内涵中引导创新发展

为确保老年远程教育取得实效，学校在办好常规班次的同时，根据实际需求，积极探索创新，不断拓展办学内涵。2017 年 5 月，市老年大学在市社会福利中心建立了首个养教结合的远程教育教学点，聘请相关的专家学者授课，推动老年教育融入社会养老体系。在市校的示范下，各地积极探索、不断创新。吉水县八都镇顺应群众需求，开办了老年远程教育网络“幸福养老大课堂”，开设了医疗保健、文体艺术、舞蹈等班次，深受老年朋友的欢迎。

（四）着眼“塑形”，注重将管理模式向基层拓展，彰显全市老年远程教育的整体性

为塑造全市老年远程教育的整体形象，吉安市老年大学坚持以点带面，强化基层管理，努力提升吉安市老年远程教育管理的整体水平，重点在“规范、提升、展示”上精准发力。

1. 以制度建设来规范形象

远程教育作为一种相对松散的教育形式，加强制度管理显得尤为重要。为促使全市老年远程教育有章可循、规范发展，学校切实加强了全市收视点的规范化建设，出台了《吉安市老年远程教育收视点管理办法》，明确了收视点日常教学管理、学员登记考勤、岗位设定以及相应的检查考核等内容，为各县市老年大学及乡镇、社区制定规范管理办法提供了原则和依据，促使全市老年远程教育不断走向制度化、规范化和科学化。

2. 以业务指导来提升形象

为规范发展全市老年远程教育，市老年大学对每个收视点的准备工作、场所选定、生源保障、开播仪式都进行了精心指导和帮助。每当乡镇老年学校和街道、社区收视点开始运行时，市、县两级老年大学都会派员主动深入现场，精准帮扶支教，培训师资和管理技术人员，面对面、手把手地帮助解决实际问题。井冈山茨坪、龙市老年大学经常派出技术人员下到各乡镇收视点，对辅导员、管理人员进行指导和培训，帮助提高网站管理、使用、维修等技术业务。

3. 以对外交流来展示形象

为切实扩大校际联系，学校加大了与市外兄弟校的相互学习、沟通和交流。近年来，学校组织部分县、市远程教育工作人员，先后赴福建泉州、重庆万州、上海等地参加全国老年远程教育工作推进会，学习取经、相互交流，既开阔了眼界、增长了见识，又加大了对本校的宣传。同时，还选派了各实验区的管理员参加中国老年大学协会远程教育委员会在广西桂林举办的远程教育管理员培训班，通过参加活动开拓了思路、提升了水平、展示了形象。

八、上海市浦东新区老年远程教育实验区（指导单位：浦东新区老龄事业发展中心）：探索创新，推进老年远程教育新发展

（一）浦东新区老年远程教育基本情况

2015年，浦东新区荣获“全国老年远程教育示范区”称号，并以此为新的起点，求实、求优、求新，不断探索老年远程教育新模式，扩大老年教育的覆盖面，方便老年人就近学习，为老年人提供灵活多样的学习方式和学习资源，积极推进老年远程教育在全区深入开展。截至2016年底，全区老年远程教育收视点达到1215个，居委村收视点1169个，占比96.2%；远程收视点学员106275人，其中60岁以上学员数99953人，占比94.1%，全区已基本实现老年远程教育收视点居村委全覆盖。收视点建设管理工作出色扎实，学员越来越认可老年远程教育的课程，乐于分享学习的成果和快乐。

（二）开展老年远程教育的主要做法

1. 老年远程教育工作着眼基础建设，示范区建设呈现新面貌

浦东新区区域面积1210平方千米，占全市总面积的1/5，全区36个街镇，分布着1200多个居民社区。2016年底，户籍老年人数86.57万人，占户籍人口比重为29.3%，占市老年人口比重为18.9%。面对如此庞大的服务人群，要努力克服地域广、收视点多等难点，浦

东新区思考在整体上全面推进远程教育工作。

（1）进一步健全工作机制，实现经费来源双渠道。

全区建立并完善了区、街镇、居村委三级工作网络，并在区层面专门组建了由老龄事业发展中心主任任组长，科长为副组长，区教育局老年教育联络员、“浦东老龄网”专管员为组员的浦东新区老年远程教育工作小组，专门负责推进示范区建设工作，定期开展调研，及时发现并解决出现的问题，确保示范区工作稳步发展。

区财政每年落实老年远程教育专项经费24万元，区教育局对示范区工作也大力支持，划拨了专项经费，大大保障了全区老年远程教育活动的顺利开展。同时新区每年严格做好经费预算，制订经费使用计划，合理开支，进一步提高经费使用效率。

（2）进一步开展细节化培训，夯实人员队伍建设。

大力夯实远程教育工作的基层建设，必须提升收视点管理和服务的能力。新区突破历年来仅对街镇老龄干部、统计员进行信息化培训的常规，克服面广量大的实际困难，制订了区内全覆盖培训计划，逐年对所有收视点辅导员开展业务培训。一是借助位于陆家嘴地区的区老年大学新址，对沿江地区4个街道的143个居委收视点负责人和辅导员分四批进行了首轮培训，使沿江地区居村委学习收视点收视率达到了100%。二是对创建“养教结合”标准化学习点的22个养老机构开展了实地走访和指导，提升了远程教育的组织和教学水平。三是每年组织全区远程老年教育学习点辅导员及统计员培训，使收视点各类工作人员的业务技能和水平得到进一步提升。

（3）进一步加强软硬件建设，推进收视点资源建设。

学习收视点建设是老年远程教育示范区建设的重中之重，为进一步夯实浦东新区远程学习点基层建设，应充分发挥老龄事业发展中心对远程老年教育的服务和指导作用。一是重视老年学员的学习资源建设。为了提高老年人的收视兴趣，新区下发了DVD收视设备和连接电视机的MP4及配件，老人可以不受电视台播放时间的限制，更好地享受远程教育带来的便利。2017年，浦东新区为全区99个远程教育合格收视点提供由中共中央宣传部学习出版社出版发行的《金色年华读本》系列读本，丰富远程学习收视点老年学员学习资源。二是重视远程学习点的教材资源建设。2016年，为进一步突出浦东新区远程教育全国示范区的优势，推动新区远程老年教育的发展，结合上海老年教育公众号“指尖上的老年教育”上的使用教材，为全区的330个老年远程教育合格收视点下发由上海市老年教育教材研发中心建设完成的配套教材，充分满足老年学员线上线下学习的需求。三是重视收视点辅导员与学员的情感建设。为进一步激励广大辅导员的工作积极性和老年学员的学习热情，2014年，对全区693个市级合格收视点辅导员、优秀学员发放了学习用品和收视教材。2017年，在全区组织开展优秀辅导员及优秀学员评选活动，受到辅导员与学员的一致好评，大家深受激励。

2. 老年远程教育收视点建设植入老年活动室等级评估，示范区建设开动新引擎

远程学习点作为整个老年远程学习体系中最深入基层、最贴近百姓的有效学习形式，一直是浦东远程老年教育的一项工作重点。随着

图4-8 上海市浦东新区开展老年远程教育座谈会

老年远程教育工作的不断深入，全区1200多个学习收视点的规范化建设也在逐步推进。为发扬先进，鼓励典型，新区思考在机制上深入推进远程教育。

（1）开展区级示范收视点的评选活动。

以往每两年一次的市级示范收视点创建已不能满足基层收视点争先创优的愿望和需求，为保护基层的创优积极性，加快收视点规范建设，在示范区创建前期，浦东新区就开展了区级示范收视点的评选，得到基层收视点的普遍欢迎。通过层层组织发动，目前全区共有全国先进收视点4个、市级示范和合格收视点716个、区级示范收视点64个。同时，新区重视培养典型，以点带面，加强各示范点之间的经验交流，相互促进，共同提高。

（2）老年远程教育列入老年活动室评估标准。

新区老龄事业发展中心作为全区老年远程教育的主管部门，充分意识到远程教育在实现老年人“人人皆学、处处可学、时时能学”中起着不可或缺的重要作用。自接收上海市标准化老年活动室建设工作以来，开展老年远程教育就一直被作为标准化老年活动室必须设立的功能之一。2013年，在浦东新区制定的《浦东新区居村委标准化老年活动室等级评估标准》（以下简称《评估标准》）中，老年远程教育被单独列入三级指标，指标中明确“远程收视点张贴远程教育课程表，配备教材、辅导员，有宣传、登记、考勤、辅导等内容；学员名单录入上海市老年远程教育实名制数据库”。同时，被单独列入三级指标的还有与远程教育相关的老年学习团队拓展活动。

（3）示范收视点成为老年活动室评估高等级的准入门槛。

浦东新区在全市首创把老年远程教育列入老年活动室评估标准，在与《评估标准》相配套的《实施意见》中，明确列明只有获得市、区两级学习示范收视点的老年活动室，才有资格申报最高（3A）等级，即享受每年3万元的营运补贴（可持续5年）。这条高等级准入门槛，在一定程度上激发了基层做好老年远程教育工作的积极性。

（4）不断推进老年远程教育进养老机构的工作。

老龄事业发展中心一直致力于在养老机构、日托所中设立学习收视点，推进养老机构养教结合，做到收视点逐年递增，目前全区共有46个养教结合的养老机构。同时，老龄事业发展中心还注重独对创建“养教结合”标准化学习点的养老机构，开展了实地走访和指导，提升其远程教育的组织和教学水平。

通过夯实基础工作，远程收视点的老年学员大幅度增加，截至2016年底，全区老年远程教育收视点达到1215个，比2014年增加了7%，网上在册学员数增至106275人，比2014年增加了25.6%。

3. 老年远程教育借力现代“互联网＋”，示范区建设引进新推手

为提升老年远程教育的知晓率、参与率和覆盖面，作为全国老年远程教育示范区，浦东新区目前正在探索如何运用高科技、信息化手段聚焦“互联网＋”，不断创新远程老年教育形式、内容、方法和手段，树起一个老年教育服务的全新范例。

（1）以“四个媒介”拓展老年远程教育宣传新渠道。

为进一步加大对老年远程教育的宣传和展示，浦东新区一方面通过三级老龄工作网络在小区公告栏、楼道中广泛张贴，借助居民活动扩大发放范围；另一方面充分借助“一网一刊一平台一广播”四个媒介（“浦东老龄网”、《浦东老龄》、“科技助老信息平台”和浦东广播电台）开设老年远程教育专栏、专版、专题，在期刊、网站、平台、广播等媒体不断加大老年远程教育活动宣传力度，从不同层次、侧面和视角提升远程老年教育的工作水平和能力。比如，现有“老龄网”的办公系统已开通远程收视的短信服务功能，每次新课程开课前，都以短信方式发送到各街镇老年教育干部以及部分辅导员的手机上，提醒他们做好组织、备课及辅导工作。此外，“浦东老龄网”持续扩容，开辟远程教育专栏，专栏中上传各类老年教育课程及老年人团队活动视频，供老年学员网上学习和欣赏。

（2）以“新区科技助老信息平台”服务老年远程教育新途径。

浦东新区建有科技助老信息平台，它是一个服务全区老年人的全方位的信息平台，融合了当下最新的通信技术、物联网技术以及智能终

端技术，于2014年8月基本建成，并在5个街镇进行试点，2016年底又与8个街镇签订《浦东新区科技助老信息服务平台街（镇）服务站共建协议》，目前累计免费下发了2600多部老人专用话（手）机。浦东新区利用科技助老信息平台开通提醒功能，每周将收视课程、收视时间甚至课程主要内容等信息，以短信方式发送到每个老年手机上。试点成功后，将在全区老年人中覆盖推广，老年人了解远程老年教育将更直接、更便捷，老年学员得到的服务也会更恰当、更及时、更优质。

（3）以“移动学习平台”开辟老年远程教育新天地。

随着“互联网＋”时代的来临，老年远程教育必须突破现有的学习形式，向多样化、多层次模式发展。微信群、QQ群等具有互动交流形式的移动学习平台的迅猛发展，突破了时空限制，适应了当前老年人碎片化学习需求，正在成为远程老年教育非现场学习的新媒介。目前，浦东新区正在探索如何开展区移动学习平台认证试点工作，探索“微课程”的开发和建设、教育教学质量的提升以及属地化管理等问题，相信移动学习平台的升级必将助推浦东新区老年远程教育实现新一轮的发展。

九、上海市徐汇区老年远程教育实验区（指导单位：徐汇区老年教育工作小组）：创新网络学习方式，推动老年远程教育内涵发展

（一）徐汇区老年远程教育基本情况

徐汇区地处上海中心城区西南部，因明代著名科学家徐光启而得名，是上海现代文明的发祥地，中西荟萃、文脉悠长，教育、文化、经济等各项社会事业发达。全区面积54.76平方千米，辖12个街道和1个镇。截至目前，全区户籍总人口数为92.07万人，60周岁以上户籍老年人口数为29.36万人，占户籍总人口数的32%。辖区内拥有4所老年大学和13个街镇老年学校，下设老年远程教育学习收视点共有326个，收视点全覆盖到居委学习点并延伸至养老机构、日间照料中心。参加老年远程教育的人数占辖区户籍老年总人数的13.1%。在

老年人口基数不断增长的同时，实现参加远程教育的比例逐年增长。收视点已成为徐汇老人温馨的港湾、情感交流的阳光驿站。

国务院办公厅印发的《老年教育发展规划（2016—2020年）》明确指出：推动信息技术融入老年教育教学全过程，推进线上线下一体化教学，支持老年人网上学习。运用信息化手段，为老年人提供导学服务、个性化学习推荐等学习支持。徐汇区作为中心城区，人口文化素质高，特别是新增老年人文化层次较高，根据这一特点，徐汇区在开展老年远程教育实践中，有效应用现代信息技术，大力开展老年网络教育，推进老年人数字化学习，就近、就地、就便满足更多老年人的个性化学习需求，取得了明显的实效。徐汇区于2013年被评为全国远程老年教育实验区；2015年被评为全国首批远程老年教育示范区；2016年，全国远程老年教育工作推进会在上海召开，徐汇区作为分会场与主会场进行远程视频对接，向全国展示了徐汇区开展老年远程教育工作的特色经验。

（二）徐汇开展老年远程教育的主要做法

1. 着力基础建设，加强保障力

第一，搭建五级网络学习平台。在推进远程老年教育的过程中，徐汇区以区级网络为核心，积极借助上海市老年人学习网的资源，充分调动街镇建设社区教育网的积极性，形成了以"上海老年人学习网""徐汇终身学习网""街镇社区教育网""居委信息苑"和"家庭网上行"的远程教育五级网络。其中，区社区学院承担徐汇区终身学习网的建设，在近年徐汇区政府实事项目"市民终身学习卡系统"工作的推动下，已逐渐形成以"区域统筹、资源整合、重在应用"为目的，"徐汇终身学习网"为平台，"徐汇市民终身学习卡"系统为标志的徐汇老年教育信息化工作格局。

第二，加强三级网络硬件建设。为满足居民学习需求，近年来，借助市政府实事项目——老年学校能力提升工程的东风，徐汇区近90%的老年大学、街镇老年学校通过新建、扩建等方式，均建立了标准化计算机教室，每所老年学校新增电脑数量在25台以上，部分老

年大学、老年学校实现 Wi-Fi 全覆盖，为老年学员营造便捷、人性、舒适的网络学习环境。徐汇区漕河泾街道老年学校在全市率先打造了数码中央教室，与 30 个居委实现实时转播，同步上课，居委的老人足不出小区就可以享受优质课程。在居委一级，2014 年以来徐汇区大多数居委学习点都新建了“信息资源共享服务室”，网络宽带、电脑、投影仪、组合音响等设备一应俱全，这为老人开展灵活、个性化的学习提供了物质条件。

第三，制订有效的激励方案。为点燃并持续激发老年人网络学习的热情，徐汇区自 2009 年就颁布了《徐汇区社区教育网上学习激励方案》，制定《学分认定标准》，并落实奖励经费每年 20 万元。徐汇区终身学习网将每年组织 30 个网上专题学习活动作为制度固定以来，精彩纷呈的网上学习活动吸引了一批老年学员。老年学员通过参与徐汇终身学习网上的在线课程学习、专题活动互动等获得学分并兑换奖品。截至目前，在徐汇终身学习网上注册的 60 岁以上老年学员数已达 16.2 万人，其中，活跃账户有 7000 人（活跃账户指近 6 个月登录过的用户）。

2. 推动扶老上网，提高学习力

徐汇区从 2009 年起每年对街镇、居委收视点辅导员和班主任开展培训，熟练掌握上海老年人学习网、徐汇终身学习网等网站学习的操作技能；建立街镇、居委两级数字化学习推进员队伍，培养了一批网络学习骨干和积极分子，宣传推广网上学习。很多街道还实行远程教育分片管理的方法，将整个社区划分为若干个片区，每个片区设立一名联络员，负责老年网络教学的联系、跟进、督学、反馈、发放教辅材料等。

为提升老年人的网络操作技能，徐汇区出版了《老年人学电脑操作入门》《智能手机基础操作方法》《微信的操作方法》《玩嗨微信》等区本教材。全区各老年大学（学校）、居委学习点共开设各类计算机课程班、网络与生活 Pad 课程班 181 个，学员报名踊跃、供不应求。几年下来，有些老年人从不懂开关机，到如今在网上看视频、选修网络课程、做在线测试，感慨自己真正与时代接轨了。爱好摄影的老年学员还将自己的作品发送到网上学习群里进行讨论与交流，分享喜悦。通过持之以恒地在老年学校、居委学习点开展网络技能培训，越来越多的老人参与到远程教育中来，让更多老人熟练使用“智慧城市”的智慧医疗、智慧教育、智慧交通等涉及民生的各种应用技能，享受信息技术带来的便捷生活。

3. 丰富学习资源，增强吸引力

首先是用好用足市级资源。上海教育电视台、上海市老年人学习网、“指尖上的老年学习”微信公众号、“老年微课堂”手机APP每年都推送大量的学习资源，徐汇区将这些资源为己所用，在每学期初通过各种形式向参加远程教育的学员推荐市级优质课程资源，扩大宣传，增强课程知晓率。

其次是丰富扩充区级资源。徐汇区通过开展老年网络学习需求调研，按实际、实用、实效的原则，采取网络学习资源共建、共享、联合采购的方式，为老年朋友建设了一个丰富的网络学习资源库。目前，徐汇终身学习网共有视频资源3400小时，电子报刊371份，电子图书3万册，电子期刊1000册；结合新媒体时代的到来，我们加强与更多社会组织、网络机构的合作，重点在“微”字上下功夫，包括微课程的开发、微课堂的开设、微资源的提供、微时间的利用、微需要的满足、微人群的服务等。2014年以来开发了具有区域特色的老年教育微课程视频51课；区、街镇两级相继建设了10多个微信公众平台，如徐汇社区教育、慢品上海湖南社区、虹梅庭、华泾学苑等，及时为老人推送课程、讲座、活动等各类学习资讯，实现微信报名参与线下学习活动的功能，让老人便捷学习，乐享其中。

4. 注重与时俱进，凸显服务力

一是在市居委示范学习点创建过程中深化网络学习。2016年颁布的《上海市老年教育“十三五”发展规划》提出了创建居委示范学习点的发展任务，并将移动学习和网络终端学习纳入了居委创建的重要考核指标。这一举措极大增强了网络学习在居委学习点的推进力度。很多课程班都建立了微信学习群，课前学习内容发布、课后学习心得交流、难点疑点再学习都可以通过微信群得到及时有效的沟通，教师还可以在群里为学员解疑答惑。据统计，目前徐汇区参与市示范创建的 18 个居委学习点中，共开设数字化学习类课程班 33 个，建立网上学习群共 54 个，使课堂教学得到有效延伸，对老年教育常规课程起到了资源补充和功能提升的作用。

二是在学习团队的培育中推广网络学习。现在生活条件提升了，多数老年人都有手机，而且还是比较高档的智能手机，可是只使用了其中的通话功能，很多功能还不会使用。智能手机的学习已成为社区老年居民的迫切需求。基于此，徐汇区在街镇一级培育了一支学习团队——老朋友智能学习圈。团队成员定期走进社区开设讲座，面对面教授老年人智能手机的使用方法，深受社区广大居民的欢迎和好评。比如，斜土街道打造的“陈伟如智能应用工作室”与徐汇区老干部局的 40 位退休老人结对，在为老服务的事业中奉献了自己的一份力，同时每月还在上海图书馆举办百万老人学手机大型公益讲座，目前听众已达两万人次。随着团队活动的不断深入，老朋友智能学习圈的培育逐渐带动形成了一个多维的学习圈：课堂教学圈——居民学习圈——活动体验圈——志愿者培训圈。

三是“网”聚人气，拉近人与人之间的距离。随时随地的网络互动拓展了居民相互了解和沟通的时空，互动性加强了，彼此之间的认

图 4-9　老年远程教育深受上海市徐汇区居民喜爱

识加深了，陌生感渐渐淡去了，大家从网上“聊学习”转到了“聊旅游”“聊美食”“聊居家”“聊健康”……频繁的网上群体性的交流活动让老年人的晚年生活不再孤单和无趣。在凌云街道，有一支终身学习网自主学习团队，他们在课堂上学习各种网络操作技能，课下组织各种集体活动，如包饺子、闹元宵、学跳广场舞等，学员们欢乐多多，真正做到了“网聚人气”，促进了社区和谐大家庭的建设。

一位 70 多岁的老人高兴地说：“远程远程，近在咫尺！我们老年人在这里不仅学习了新知，还结交了新朋。”网络学习的宣传普及获得了社区老人的交口称赞。相约老年远程大学，让越来越多的老年居民拥有“信息化理念”“信息化知识”和“信息化技能”，从而与信息化时代发展的步伐接轨，与上海“智慧城市”的建设目标接轨，享受到数字化学习给晚年生活带来的便捷和乐趣。

十、重庆市万州区老年远程教育实验区（指导学校：万州老年大学）：强化“四个依托”，抓好“三个结合”

（一）基本情况

万州区位于重庆东北部，地处三峡库区腹地。全区幅员面积 3457 平方千米，截至目前，全区人口为 176 万，60 周岁及以上老年人口有 35 万，占总人口数的 20.8%。区委、区政府十分重视老年教育工作，1987 年，万州老年大学成立，之后相继在城区成立 3 所分校，农村成立 459 所老年学校，老年教育入学率达到 15.1%。万州老年大学先后被评为全国先进老年大学、全国老龄工作先进单位。2013 年 12 月，万州被确定为全国老年远程教育实验区。

（二）万州区发展老年远程教育的主要做法

1. 广泛宣传，组织完善

万州区积极响应中国老年大学协会远程教育工作委员会开展评选全国老年远程教育示范区活动的号召，力争把万州区建成全国老年远程教育示范区。通过会议、广播、电视、报纸等多种形式，万州区广泛宣传大力发展老年远程教育的重大意义，进一步统一思想，提高认识，赢得领导重视、部门参与、社会支持，形成合力，营造了广泛参与的良好氛围。

为加强组织领导，万州区成立了由区委、区政府分管领导任正副组长，区委老干局、区民政局、区财政局、区老龄办、区老年大学等相关部门主要负责人为成员的老年远程教育领导小组，下发了《关于进一步加强和改进老龄教育工作的意见》。同时，区委组织部把老年远程教育工作纳入农村基层工作考核内容，区级相关部门和镇乡（街道）、村（居）通力协作，上下联手，各方配合，在全区形成了齐抓共管的老年远程教育工作格局。

2. 统筹规划，分步推进

根据区里的实情，本着“因地制宜、统筹规划、分类推进、分步实施”的原则，制订了万州区老年远程教育实施计划，将万州区老年远程教育工程分三个层面推进：

第一个层面：以万州老年大学为发展老年远程教育的基地，建设“班班通”校园网，实现远程教育班班通。

第二个层面：各乡镇（街道）、村（居）依托党员干部远程教育网络和辅助平台“红岩网”组织收看老年远程教育节目内容和播放相关内容的光盘，并确定铁峰乡铜元村、陶家坪等15个村、社区为示范点，按照《重庆市万州区老年远程教育管理守则》推广“一室、二员、三责、四薄”制度。

第三个层面：在抓好老年远程教育网络建设的基础上，建立起区、乡镇（街道）、村（居委）三级管理的老年远程教育网络管理机制。

3. 纳入考核，狠抓落实

为确保老年远程教育质量和工程的顺利进行，区老年远程教育领导小组决定对老年远程教育的经费投入、硬软件配备实行分级管理、分级实施、责任到人，并将老年远程教育工作纳入各乡镇（街办）、村的年度工作目标，认真进行考核，考核结果与单位和主要负责人的评优选模、晋升晋级等挂钩，同时对老年远程教育整体运转情况进行督导评估和客观评价，有效地促进了项目建设、管理、研究、应用的落实。此外，万州区还制定了《重庆市万州区老年远程教育基层收视点管理办法》和《重庆市万州区老年远程教育基层收视点管理工作考核标准》，对基层收视点进行督导，以确保老年远程教育各项工作的落实。

（三）万州区老年远程教育工作的主要特色

万州区在推进老年远程教育工作过程中，做到强化“四个依托”、抓好“三个结合”。

1. 强化“四个依托”，多种形式抓落实

（1）依托农村党员干部现代远程教育网络和辅助教学平台——红岩网，确保了老年远程教育全覆盖。

万州区农村老人特别是留守老人多，教育资源缺乏，严重制约了农村老年教育的发展。为拓宽覆盖面，区委决定依托农村党员干部远程教育网络和辅助平台——红岩网，大力推进老年远程教育。

（2）依托基层党组织和老年人协会，把老年远程教育组织工作落到实处。

建立老年远程教育村级管理队伍，由村（居）委会负责党员干部远程教育的干部兼任老年远程教育负责人，老年人协会会长作为收看老年远程教育的召集人，利用村居闲置办公用房、会议室，老年人协会的电视机、电脑、DVD播放器、宽带网等基础设施及活动阵地开展教学活动。老年人协会利用自己的组织系统，建立学员花名册、收视记载、学籍管理、跟踪辅导、信息反馈等系列制度，确保科学有序、有条不紊地开展老年远程教育。

（3）依托农村老年学校，确保收视率和收视效果。

老年学校把收看老年远程教育作为重要教学内容，结合学校学习时间，合理编制学习计划，既丰富了老年学校的教学内容，又有固定的老年人群在收视点集中收看，使收视率和收视效果得到提高。学校教师还担任远程教育指导老师，对学员实行一对一、面对面辅导。

（4）依托大学生“村官”，确保老年远程教育网络正常运行。

根据大学生“村官”有文化、懂科技、有热情、工作认真负责的特点，依托他们负责教学站点网络基础操作、平台浏览点播以及日常护理、组织教学，负责信息收集汇总，及时向万州老年大学反馈老年人的学习需求和学用经验，提供课件制作线索和素材，使老年远程教育更具科学性、针对性和实用性。

2. 抓好“三个结合”，知识惠民重效果

（1）将老年远程教育与农村老年产业发展相结合，使老年远程教育有的放矢。

重庆市老年事业发展基金会万州办事处，近年来已投入数十万元，扶持基层老年协会发展养羊、养鱼、养蜂等老年产业。由于缺乏科学的养殖技术，效果不太理想。太龙镇蓼叶村是基金会扶持的山羊养殖基地，他们从远程教育网络上下载了黑山羊养殖实用技术资料，用于养殖实践，获得成功，不到一年时间就从创办初期的十几头发展到几百头。他们还通过终端发布的市场信息为黑山羊找到了销路，年创收数万元。

（2）将老年远程教育与农民增收致富相结合，使农村老年人从中得到实惠。

万州区将远程教育基层收视点由村级活动场所向行业协会、产业基地延伸，采取“站点＋基地”“站点＋协会”“站点＋科技示范户”等模式，实现了远程教育与发展当地经济的有效结合，极大地激发了群众参与远程教育的热情，确保了培训质量和效果，促进了产业增效、农民增收，取得了富民惠民实效。在这项工作中，万州区铁峰乡桐元村较为突出：铁峰乡离万州主城区 40 千米，全村 1826 人中，60 岁以上老年人就有 300 多人，占总人口的 15% 还多，其中大部分是留守老人。由于子女不在身边，农村文化生活贫乏，许多老年人感到孤独寂寞，加上上了年纪，对外界新生事物不了解，致富无门，心理负担严重。2010 年，村老协会长邓满全从远程教育“红岩网”的猕猴桃栽培技术专题片中受到启发，建议村党总支推行“公司＋合作社＋基地＋农户”的订单式生产。村里采纳了他的建议，成立了猕猴桃专业合作社，用集中流转的耕地，建起了3200亩猕猴桃种植基地，带动了本村及周边开县、云阳县5100户农民增收致富。

图4-10 重庆市万州区农民讨论通过远程教育学习的种植技术

（3）将老年远程教育与农村群众文艺团队活动相结合，更好地传播精神文明，活跃乡村文化。

陶家坪等不少收视点组织老年人收看主题讲座、正能量影视剧，将群众的业余生活引导到健康向上的活动中。在物质生活已经得到满足之后，许多农村老年人缺乏精神食粮，缺少乐理知识，有的人甚至一辈子都没唱过歌、跳过舞。通过收看远程教育播出的《广场舞教学》和《声乐提高》，美妙的音乐令他们心旷神怡，踏着音乐的节拍，他们也开始翩翩起舞。

在万州桐元、蓼叶、黄梅等村，陶家坪、凉风、福安、螺蛳包等社区，老人们从“红岩网”上受到启发，成立了老年义务劝导队、治安巡逻队，协助村委会对子女履行赡养义务进行监督，开展民事纠纷调解、法律和政策宣传。据万州区司法局提供的数据显示，仅2014年，全区老年人协会共化解家庭、邻里纠纷200多件，件件圆满。邻里关系和美，孝亲敬老蔚然成风，促进了社会风气的转变。

老年远程教育在各级党委和政府的重视下，在全体老年教育工作者的努力下，已经在万州大地扎根、开花、结果。

十一、重庆市九龙坡区老年远程教育实验区（指导学校：九龙坡区老年大学）：整合资源，发挥优势，夯实“两个依托”，做实“线上线下”

（一）九龙坡区老年远程教育基本情况

截至目前，重庆市九龙坡区现有户籍人口 868664 人，户籍老年人 179109 人，占全区户籍人口的 20.62%，高于全国老年人人口比例 5.72 个百分点，其老龄化、空巢化、高龄化程度则更加严峻。

2016 年 4 月，九龙坡区民政局将“区老年大学开放教育学院”挂牌在重庆广播电视大学九龙坡分校、社区教育学院，充分整合学历教育、社区教育资源，大力发展辖区老年远程教育。

（二）主要做法

1. 齐心协力，共创佳绩

九龙坡区利用学历远程教育的丰富经验以及在计算机网络、学习网站的建设、教师的设置上拥有的实力，积极在老年远程教育上发力，把老年远程教育作为学校办学特色来打造。在区民政局、区老年大学领导的高度重视下，通过各种媒体介绍老年远程教育的办学特色，主办多期微信与计算机基础技能操作等课程，向更多的老年群体普及电脑及智能手机的基本操作技能，进一步推动了老年远程教育的发展。

2. 资源整合，以点促面

九龙坡区在已完成社区教育的三级网络建设的基础上，以学院为点，将全区 19 个街镇社区学校、近 200 个社区教育学习点连成网，利用社区教育的强大功能，将社区教育的群众基础、课程资源、社团支持等连成面，有力助推了老年远程教育工作。同时，九龙坡区将远程学历教育拥有的丰富的线上学习资源，如会计、医药、护理、工程等更为专业和细致的学科分类知识，提供给老年远程教育，为远程教育深入开展打开了一个新的突破口，满足了新时代老年人更高的学习需求。为了推动远程教育，九龙坡区积极创新，以课题研究来进一步推动老年远程教育工作，如“社区教育系列项目”“教育教学与信息技术相融合的实践探索”“老年开放教育教学与管理模式探索”等研究成果，积极探索质量有保障、形式有创新、社会关注度高的老年远程教育网络架构。

（三）九龙坡区老年远程教育工作的主要特点

九龙坡区在推进老年远程教育工作中，夯实“两个依托”，做实“线上线下”。

1. 夯实“两个依托”，确保远程教育工作落实

（1）依托社区教育“全民终身学习网”平台。

互联网除了改变社区居民日常生活方式，更催生了“互联网＋老年教育”模式的兴起。九龙坡区于2013年搭建“九龙坡区全民终身学习网”平台并推广运用，2014年成功创建为全国数字化学习先行区。该平台利用数字化信息和网络媒体的交互性开展老年教育，实现了远程交互式培训，更好地推进全区老年教育事业。时至今日，平台仍在针对目前现存的不足积极完善，同时也计划在平台中新加入老年教育系列课程板块，专门针对老年受众群体的学习需求，强化平台功能、增强平台互动、丰富平台资源、打通平台互通。

（2）依托学历教育课程与信息技术的融合。

九龙坡区除了利用现有的专业学科知识的视频课程，还从提升老年教育工作者包括管理服务和教师的信息技术水平着手，从观念、方法、设计、技术、能力、创新各个方面着手，打造精品视频课程。除了一系列阶段性的课程，九龙坡区还根据老年人学习时间不固定、精力有限、记忆力衰退的特征，设计出通俗易懂的微课视频，碎片化学习，重复性记忆，更适应老年朋友的学习习惯。2017年，九龙坡区积极参与中国老年大学协会组织的优秀影像教材的评选活动，指导有关课程的教师完成了课程视频的录制，《摄影》被中国老年大学协会评为

全国老年远程教育优秀教材，《时尚创美》和《保健按摩》被评为特色教材。

图 4–11　重庆市九龙坡区老年大学录制化妆课程

2. 做实“线上线下”，确保远程教育的全覆盖

“线上”借助第三方交流软件平台，建立班级群，成立学校公众号，学员关注公众号即可接收学校定期的推送，包括公告栏、学校动态、招生宣传、优秀课程推送等。公众号直接面向广大群众，从老年大学校内学员这个点分享到身边热爱学习的朋友们，建立了一个较大的网络面，让一些想学但是没有条件和时间来线下学习的老年朋友有了“线上线下”同时进行的良好体验感。同时，积极向中国老年大学协会远程教学工作委员会申报先进教学收视点，利用完备的电脑、软件、程序、专业计算机教师等资源，弥补老年远程教育在硬件设施和信息技术方面的短板。

第二节　县（市、区）级老年远程教育优秀案例

县（市、区）在国家治理体系中起着“稳定器”和“平衡器”的作用，处在国家组织结构和政权结构“承上启下”的关键环节，是国家治理体系的重要一环，尤其是在全面深化改革时期，国家行政管理中心下移，伴随着新型城镇化进程加速发展，县（市、区）的发展已成为我国社会转型和改革深化的关键点。近年来，依托县（市、区）城市化的发展和城市建设与服务的整体升级，县（市、区）级老年大学无论从发展规模，还是参与人数上来看都呈现出快速发展的趋势。我国县（市、区）级老年大学数量多，覆盖区域广阔，辐射人口众多，成为老年远程教育事业推广与发展的基础力量。这些学校或老龄工作部门在开展老年远程教育工作中，结合本地发展实际情况，不断创新远程学习形式，充分利用各种资源和渠道提高本区域老年教育远程学习的质量，探索了一套实用的工作方法，总结出宝贵的工作经验。

一、吉林省梅河口市老年远程教育实验区（指导学校：梅河口市老年大学）：借助“互联网+”，开辟老年远程教育新平台

（一）指导学校基本情况

梅河口市老年大学于2013年恢复办学。按照梅河口市委组织部要求，梅河口市老年大学实行“1＋16”的办学新模式，把16个社区老年大学确定为分校，并有计划地把老年教育推进到各乡镇，开设了乡镇远程教育收视点。目前，梅河口市老年大学建筑面积1000平

方米，教学管理人员 7 名，开设声乐、舞蹈、瑜伽、书法、国画、电脑、钢琴、二胡 8 门专业课，学员 700 人次，全市共有老年大学学员 4300 余人次。

吉林老年远程教育学习网（以下简称“学习网”）建成以后，为基层老年教育开辟了新的学习领域和途径。在吉林省老年大学的支持帮助下，梅河口市老年大学积极创造条件，开通网络，利用“学习网”开展远程教学，进一步完善“互联网＋（1 ＋ 16）”办学模式，扩大全市老年教育覆盖面，使广大老年学员能够零距离接受教育。

（二）主要做法

梅河口市老年大学开展老年远程教育工作的主要做法如下：

1. 高点定位，统筹规划

一是抓好本级学习网建设。一方面，与吉林省老年大学沟通协调，咨询启动学习网的相关问题；另一方面，与市互联网运营商洽谈，在市老年大学进行安装。学校负责做好场地规划、设备落实，建立健全管理制度，配备管理队伍。运营商负责技术支持，利用市老年大学现有音响、投影仪、电脑等设备资源，组织技术人员进行安装和调试。2015 年，学习网建成投入使用。在建设和使用过程中，做到确保设施先进，网络建设和硬件设备都坚持高起点，力求功能完善。学校相关工作人员随时关注学习网上传课件内容，根据多数学员的学习需求，设置专业，开设课程，配备了专门教师作为管理员，负责辅导学员上网学习，互动交流。同时，通过互联网、主流媒体、微信等方式，加强推广宣传吉林省老年远程教育学习网的力度。

二是推进社区分校远程教育学习点建设。本级学习点建成使用后，依托社区分校现有设备资源，同步推进社区远程教育学习点建设。学校积极组织召开由社区党委书记和社区分校校长参加的推广老年远程教育学习网现场会，印发《关于开通吉林老年远程教育学习网的通知》，观看远程教育学习视频课；在会上向全体与会人员讲解了开设远程教育所需的设备和操作方法，要求各社区分校在一个月之内安装调试完毕并投入使用。

2. 立足实际，定位服务

一是为了熟练掌握和使用学习网，加强对社区分校远程教育管理人员的培训指导。学校派出教师和互联网运营商深入到各个社区，从技术操作、教学、学员和档案管理几个方面进行培训指导。针对社区管理人员不足的情况，各社区从学员当中选聘一批热心老年远程教育工作、有一定管理能力的老同志参与其中，并与市老年大学教师经常保持网络联系，随时解决好学习网运用当中遇到的问题。

二是加大经费和硬件设施的投入，为远程教育提供保障。针对社区实际，一方面，动员社区从现有办公经费中划拨一部分，作为长期经费；另一方面，对经费不足的，适当给予电脑、调频器等实物支持，还投入2万余元作为社区分校的启动和维护经费。

三是正确处理课堂教学和网络教学的关系。根据广大学员的学习需求，把握好课堂教学和网络教学的平衡点。比如，健康养生、疾病防治等开设多年的课程，内容单一，教法陈旧，满足不了老同志的需求。针对这一情况，老年大学建议各分校把原有课程进行调整，在健康养生课中，增设了学习网中的“茶艺养生”“中医养生”“新世纪健康饮食”等讲座；在公共课中，增设了“大众数码摄影”“家庭理财大讲堂”“论语心得”等课程。课程内容调整后，既符合教学实际和学员愿望，也激发了学员内在的学习热情。

四是重视抓好网上课程学习辅助工作。远程教育课程的教师均为高端教师，所授课程难免有文字艰深、寓意深奥的情况，导致部分学员不得要领，有的甚至想打退堂鼓。为解决这一问题，市老年大学几位老师兼任社区分校辅导员，利用课后时间讲解和辅导难点重点问题，并制作小卡片、小册子等相关资料发给学员参考，帮助这些学员把握网上教学规律，爱上远程教育课程。

3. 落实《老年教育发展规划（2016—2020年）》，覆盖全市

按照《老年教育发展规划（2016—2020年）》中建立健全“县（市区）—乡镇（街道）—村居委会三级社区老年教育网，方便老年人就近学习”的要求，以及中国老年大学协会第三届老年远程教育推进

会精神，梅河口市老年大学在强化16个社区老年大学分校远程教育工作的同时，又借助各乡镇党建工作平台和文化站，在各乡镇设立远程教育收视点，由点到面推广，尝试建立老年远程教育实验区，并和市电视台联办“梅河口市老年大学空中课堂”栏目。通过上述措施，逐步使老年远程教育覆盖全市。

学校按照有学习场地、有运行数字电视和宽带网络设备条件、有熟悉的操作管理人员、有健全的组织管理体系的要求，强化示范区建设，切实发挥好老年远程教育的效果：帮助示范区建立了规章制度，加强管理，明确目标，落实责任；建议当地党委把老年远程教学活动的开展情况纳入本乡镇党建项目责任制，作为党员干部考核、表彰的内容之一；依托市老年大学，成立了社区乡镇老年教育指导处，总结和推广全市老年远程教育工作经验。

4. 领导重视，成果显著

一是加大了社区老年大学建设的资金投入，把老年教育经费纳入财政预算，用于社区活动的场所建设。目前，全市16个社区均已建成面积不少于500平方米的活动场所，老年大学分校学员有功能齐备的活动室、电教设备、文教器材等硬件。

二是补齐短板，拓宽途径。解决了社区老年大学缺乏教师和教学力量薄弱的问题。课堂教师面授和课后视频教学相结合，教师辅导在校学习和在家学习都收到预期效果。

三是降低成本，扩大规模。讲课费是一笔很大支出，影响到专业的开设和老年教育的发展。各校虽然聘请了市里有名望有经验的老师来执教，但与远程教育的专家相比，在学识水平、业务能力和知名度方面还有一定差距。老年远程教育的开通，解决了名师立校问题，很多学员慕名而来。

四是远程教育，结出硕果。老年远程教育的开展，实现了离退休老同志老有所学、老有所乐、老有所为的愿望。梅河口市各社区和有条件的乡镇，先后开办了声乐、舞蹈健身、书画等专业班，并积极参加本市文化馆举办的新创革命歌曲展演、本省举办的广场舞大赛和百

图 4-12　舞蹈班集体观看学习远程教育课程

姓春晚大联欢等文艺活动以及市美术家协会举办的“幸福梅城书画展”等大奖赛。其中，金华社区分校自编自演的大型情景剧《丝绸之路》还被选送到省里参加汇演。全校共有 130 名学员被吸收为市书画协会会员。

二、山东省青岛市西海岸新区老年远程教育实验区（指导学校：青岛西海岸新区老年大学）：抓住机遇，突出特色，推进老年远程教育再上新台阶

（一）基本情况

2012 年 12 月，国务院批复县级胶南市与市辖区黄岛区合并，组建青岛市新的黄岛区。2014 年 6 月，国务院又批复在黄岛区设立西海岸新区，全区陆域面积 2127 平方千米，海域面积约 5000 平方千米。按照新区规划，将原来的 1221 个农村社区整合为 222 个新型社区。

2013年12月，青岛市西海岸新区被中国老年大学协会远程教育工作委员会确定为全国首批老年远程教育实验区。2015年11月，青岛市西海岸新区获得首批“全国老年远程教育示范区”称号。

新型社区的规划和老年远程教育实验区的确立，为青岛市西海岸新区老年远程教育发展带来了前所未有的机遇。为了在更高起点、更大范围和更深层次上搞好实验，青岛市西海岸新区制定了《老年远程教育实验推进方案》，主要是以新型社区老年学校为着力点，在布点、选人、开课上下功夫，取得了实质性成效。

（二）开展老年远程教育的主要做法

1. 建立网络，强化领导

2014年9月，青岛市西海岸新区在26个镇街全部成立了由分管领导或老年教育负责人担任会长的老年教育协会，形成了区和镇街有老年教育协会，新型社区有校委会的三级老年教育组织网络，做到了各级职责明确、管理规范，有人干事、有章理事。为进一步做好老年远程教育实验工作，青岛西海岸新区又在三级老年教育组织网络的基础上，成立了由工委常委、组织部长任组长的老年远程教育领导小组，由老干部局局长任组长的督导小组和由老年大学校长任组长的技术指导小组；同时，制定了包含组织领导、办学条件、学校管理、实验效果四个一级指标在内的镇街老年远程教育考核办法，将老年远程教育纳入区年度考核之中，做到工作有部署、有考核、有奖惩，有力地推进了老年远程教育实验工作的开展。

2. 创新机制，保障运行

工作中，青岛西海岸新区建立了以下三大机制：

一是硬件共建机制。由区老年大学和各镇街共同负责全区老年教育中心网络平台硬件建设，主要包括服务器、网站、基本课件制作设备等方面。积极整合新型社区的公共资源，由镇街和新型社区共同出资为新型社区老年学校配置电视机、投影仪、电脑、DVD播放器、有线电视、宽带网络等硬件设备。

二是人员共管机制。管理人员和辅导教师由各镇街推荐，区里统一管理、统一指导、统一培训。

三是经费投入机制。老年远程教育前期建设经费，区老年大学由区财政拨款，区老年大学分校和新型社区老年学校由镇街拨款。后期管理经费，区老年大学和各分校都建立起了区镇街财政、学校自筹、社会赞助的多元化投入机制。

3. 统筹规划，分步实施

根据“先易后难、由近及远，典型引路、分类推进”的总体思路，青岛西海岸新区分类型、分层次、分阶段推进老年远程教育实验。第一步，在被青岛市认定的54所规范化老年学校就课程设置、学员招生、班级管理、个性化辅导、档案建设等方面进行老年远程教育规范化办学实验；第二步，在区老年大学的26个镇街分校和城市化程度较高的30个集聚类新型社区按照青岛市规范化老年学校的标准逐个落实；第三步，在全区192个新型社区全面铺开。

4. 搭建平台，共享资源

黄岛区老年大学先后投入50余万元，搭建了全区老年教育中心平台，各教学点与区老年大学通过互联网互通，实现了各分校、新型社区老年学校用户身份、账号、应用等核心数据的统一和调用，实现了现场直播教学，做到了远程教育能点播、能直播、能互动、能监控、能评价。

区老年大学还充分利用“互联网＋”，免费共享“五种教学资源”，即老年教育的品牌课程——东方银龄在线课程，体现新区特色的胶州秧歌、象棋等地方课程课件，移动互联网时代的文化产品第三龄数字图书馆课程，购置的优质教学光盘以及区老年大学录制的具有代表性的精品课程。

（三）取得的初步成效

一是提升了老年远程教育的普及率、满意率。高水平的网络课程和规范化的教学管理，吸引了越来越多的老年学员参加远程学习。目前，全区老年远程教育社区普及率由实验前的30%提高到80%，满意率由76%提高到96%。

二是实现了管理的变革。工作人员、教师和学员的思维方式，从传统转向现代，从封闭转向开放，从单一转向多样。互联网思维促进了管理的信息化、智能化、民主化。

三是工作效率倍增。构建信息化管理系统，在区老年大学实现学员微信报名注册“一卡通”，学校电子信息“一点通”，各教学点资源共享“一码通”。

四是引领了地方文化传承。区老年大学根据各老年学校需求，结合本地特色，制作了胶州秧歌、茂腔、象棋、养殖等课程课件十余类。学员在学习这些课程时，也在感受和传播独具特色的本地文化。

五是拓宽了学员服务社会的渠道。1000余名区老年大学志愿者和镇街老年人志愿者，进社区、进军营、进高校、进企业参加专场演出和环境卫生整治等志愿服务，为实现“中国梦”传递正能量。

六是形成了有地方特色的老年远程教育教学成果和理论成果。区老年大学教学成果得到国家和省、市老年大学协会领导的充分肯定。青岛市基层老年教育暨老年远程教育推进会在青岛西海岸新区召开，

图4-13　青岛西海岸新区老年大学的学员收看学习老年远程教育摄影课

推广了青岛西海岸新区的老年远程教育经验。在山东省老年大学协会基层老年教育工作委员会第一次会议暨全省基层老年教育推进会上，区老年大学做了经验介绍。其理论成果多次在国家和省、市老年教育理论研讨会上获奖或交流，并在《老年教育》杂志上发表；在中国老年教育发展高峰论坛“老年教育三十年——实践、创新、可持续发展”上，其论文《文化管理：老年大学内涵式发展的新向度》获得优秀论文成果奖；在中国老年大学协会第十一次老年教育理论研讨会上，其论文《新型农村社区老年教育的理论分析与实践探索——以山东省青岛市黄岛区为例》获优秀论文奖；在中国老年大学协会第十二次老年教育理论研讨会上，其论文《基于“互联网＋”的老年大学创新发展着力点》获得二等奖。

（四）主要经验

1. 区、镇街、新型社区三位一体同步发展，是确保老年远程教育实验规范化开展的有效模式

青岛西海岸新区在实验中创造的区老年大学、镇街、新型社区三位一体同步发展的模式，对加快全区老年远程教育的发展起到了重要作用。在实验中，区老年大学作为龙头，主要发挥示范引领作用，做好教学安排、课件制作、规范管理、技术服务和人员培训等方面的工作；各镇街按照全区老年远程教育推进方案，负责本辖区内的区老年大学分校和新型社区老年学校远程教育的推进落实，确保组织到位、人员到位、经费到位，发挥了承上启下的作用；各新型社区在收视点建设、学员招生、课程开设及教师辅导、学员管理、设备管理、档案建设等工作中发挥了重要的基础保证作用。三位一体同步发展模式，确保了青岛西海岸新区老年远程教育实验的规范化开展。

2. 高标准建设新型社区老年学校，是做好老年远程教育实验的重要基础

新型社区具有公共资源汇集、组织管理模式创新、人口集中居住等优势，为发展老年远程教育创造了条件。按照青岛市规范化老年学校的办学标准，青岛西海岸新区首先在集聚类新型社区建设了新型社

区老年学校，解决了基层老年远程教育中存在的硬件建设资金不足、专业管理人员不足和远程教育生源不足等“瓶颈”问题。

3. 实现资源共享，促进教育公平，是做好老年远程教育实验的关键环节

全区老年教育中心课件库所需课件，部分由区老年大学购买或制作，部分由各镇街各自出资购买，然后放到教育中心统一管理，资源共享。通过全区老年教育中心网络平台实现教育资源的优化共享，减少了区域间、城乡间新型社区教学手段和教育环境上的差异，缩小了区域间的时空距离，解决了基层老年教育发展不平衡、不充分的问题。

4. 坚持分类指导、循序渐进，是做好老年远程教育实验应坚持的基本原则

根据中国老年大学协会和省、市老年大学协会的部署，结合青岛西海岸新区实际，在老年远程教育实验区建设中，青岛西海岸新区根据城区和新型社区远程教育发展的不平衡以及全区新型社区建设的进度，在工作中注意发挥典型引路的作用，坚持做到分类指导、循序渐进，确保了实验区工作扎实推进。

三、贵州省贵阳市乌当区老年远程教育实验区（指导学校：乌当区老年大学）：搭乘网络信息高速路，打造远程教育升级版

（一）基本情况

乌当区地处贵阳市东北面，总面积686平方千米，辖6镇2乡和5个新型城市社区，总人口26.7万，老年人口3.6万，老年人口率13.5%，居住有汉、布依、苗等33个民族。生活在这里的老年朋友们：

——相约村居，就能收看到老年教育工作小组办公室和远教办精心推送的优质课程；

——足不出户，就能享受电视节目《老年人空中课堂》奉上的“课程大餐”；

——拨打电话，就能走进知识的“超市”，任意点选心仪的“文化食粮”；

——打开视频，就能打破时间和空间的阻隔，与授课教师面对面学习交流。

2009 年 3 月，乌当区老年远程教育课堂正式开通，开启了乌当区老年远程教育的探索实践，从单骑独行到各部门统筹合作，从试点推广到示范点辐射带动，从单一课程传送到多平台教学服务，每一步的辛勤耕耘，均得到了上级领导的肯定和广大老年朋友的认可。2013 年，乌当区成功承办了贵阳市老年远程教育工作现场推进会，乌当区老年大学被评为省级示范校，远程教育中心和顺新社区老年远程教育点被评为全市示范点；2014 年，荣获“全国老年远程教育实验区”称号；2015 年，荣获“全国老年远程教育示范区”称号；2016 年，在贵州省社区老年教育工作推进会上推广老年远程教育工作经验。

（二）创新机制，凝聚发展合力

乌当区老年教育工作小组办公室凭着“跑断腿，磨破嘴”的恒心和韧劲，取得了分管领导的支持，有效调动了各级各部门关心、参与老年远程教育的积极性，打破一家“独唱”局面，逐步形成“上下联动、部门联抓、机制联建、示范联创”的“大合唱”格局，凝聚起全区老年远程教育工作合力。

1. 上下联动

乌当区老年教育工作小组办公室根据《关于运用党员干部现代远程教育网络开展老年教育工作的通知》（黔组通〔2013〕125 号）和《贵阳市老年远程教育工作实施意见》（筑组通〔2013〕89 号）文件要求，逐步建立完善管理体制机制，确定老年远程教育工作领导小组由区委常委、组织部部长任组长，区老年教育工作小组办公室和区远教中心为牵头责任单位，区离退局、老体协、关工委等相关单位及乡（镇）、社区服务中心、村（居）主要负责人为成员，一级抓一级，层层抓落实，形成区、乡（镇、社区）、村（居）三级联动的工作格局，在人力、物力、技术等方面为老年远程教育发展提供了坚实的组织保障。目前，全区共铺设光缆 683.2 千米，安装光节点 450 个，6 芯光缆直通 40 户以上的自然村寨 295 个，并与广播电视网、通信网和互联网有机整合，形成了辐射全区“三网合一”的远程教育网络体系。

2. 部门联抓

按照“整合资源、统筹安排、分步实施、以点带面、相互促进”的思路，区老年教育工作小组办公室充分发挥统筹全局的作用，主动争取分管领导和各级党政领导的重视和支持，把远程教育站点的硬件条件、推进工作的速度力度、当地经济社会发展状况与老年人群众的实际需求有机融合，与乡（镇）文化活动站和社区市民学校结合起来，与新农村文化活动室、党支部、村委会学习活动室建设结合起来，与社会团体、社区居家养老结合起来，依托远程办教育网络平台，解决技术、设备维护和管理制度规范等问题，形成科学规划、统筹安排、精心组织、分步实施、有序推进的合作机制，达到共同推动工作的目的和效果。

3. 机制联建

乌当区老年教育工作小组办公室注重协调各成员单位，选准“建、管、学、用”联建切入点，引导基层老年学校和老年远程教育站点围绕教学资源建设、教学的组织和管理、远教设备的管理和维护、基层管理人员的培训和指导、教学活动的效果评估、送教上门等方面，探索建立老年远程教育教学管理模式，实现老年远程教育工作在思想观念上的转变和工作方法、活动方式上的创新。全区 88 个村（居）都建起了远程教育终端站点和村民上网室，配备了电脑、电视、DVD 等远程教育专用设备，率先在全省实现远程教育终端站点宽带互联网和有线电视全覆盖。如今，这些覆盖全区的远程教育站点已经成为党的方针政策的宣传点、老年教育的学习点和丰富文化生活的活动点。

4. 示范联创

区老年教育工作小组办公室注重在制度化、规范化和长效化上下功夫，按照“创建一个、辐射一片、带动一方”三个阶段依次推进，协调各成员单位走访全区 13 个乡（镇）、社区服务中心了解情况，商讨老年远程建设问题。在基础设施齐备、覆盖面广、服务功能完善的站点，围绕“五个一”建设和“三个一”活动，指导他们加强与远教、文化、教育、老龄等相关部门的资源整合，进一步完善站点建设、人员培训、管理操作、教学服务等工作机制，制定工作人员守则、信息接收管理、设备管理使用、信息反馈等规章制度，将老年远程教育站点建设纳入制度化、规范化、长效化轨道。通过站点的示范创建，初步建立起创建标准，在反复实践检验过程中找问题、查不足、听建议，逐步进行修正、完善和优化，得到老年学员广泛认可的经验和措施，通过召开全区老年远程教育工作经验交流会向其他站点推广。截至目前，乌当区共创建了区远程教育中心、顺新社区、金江苑居委会等老年远程教育示范点，为其他站点树立了示范典型。

（三）创新平台，激活发展动力

乌当区老年教育工作小组办公室在推动远程教育工作全方位发展和激活发展新动力过程中，转变教育教学模式，创新搭建起多点播出、电视学习、视频互动、手机短信和线下服务“五位一体”的教学服务平台。

1. 搭建视频授课多点播出平台

针对基层老年教育资源贫乏和老年学员精神文化生活单一的情况，乌当区主动打破围墙、走出校门，依托演播厅，根据实际需求，组织

图 4-14　乌当区老年远程教育“视频授课多点播出”学习活动主会场

区老年大学优秀教师或专家学者，为广大老年学员们提供教学服务，实现多站点现场实时收看，覆盖全区 13 个乡（镇）、社区服务中心，受益老年学员 10000 余人。

2. 搭建电视学习平台

针对集中学习困难这一实际，乌当区积极协调开通了老年远程教育有线电视 202 频道，将老年远程教育服务网络覆盖到每家每户；坚持“适其所需，授其所宜”的原则，做到学习需求跟着群众走、学习效果跟着发展走、学习内容跟着课程走。通过部门整合、自主开发、协议播放等多方式、多渠道整合学习内容，乌当区现有各种学习课件、光盘 3000 余件，学习资源库相对充足。

3. 搭建视频互动平台

针对多点播出和电视直播单向传输学习过程无法实现教师与老年学员的同步交互的问题，乌当区为各站点配备视频设备和专用 QQ 号（群），整合远程教育资源，让不同站点、不同地域的教师和老年学员们如同就在一个教室进行教学互动，这样既降低了教学服务成本，又提高了资源使用效率。

4. 搭建手机短信平台

乌当区还通过手机短信发布系统和远程教育终端站点信息发布平台，提前预告课程内容，提醒老年群众按需收看，每期节目内容均及时上传到数字资源库，随时在乌当远程教育网在线点播和远程教育频道互动点播，并供老年学员下载学习。

（四）搭建线下服务平台

针对老年学员不懂电脑和智能手机的情况，乌当区制订学习培训计划，开展“扶老上网”活动，手把手地帮助他们熟悉电脑和手机的使用；在走访服务和教学辅导日，还发放老年远程教育服务联系卡及教学课程光碟，做好宣传推广工作，受益老年人达 1000 余人。

（五）创新形式，促进学用转化

乌当区通过丰富学习内容、扩展学习活动阵地、规范学用管理及展示学员风采等推动成果转化，健全完善远程教育学用长效机制。

1. 充实教学资源，丰富学习内容

乌当区建立完善老年远程教育教学资源片库，满足不同群体学习需求，丰富的教学资源为学习活动提供了保障。目前，乌当区老年远程教育教学资源主要来源远程教育电视平台、老年大学网站等教学辅助网站、贵州希望网、老年空中课堂、市民终身教育平台等渠道，使教育教学资源互为补充，为学习活动提供了基础保障。

2. 建立实践基地，扩展学用载体

乌当区老年大学注重加强学用成果转化工作，在社区和基层组织中建立社区远程教育学用实践站点，提倡“远程教育学、实践基地练”，通过“发布预告——组织教学——基地实践——成果展示——辐射带动”的方式，推动老年远程教育和老年团队向规模化发展，推动老年远程教育工作重心由“监管”向“学用”转移。

3. 规范教学管理，展示学员风采

乌当区按照“典型引路、打造特色”的原则，通过远程教育平台，把老年学员的兴趣爱好转化为有组织的活动，使远程教育教学工作走上了“远教站点学、社区阵地练、社会舞台演、学用效果好”的良性循环轨道。区老年大学规范教学管理，积极展示学员风采，通过开展多形式的群众文化体育活动，广泛宣传乌当区的文化生活，展示了老年人饱满热情、健康向上的精神风貌。

四、湖北省武汉市蔡甸区老年远程教育实验区（指导学校：蔡甸区老年大学）：努力破解发展难题，齐心抓好老年远程教育

（一）基本情况

蔡甸区位于武汉市西郊，素有“知音故里（源自钟子期与俞伯牙的传说）、莲花水乡”的美誉。蔡甸区辖 11 个街（乡镇）、45 万人，其中，老年人口 8.5 万。蔡甸区的老年远程教育工作于 2007 年起步，在具体工作中遇到了一些实际问题，主要是管理力度不大、远程教育条件较差、收视活动单一、服务难以到位等。几年来，武汉市蔡甸区老年大学为了适应新常态，着力破解制约老年远程教育工作发展的“瓶颈”，

取得了一些成效：全区老年远程教育三级网络形成，村（社区）收视点全覆盖。2013 年，蔡甸区获批“全国老年远程教育实验区”；2014 年，侏儒街军营村收视点和蔡甸街姚家林村姚忠信分别被中国老年大学协会远程教育工作委员会评为“先进收视点”和“先进个人”。

（二）开展老年远程教育的主要做法

1. 建立工作机制，实行齐抓共管

在网络时代，广大老年人需要与时俱进，需要求知、求健、求乐、求为，抓好老年远程教育是发展老年教育的有效形式，必须迎难而上。这项新的工作是一个复杂的系统工程，涉及面广，仅靠老年大学（学校）来抓是不够的，必须建立长效工作机制，依靠各职能部门的积极配合、通力合作，才能真正把老年远程教育抓好、抓实、抓出成效。

（1）组建领导班子，负责全区老年远程教育工作的统筹规划、指导协调、督促检查和组织推动。

2007 年 6 月，在区委常委会上争取到领导重视，区里随即下发了文件，成立区老年远程教育工作领导小组和办公室，并对全区开展老年远程教育工作做出总体部署。区领导主持召开老年远程教育专题座谈会，听取汇报，提出工作要求，强调要“举全区之力，建设全国老年远程教育实验区”。

（2）明确工作职责和任务，做到有布置、有检查、有总结。

区委、区政府每年初在召开全区老年教育工作的大会上，对老年远程教育做重点安排，明确成员单位、有关部门的工作职责，并对街（乡镇）、村（社区）提出了目标任务。领导小组切实履行职责，派员到基层调研指导，组织专门班子进行半年抽查和年度考核，年终通报考核结果，对搞得好的给予表彰和奖励，同时召开现场座谈会，组织经验交流，引导收视点争先创优。

（3）建立稳定的经费投入机制，为发展老年远程教育提供可靠保障。

蔡甸区于 2008 年在全市率先建成党员干部先进性教育终端站点和文化资源共享工程服务点。区政府先后将 588 名专管员的工作补贴纳入财政预算，仅专项培训费就列支 50 多万元，每年的领导小组专项

工作经费还予以追加。

（4）健全相应的管理制度，使全区收视活动与教学管理逐步规范。

领导小组制定了工作责任制、老年大学（学校）收视点工作责任制和成员单位对口联系街（乡镇）老年远程教育的制度。区党员干部电教中心为基层收视点制定了一整套管理制度，汇编成《远程教育工作手册》发至每个站点。区图书馆（支中心）制定了《区支中心工作职责》和《区支中心管理办法》，区老年大学也制定了《远程教育管理员手册》和《网站管理制度》。

2. 抓好“四个”结合，提升办学条件

办学条件是搞好老年远程教育的基础，只有建好收视点，改善收视条件，才能吸引老年人参加收听收看，才能满足他们的学习需求。开办之初，大多数收视点场地窄小，只能供村干部学习。有的村虽有场地而缺电教设备。这样一来，除年长的党员干部外，大多数老年人没有参与学习的机会。针对这一问题，区委、区政府采取措施，加大投入，2007—2008 年，先后投入 1000 余万元建设 286 个党员先进性教育的终端站点和 302 个文化资源共享工程服务点，为蔡甸区开展老年远程教育搭建了平台。随后，各站点和服务点抓住机遇进一步扩大场地，添置设备，完善设施，使办教条件有了明显改善。

一是结合新农村建设和“党员群众服务中心”建设扩大收视点场地，65% 的村收视点面积在 50 平方米以上，30% 的村达 100 平方米以上，这些收视点由原来的村办公室迁到教室或会议室，还添置了相关的电教设备。115 个村有投影仪，供终端站点、文化服务点和老年学校收视点共享。二是结合落实武汉市“883”计划的社区建设，扩大了收视场地，添置了电脑、电视机、有线电视和电子显示屏等设备。同时，区政府和民政部门加大投入，开办社区居家养老服务中心，也添置了相应的电教设备。三是结合农家书屋建设，使文化资源共享工程服务点的电教设备、设施进一步完善。四是结合老年学校开展创建示范校和规范校达标活动，老年学校的收视条件也有明显改善。区政府还投入 20 多万元为区老年大学建设网络教室，添置了电教设备。领导小组各成员单位对口联系街（乡镇）老年学校，落实帮扶措施，为学校安排资金、赠电脑、送投影仪，不断完善电教设施。

由于抓住机遇，多方努力，各类收视点的办学条件不断提升，为蔡甸区开展老年远程教育工作打下了良好的基础。

3. 整合教育资源，多种渠道办学

远程教育具有灵活、快捷、方便、节约和选学面广等特点，而老年教育部门的资源有限，实力不足，加快发展老年远程教育仅靠老年教育部门唱“独角戏”是不够的，要解决这一难题，必须整合资源，齐抓共管，多种渠道办学，才能有效推进。

（1）以区党员干部电教中心为依托办好终端站点，扩大老年人的参学面。

2008 年 6 月，全区 286 个村终端站点全部建成后，区电教中心在“学、管、用”方面做了大量工作。前几年为每月 1 日和 15 日定时收看，现在改为每天对村民开放；原来由于条件差，收视点只能设在村办公室，现在迁到教室和会议室；原来只限于党员干部学习，现在组织老同志收听收看。每年参与收听收看的干部群众达 11 万人次，其

图 4-15　蔡甸区老年大学学员集中收看学习远程教育课程

中，老年人达7万余人次。由于远程教育与农科教育紧密结合，广大农村老年人尝到了学科技、用新技术种田的甜头，调动了他们的学习积极性，参加学习的越来越多。军营村、金鸡村除组织老年人收听收看外，还结合农时请省、市、区的农业专家做辅导报告，到田间地头现场指导，军营村有5户被评为全省农科示范户，金鸡村被评为全国农科示范村。

（2）以文化资源共享为依托，建好服务点，为老年人开辟新的学习渠道。

蔡甸区除各村建服务点外，还扩展到16个社区，全区26个社区有10个社区是社区与村合一，挂双牌子，实际社区收视点达到100%。各服务点通过网络、卫星和通讯接收、点击全国各地的文化信息，极大地丰富了老年人的文化生活。每年参学人数达2万余人次，其中，参学老年人达1.5万人次。长新村将服务点设在一楼大厅，每天晚上，管理员点击收视文艺节目，有30余名学员一边收听收看，一边在广场上练习。区图书馆（支中心）利用多媒体教室开办“名家讲坛在线直播”，每周三、四、六的下午坚持对外开放，还在区老年大学设分会场，方便学员学习。

（3）以区电视电台为依托办好空中课堂，为老年人自主学习提供方便。

从2007年开始，区电视电台开播“老年天地”栏目。为了提高收视率，后来改名为“金色生活”栏目，节目安排在“蔡甸新闻”之后，每周3—5分钟，主要采播老有所为的典型事迹和老年人参加活动的信息，点播、转播老年人喜爱的文艺和健身方面的节目，此外还结合农时，请农业、水产、畜牧和林业方面的专家到台里讲座，让老年人不出门也能学习新知识、新技术。曹家河村学员曹新合一边参与收视点学习，一边在家收听收看专家讲座，掌握藜蒿栽培技术，在村里带头种藜蒿，一年收入5万余元，还向村民传授种植技术，带动30多户脱贫。

（4）以老年学校为依托，办好电视课堂和网络课堂，使老年人能够享受优质教育资源。

全区已办基层老年学校196所，其中，165所添置了电教设备。老年学校按照学员需求，定期播放“名家讲座”的课件，每年参加收听收看的达5200余人。区老年大学从2007年开始开办电脑班，为社区输送网民1000余人，有的成为收视点的学习骨干，有的还当上了收视点管理员。学校从2009年起建立了网站，将教学信息和资料上传到网上，还以班队为单位建立QQ群，组织课件办电视课堂和网络课堂，供学员学习与欣赏。社区老年学校收视点以学习文艺、健身和卫生保健方面的内容为主，农村老年学校以收视农科技术为主，让城乡老年人各得其所。张家淌村老年学校收视点学员张同义通过学习新知识、新技术、科学种田，年收入达18万元，成为远近闻名的种菜能手，还被评为科技示范户。

此外，区各涉老机构网站上传老有所学、老有所为的典型和活动情况，供老年人在网上交流。农口有关部门网站上传农科技术介绍，还设置专家热线电话，供收视点学员咨询种植养殖技术。利用资源，多形式、多渠道办学，加快了区老年远程教育的步伐。

4. 适应远教运转，搞好配套服务

老年远程教育是一项新的工作，处于实验阶段，收视活动面临许多新情况和新问题，如果服务不能及时到位，收视点的教学活动就会中断。为了适应新常态，必须千方百计搞好配套服务，逐步建立和完善服务体系。

（1）加强人才培训。

一是区党员干部电教中心分期分批培训管理人员650人次。二是区文化资源共享工程支中心培训基层管理人员1156人次，还计划用3年时间对管理员进行系统培训，首批培训97名。三是区老年大学先后培训街（乡镇）老年学校收视点管理员120人次。四是区电信公司举办电教设备维修培训，目前共有7期150人次参加了培训。上述各项培训，其目的是让各类收视点管理员都能够独立上岗。

（2）组织教学课件。

一是涉农有关部门组织科技人员制作农业、水产、畜牲、林业方面的常规课件20余种。二是区老年大学采集上海远程老年大学、浙江老年电视大学等校课件，将这些课件复制并以U盘形式发至各基层老年学校收视点。三是区图书馆向基层收视点发放光盘1000余张。四是区电教中心向基层发放科技资料5000余份。五是区电视台组织专班采集、制作节目和课件，开办“金色生活”栏目。

（3）聘请辅导教师。

各收视点聘教师（科技人员）620余名。一是区农口有关部门结合农时派专业技术人员到农村巡回讲座，还到田间地头现场指导。二是有些专业种植养殖村还请省、市农科院的专家、教授到村讲座。三是区社区教育学院定期聘请专家到社区讲课。四是区老年大学委派专业教师到基层收视点进行辅导。

（4）搞好设备维护。

区电信公司定期派技术人员到各收视点进行维护和指导。只要基层收视点一个电话，该公司及时派员前往，确保网络正常运行，并逐步建立和完善服务体系，搞好配套服务，不断提高收视效果。

目前，蔡甸区老年大学在老年远程教育工作中不断破解发展难题，逐步向前推进，取得了一定成效。一是农村老年人学科学、用科技，增产增收。全区农村人均纯收入每年以1000元的速度递增。二是一批批老年人通过参加收视学习，思想觉悟大大提高，参与志愿者服务的人明显增多，有4300名老年志愿者活跃在城乡各地。三是很多老年朋友通过收听收看，热爱莲花水乡，主动深入社区和农村宣传环保知识，为全区创建生态文明示范区做出了积极贡献。四是促进了老年教育事业的快速发展。全区基层老年学校由2006年的27所增至目前的196所，老年人入学率由3%提升到16.5%。

五、福建省莆田市秀屿区老年远程教育实验区（指导单位：莆田市秀屿区老年教育委员会）：因地制宜，注重实效，稳步推进农村老年远程教育

福建省莆田市秀屿区认真学习贯彻全国老年远程教育工作有关会

议及有关文件精神，因地制宜，组织制订工作计划，积极推进全区老年远程教育工作。

（一）基本情况

秀屿区成立于2002年，地处福建省莆田市沿海，下辖7个乡镇、148个村（居委），总面积390平方千米。截至目前，全区总人口68万，其中，60岁以上人口6.45万人，占总人口的11.2%，已经迈入老龄化社会。目前，全区已创办了区、镇、村三级老年大学（学校）123所，其中，市级示范校6所，区级示范校13所，老年远程教育示范收视点9个，形成了以区老年大学为骨干、镇老年学校为重点、村（居委）老年学校为基础的三级老年办学体系。全区老年教育办学条件得到进一步改善，办学规模进一步扩大，教学质量进一步提高。

（二）主要做法

1. 夯实三个基础

（1）明确责任。

秀屿区高度重视老年远程教育工作，成立了协调小组，全面抓好站点的建设和运行工作，形成了由区老年教育工作委员会牵头，各镇党政领导重视推广老年远程教育的工作态势；各镇、村（居）老年远程教育的所有站点都配备了辅导员，细化工作内容，明确工作职责，做到责任到人，层层抓落实。

（2）健全制度。

根据实际情况，秀屿区制定了《远程教育管理人员主要职责》《老年远程教育网络设备管理制度》《学习收看制度》《信息反馈制度》《终端接收站点管理制度》等，要求各站点明确工作职责，加强设备维护管理，合理安排时间，灵活有序地开展学习活动，探索老年远程教育与农村党员干部远程教育课程同布置、同教学、同管理、同考核的教学格局，有条不紊地开展老年远程教育工作。

（3）建好队伍。

秀屿区制订老年远程教育管理者的教育培训计划，认真开展老年远程教育工作相关人员的培训、研讨工作，培养一批开展老年远程教育模式的骨干人才，做好接收点的设备操作与维护、教学组织和信息反馈等工作，不断提高老年远程教育的管理和服务水平，逐步加大老年远程教育的辐射力度。

2. 建好三级站点

秀屿区加强区、镇、村三级老年远程教育收视站点建设，注重发挥典型引路作用，以点带面，逐步推进普及。一是建成 9 个区级示范收视点，形成示范带动作用；二是对全区远程教育收视站点运行情况进行摸底，投入 10 多万元，对设备损坏、丢失等进行修缮和补充；三是要求全区 6 所市级老年大学示范校、13 所区级老年学校示范校、7 个乡镇老年学校必须建设收视点，逐步推动全区老年远程教育点面结合。实践中，要求每个收视点做到“六个有”，即有牌子、有场地、有设备（电脑、投影仪、音响）、有管理人员、有课件、有收视记录。在此基础上，开展典型引路，做到成熟一批，建成一批，推广一批，不断扩大全区老年远程教育建设成果。

图 4-16　老年学员在远程课堂认真听课

3. 开辟六个课堂

在开展老年远程教育工作中，秀屿区注重发挥地方特色，通过开辟“六个课堂”，因地制宜地推动老年远程教育生根发芽。

一是自学课堂。完善硬件建设，创建自学课堂。区老年大学在开展老年远程教育工作中，加大资金投入，修建了多媒体教室，添置了投影仪、电脑、音响等多媒体教学设备，为学员们自主上网、获取知识提供了平台。

二是广场课堂。根据“视野开阔、覆盖面广、人群密集”的特点，充分利用区政府市政广场大型LED电子屏幕资源，创建远程教育广场课堂，利用老年人在清晨锻炼身体、夜晚欢跳广场舞之际播放远程教育课件，传播老年人应知应会应懂的法律法规等基本知识，实现远程教育由室内向户外、由封闭向开放的重大突破。

三是乡村课堂。支持基层老年学校利用村委会办公室和农家书屋建设远程教育收视点，帮助置办电脑，开通网络，建立基层老年教育网络服务平台，并根据各基层校具体需求，开设时事政治、村规民约、创建全国文明城市常识、体育、舞蹈、手工、海产品养殖、农产品种植等方面的远程教育讲座。

四是家庭课堂。根据老年人身体、出行方便与否等特点，指导老年人在家里借助数字电视自建家庭课堂，各收视点管理员每一个月都为他们推荐如中国老年大学协会远程教育网、央视“健康之路”、福建电视台“金秋”栏目、莆田电视台“有醋有味”等有关饮食、养生、医疗等老年人喜闻乐见的节目，广受老年人的喜爱。

五是共享课堂。针对农村在家留守老年党员比例多的特点，鼓励乡镇村老年学校依托市委组织部“农村党员干部现代远程教育”终端收视点资源，使用莆田市农村党员干部现代远程教育中老年教育专栏中的相关课件，进行老年远程教育，既共享了资源，又提升了收视成效。

六是特色课堂。马厂妈祖文化老年学校开设妈祖信仰与交流文化课程，大象老年学校开设介绍和推广医疗产业文化课程等，都具有因地制宜的特点。实践证明，这种“借船出海”的发展模式，既实用简便，又深受当地老年人的欢迎。

六、山东省临朐县老年远程教育实验区（指导学校：临朐县老年大学）：优化布局，开放便利，推动基层老年远程教育健康发展

（一）基本情况

临朐县位于山东半岛中部，属沂蒙革命老区。截至目前，全县总人口 84.7 万，其中，60 岁以上老年人 14.85 万，占总人口的 17.1%。近年来，临朐县以《老年教育发展规划（2016—2020 年）》为指导，积极探索创新，不断优化布局，扩大网络覆盖，丰富教学内容，老年远程教育工作取得了明显成效。

临朐县是典型的山区县，山地丘陵占全县总面积的 85% 以上。让广大农村老年人丰富晚年生活、提高幸福指数、享受改革发展成果，成为临朐县发展老年教育的首要任务。因此，临朐县老年大学将发展农村老年远程教育放在首位，先后三次对各镇街、社区、中心村开展调研，了解场所设施、文化养老等情况，结合农村社区、村级活动场所建设，采取试点先行、逐步推开的方式，建立起县、镇、社区、村四级的老年教育网络体系。

（二）明确工作导向，推动老年远程教育向镇村延伸

在工作中，临朐县老年大学坚持强化中心、打造精品、树立典型，不断强化基层导向，优化老年教育布局。

一是强化中心，抓好远程教育站点建设。落实长效机制，在各远程教育收视点建立工作规范和学习制度，建立学习登记簿、点名册等台账，对学习情况做好记录；抓好远程教育平台的维护、管理、使用，定期开展设备维护工作；每个站点配备一名网管员，每年召开网管员培训班，提高全县网管员队伍业务水平，全面提升远教站点的服务功能。

二是打造精品，把好教学资源关。积极开发和引进精品课件，在自制课件中，做到选题切合老年人需求，坚持精细化标准创作；在下载课件中，重点面向农村老年人播放科学种植、科学养殖等科技知识，坚持以实用为主，指导性不强的课件坚决不用。

三是树立典型，带动全县远程教育站点规范管理。开展规范化收

视点创建、优秀站点管理员评选等活动，树立一批领导认可、老年人满意的优秀基层收视点典型，引领和带动全县远程教育站点、管理员和群众学有标杆、赶有目标。目前，全县建成“四化四有”规范化收视点30个，有效促进了全县远程教育工作整体水平的提高。

（三）运用信息技术，提高老年远程教育覆盖面

1. 应用“互联网+”技术，促进老年教育深度发展

2010年3月，依托县委组织部党建平台“临朐e支部”建成临朐县网上老年大学，推动了全县远程教育的兴起和发展。老年大学继续加大网络应用开发力度，新建“临朐老干部e家网”，同时，对网上老年大学进一步改版优化。“临朐老干部e家网”模块设置以党建工作为统领，统筹推进老干部服务管理、老年教育、老干部社团、老干部人才、关心下一代等工作，将老干部党组织建在网上。老年大学指导各远程教育站点将老党员、老同志的思想政治教育纳入日常教学内容，组织专门人员定期收集政策规定、时事政治、典型事迹等内容，制作成简短视频，为远程教育站点政治教育提供学习材料，运用“临朐e支部”等网络平台，针对一些社会热点、焦点问题，组织老年学员及时发起话题讨论，在网络上积极发声，传播正能量，唱响主旋律，实现了政治学习教育经常化。在发挥“互联网+”传播功能、娱乐功能的同时，充分发挥老年教育的政治功能、文化功能、社会功能。

2. 运用数字化技术，推动老年教育进入千家万户

近年来，临朐县各镇（街园区）利用信息化技术创新党群服务手段，建成了一批各具特色的信息化党群服务平台，打造了线上与线下有机结合的两个信息化服务体系，居民足不出户就能通过手机、电脑、电视等终端设备收看节目、接受教育、接受服务。临朐县抓住这一机遇，以蒋峪镇信息化党建平台为试点，构建覆盖全县的老年电视课堂。在各镇（街园区）信息化平台建设中专门开辟了老干部家园专区，包括老干部就近服务、党建工作、志愿服务、老年教育四大板块。其中，老年教育板块包括营养保健、音乐舞蹈、手工园艺、文化知识等内容。在老年教育资源选择上，主要注重两个方面：一是选择农村老年人关

注的内容，比如本市或本县本镇的时事问题、国家涉农涉老政策问题等；二是选择简便易学的内容，如花木养殖、常见疾病预防、广场舞、简易太极拳剑等。在学习操作上，力求做到简便易行，老年人只须按遥控器就能享受到学校精心选择、制作的学习内容。

3. 运用微信自媒体平台，拓展老年教育新空间

随着社会的发展，智能手机在生活中越来越普及，推动老年人利用手机开展学习活动成为可能。针对老年学员使用智能手机越来越普遍的实际，老年大学创新利用微信、微博等自媒体搭建老年学员学习交流平台，分层组建了班长、教师、学校工作人员及各专业学习交流群等 21 个微信群，实现了在校学员、老师、学校工作人员全覆盖；坚持多措并举，抓好培训引导，通过举办智能手机微信使用知识培训班和印制微信操作手册，让更多老年人熟练使用微信。目前，已举办培训班 3 期，培训学员 273 人次。微信群建立后，在老年大学管理、教学、学员交流等方面发挥了积极作用，学校通过微信群下发各类教学安排、通知等，只需几分钟，老师、班长就能知晓，既节约了费用，又提高了效率，搭建了学校管理新平台。老年学员通过微信，可以交流学习心得、学习方法、请教问题、共享美文美图等。老师在群内解答学员们学习中的疑

图 4-17　山东省临朐县老年学员上网学习

惑，与学员们及时互动，随时随地指导学习，架起了师生交流新桥梁。

（四）贴近需求实际，不断丰富老年远程教育内容

1. 精心制作本土特色课件

县老年大学培养专门人员录制瑜伽、化妆、书法、国画、二胡等专业的课堂教学视频，制作成简要课件上传网站，供广大老年人浏览、收看；发挥临朐作为中国书法之乡、中华诗词之乡、中国奇石之乡、文艺人才众多的优势，邀请专业人才，与宣传部、文化馆等部门合作录制精品课件。自去年以来，先后制作了《奇石鉴赏》《红丝砚赏析》《周姑戏》等十余件具有浓厚乡土气息的精品课件，丰富了远程教学资源库，受到老年学员的一致好评。

2. 积极引进优秀课件

县老年大学与老干部之家、齐鲁先锋网、临朐 e 支部等网站联系，借助他们的资源优势，采取建立链接、转载等措施，向老年人推荐优质学习资源；结合学员的需求，将网上的课件、内容与学校开设的课程内容结合起来，购买了一批关于二胡、国画、电子琴、葫芦丝等名家教学光盘课件，通过复制挂载等技术手段，上传到老年大学网供学员学习参考，有针对性地引导学员学习；引进中国老年网校高端课件，将摄影和书法远程教学纳入日常教学，受到了学员们的欢迎。

七、安徽省临泉县老年远程教育实验区（指导学校：临泉县老年大学）：夯实基层老年远程教育，助力全县老年教育发展

（一）基本情况

近年来，临泉县委、县政府高度重视老年教育工作，切实把老年教育工作当作一项民心工程来抓，不断完善工作机制，加大资金投入力度，狠抓规范落实，扎实快捷地推动了全县老年教育工作持续健康发展。经过县老年教育工作委员会和县老年大学多年的努力，现在全县有县老年学校 1 所，分校 2 所，社区老年学校 4 所，乡镇老年学校办学率达 80% 以上，村老年学校办学率达到近 20%，有力提升了全县老年教育的整体办学和教学水平。目前，县老年大学建筑面积近 5000 平

方米，标准教室11个，还有图书室、阅览室、展厅、大小会议室、教师办公室等。所有教室安装了多媒体电化教学系统和空调，购置了钢琴、电子琴、投影等教学设备，接通了互联网。县老年大学还建起了老年教育网站，集中展示临泉县老年教育工作及学员风采，使社会各界和老同志及时、全面地了解党的老年教育政策、学校开展的各项活动，并在线解答老年学员们的各种问题，取得了较好的效果。现在学校已有固定专业23个，开设课程33门，学员3000多人次，初步形成了学科齐全、专业众多、层次分明的办学格局。未来，还将在政务新区新建一所占地面积20多万平方米、建筑面积15000多平方米的老年教育活动中心。

（二）狠抓基层网络建设

临泉县是一个贫困的人口大县，截至目前，全县人口230多万，老年人口近40万，且大多居住在农村，因此，对于县老年教育工作者来说，大力发展基层老年远程教育势在必行。

为了发展基层老年教育，当地老年教育部门一手抓创建示范校，一手抓网络建设。创建示范校，重点提高老年大学（学校）整体办学和教学水平。近年来，县老年教育工作委员会经常组织人员，先后对全县31个乡镇（经济开发区）、395个中心村、15个社区调查研究和分类指导，并在县老年大学举办了多次培训班，召开了基层老年学校办学和教学经验交流会，对近百名街道、乡镇、村老年学校校长集中进行培训。网络建设，首先是县乡镇（经济开发区）、社区（村、居委会）依托先锋在线信息站点、党员活动室、文化站、敬老院等基础设施和固定场所，利用先锋网络和先锋在线管理人员等资源加强老年教育；其次是老年教育工作委员会通过不断强化组织、协调、指导、服务等功能，使全县初步形成了县、镇（乡）、社区（村）三级网络的老年教育发展新格局，开通了县老年大学、部分乡镇远程教育，受到了广大老年朋友的喜爱。

（三）主要做法

1. 以县委组织部的名义下发了《关于利用“农村党员教育先锋在线”加强基层老年教育的通知》

《关于利用“农村党员教育先锋在线”加强基层老年教育的通知》

对我县老年远程教育工作提出了具体要求：到2020年，乡镇（经济开发区）老年学校办校率要达到80%以上，老年远程教育要同步达到80%；村老年学校办校率要达到30%以上，老年远程教育要达到30%以上；社区老年学校办校率要达到40%，老年远程教育要同步达到40%。力争在运用广播、电视、互联网等现代化传媒手段开展老年教育上有较大突破，让更多的老年人有学习和受教育的机会。

2. 制定镇、村老年学校的标准

基层老年学校要达到“六个一”，即有一个能满足教学需要的教室，有一个老年学校领导班子（乡镇党政主要领导任名誉校长，组工干部任校长，一位老同志任常务副校长，负责日常工作，同时要有一名专兼职网络管理人员），有一套可以收看远程老年教育节目的设备，有一支热爱老年教育事业、具有过硬的业务能力的教育教学管理队伍，有一套老年学校管理制度和老年学校的牌子，有一套完整的教学计划和教学记录（教师教学记录和收看远程老年教育的节目记录）。

3. 丰富镇、村老年学校的学习方法和方式

根据农村的实际情况，农忙时少学、农闲时多学，晴朗天少学、阴雨天多学，其中收看远程老年教育节目每月安排不少于4次。收看远程老年教育节目时，播放内容要多安排一些老电影、老戏曲和尊老爱幼等方面的教学课件。聘请专兼职教师时，要多请“土专家”“田秀才”等致富能手，以老年人喜闻乐见的形式授课。

4. 坚持老年学校的学为结合

基层老年教育要与农业相结合，要与文化娱乐相结合，要与养生保健相结合，要与宣传党的时事政策相结合，要与共筑美好“中国梦”相结合；要使老年人成为农村致富的能手，成为文明创建的宣传员，成为关心下一代的主力军，成为共建美好“中国梦”的参与者。

5. 加强领导

各级党委、政府把加强基层老年远程教育工作作为建设和谐平安临泉的一项重要工作，作为为老年人谋福利、为社会办好事的功德之举，摆在与基础教育、高等教育、职业教育同等重要的地位，纳入各

级党政议事日程，纳入国民经济和社会发展规划，纳入财政预算，纳入部门单位目标管理，做到责任上有分工，工作上有部署、有检查、有总结、有表彰。

6. 及时沟通并发挥“五老”作用

各老年学校及时沟通、反映情况，积极上报信息，做到资源共享、经验做法共享、教学成果共享。同时，充分发挥农村老党员、老专家、老战士、老模范、老教师的优势和人格魅力，使他们成为老年学校的学员、管理员、值班员、宣传员、监督员，加强基层老年教育；发挥大学生村官和选派干部的作用，充分利用他们的智力资源为老年学校服务。

（四）开展老年远程教育工作的成果

1. 深受广大老年人的欢迎，社会好评如潮

几年来，临泉县老年远程教育各个收视点虽然开播时间有先后，但都收到了满意的效果。许多老年人参加了老年远程教育学习班学习后，深有感触地说：“我们从来都没有听过这么好的课，讲得既精彩又实用，使我们增长了知识，开阔了眼界，丰富了晚年生活。”远程老年教育真正为老年人办了一件大实事、大好事。

图 4-18　学员远程收看学习书法课程

2. 极大地调动了老年人学习的积极性

兴趣是最好的老师。老年远程教育像放电影一样，引起了老年人的极大兴趣，他们愿意看、愿意听，激发、调动了老年人学习文化知识的积极性。老年远程教育紧扣时代脉搏，设计出灵活多样的教法吸引老年人。生动、新颖、恰当的教法，让老年人始终在新奇刺激下投入学习。老年远程教育贯彻了老有所学的原则，让每一个老年人都享受到成功的喜悦。因材施教、因地施教，对不同的老年人提出不同的要求，有针对性地播放老年远程教育课件，让大多数老年人喜欢上远程教育，并从中受益，坚定了老年人学好的信心。

3. 使老年人学以致用

首先，老年人通过远程教育学习了农业科学知识，提高了自身的科技文化素质，增加了家庭养殖、种植、加工效益，促进了本地经济发展。其次，结合老年人的兴趣爱好，远程教育播放了文艺教学视频、书法讲座、诗词赏析等，使老年人经常参加文体活动和诗书画创作，增强了老年人陶冶情操的兴趣。特别是在重大节日期间，老年人的各项活动成了一道靓丽的风景线。第三，通过远程教育，老年学员掌握了养生保健知识，许多老年人开始重视对身体的保健、养生、护理以及疾病的预防，不仅增强了体魄，减少了开支，还为子女、为社会减少了压力。第四，远程教育经常宣传国家的大政方针，并开展政策法律知识讲座，使广大老年人了解了时政，知法、懂法、守法，并且还可以教育孙辈，从而促进社会和谐。

八、四川省资中县老年远程教育实验区（指导学校：资中老年大学）：积极实施远程教育，推进老年教育现代化

（一）基本情况

2012 年初，全国老龄办发出了《关于协助做好“幸福养老大课堂”西部援建计划的通知》。同年 6 月，资中县老龄办将资中老年大学推荐为实施“幸福养老大课堂”西部援建计划的受助单位。由此，资中老年大学开始实施远程教育。

通过几年远程教育实践，资中老年大学基本实现了装备现代化，树立了现代老年教育理念，改变了一些传统教学方式，教师的教学和教研素质得到提高，大部分学员接受远程教学，促进了基层老年教育的开展，学校社会影响力大幅提升。2014年，资中老年大学远程教育收视点被评为首批全国老年远程教育先进收视点；2017年，资中县被确定为全国第四批远程教育实验区。

（二）主要做法

资中老年大学开展老年远程教育工作的主要做法如下：

1. 争取党政支持，完善远程教育设施

2012年5月，经资中县领导同意，资中老年大学远程教育纳入了党建范畴，市、县委组织部向学校赠送了多媒体教学设备。在此基础上，县老龄办和学校一起筹措了专项经费，购置电脑13台、投影仪6台、音箱8台，在每个教室安装了网线。这样，每个教室都可开展多媒体教学，都能满足“幸福养老大课堂”的教学需要。2017年上学期，资中老年大学20个专业中有17个专业（养生、时事政治、诗词、电脑、拼音、音乐、舞蹈、科普、民乐、摄影、名城文化、心血管、脑血管、肠胃病、慢阻肺、内分泌、养老课堂）的21名教师使用多媒体教学，使用率达到80.8%。

2. 开设“幸福课堂”，起步实施远程教育

2012年10月30日，资中老年大学在进修一、二、五班分别进行了“幸福养老大课堂”教学宣传，播放了“阴阳平衡，健康一生”的教学视频，试点“幸福养老大课堂”教学。从2013年上学期起，正式开设“幸福养老大课堂”课程，具体做法为：一是在必修班增设“幸福养老大课堂”课程，列入学期教学计划，纳入统一课程表，教学内容以保健养生为主；二是在专业班增设“幸福养老大课堂”课程；三是作为每学期定期的专题讲座内容；四是教师因故请假缺课，将“幸福养老大课堂”调为临时课程。

3. 整合网络资源，拓宽远程教育途径

学校开设“幸福养老大课堂”使用的是东方银龄远程教育网的教

图 4-19　资中老年大学到资中县水南镇四通社区开展远程教育联谊活动

学资源，该教学资源在时事政治、思想教育、党的建设方面的内容较少，且所有资源均不能下载做非实时播放学习，因此，学校根据需要整合了全国党员干部现代远程教育网的课件频道（有 37 个栏目）、四川老年大学网的远程教育栏目（有 41 个视频）、北京网络广播电视台“养生堂”（有 2010—2016 年的全部视频）等资源。这些频道和栏目节目都是免费的，都可以在线播放观看，有的也可以下载学习。此外，学校 2017 年上学期还投资 3000 元购买了中艺网校摄影在线课程。

4. 依托远程网络，开展网络环境下的教学

资中老年大学不断完善远程教育装备，调动了教师使用网络开展教学的积极性。不少专业课教师都运用远程教育资源开展网络环境下的教学，养生、诗词、摄影、拼音、电脑、音乐等课程经常在课堂教学中联网搜索下载音频或视频资源进行教学，这不但丰富了课堂内容和教学形式，而且很受学员欢迎。例如，吴忠扬校长开发的“音乐养生”综合课，与音乐老师石慧合作上课（双师同堂）。教学中，教师直接在网络链接了 23 个音频资源播放，使得整堂课的内容十分丰富，

知识传授与音乐教学很好地结合起来，形式上有静有动，生动活泼、声情并茂，学员普遍点赞。

5. 运用三个平台，促进学员自主学习

一是微信平台。学校在学员较为年轻的诗词、电脑、舞蹈、摄影、美术、书法、音乐等专业班建立了智能手机微信自主学习平台。例如，民乐班通过微信发送《赵寒阳二胡入门教程》(共31讲)，作为课堂教学的补充，让学员课后自主学习，有疑问就在微信中提出，老师及时给予解答。民乐教师戚智还自录教学视频12个（23个教学内容）、音频2个（5个教学内容），发送在民乐班微信群，让学员自主学练；学员又可将学练视频发送教师，教师给予点评。实践表明，这样的远程互动教学效果良好。

二是QQ平台。学校的电脑、舞蹈、摄影等专业班还建立了QQ群，开设了论坛，便利师生、生生间开展教与学的交流。

三是博客平台。学校的养生、诗词、摄影、名城文化等课程的专业教师，还通过博客和QQ空间，将授课讲义、课件、资料上传，供学员下载学习。

6. 讲练结合，重视传统教学方式的运用

实施远程教育，其实就是对传统教学方式的一种革新，但传统教学方式也不能都放弃。资中老年大学从2012年9月开始全面推进远程教育，不少学科都使用多媒体教学。多媒体教学对老年学员来说也有弊病，就是多数老年学员眼睛不好，看不清楚或不能看太久；还有就是停留时间较短，不利于学员做笔记，不利于学员思考、理解、记忆（老年学员反应慢、记忆差）。因此，学校在课题研究中也没有放弃传统教学方式的运用。由此，资中老年大学提出了“七个一点”，即精一点、少一点、慢一点、多板书点、多重复点、多巩固点、多练习点。资中老年大学的养生、美术、书法、法治、诗词、拼音、民乐、合唱、舞蹈、摄影、电脑等十多个专业课程，都十分重视在课堂上将多媒体与板书结合起来，将精讲与多练结合起来，受到了学员欢迎。

7. 制作教学课件，推进非实时教学

远程教育的教学方式不仅是利用网络教学平台提供的网页、课件等资源进行非实时（异步）教学，也包括通过教学光盘上刻录的课件等资源进行非实时教学。为此，资中老年大学也通过制作课件的方式，多方式地实施远程教育。

目前资中老年大学已制作完成养生、科技、保健、诗词、舞蹈、民乐、拼音等课程的系列课件。2013 年 9 月，学校还整理编辑了《吴忠扬校长老年养生课课件专辑》，刻录成光盘发给学员，作为课外辅导内容进行非实时教学。

资中老年大学制作的原创课件《精气神——人体三宝》《杜牧〈清明〉诗别解》荣获 2013 年全国老年远程教育首届优秀课件奖。原创课件《我国的八大卫国武器》《从“神九”飞天到宇宙空间站建立》《〈二泉映月〉的欣赏与示范》分别荣获 2014 年、2015 年全国老年远程教育第二、三届特色课件奖。影像课件《树立正确的老年观，实践老年人第二人生价值》获 2017 年全国老年远程教育第四届特色教材奖。

8. 开展教学研究，总结远程教育经验

根据“幸福养老大课堂”实际教学中存在着的视频播放代替教学的问题，学校提出并创新了“‘1 + 1’六环节”教学模式。该教学模式是“幸福养老大课堂”一节视频课和一节辅导课组成的连贯的教学程式，以情景导入、视频播放、评讲指导、互动交流、归纳小结和课后拓展六个环节构建教学基本结构。“‘1 + 1’六环节”教学模式的主要特点是将虚拟课堂与现实课堂结合起来，使教学形式多样化、形象化，教学内容更丰富。该模式在我校诗词班的教学中采用，取得了显著效果。

2016 年和 2017 年资中老年大学举办了两次远程教育研讨会，围绕“互联网＋老年教育”的主题进行研讨，有 13 位师生作了发言，形成了 24 篇远程老年教育理论研讨文章。

9. 规范上网行为，开展网络文明教育

在远程教育实践中，资中老年大学注意将网络知识、技能与文明行为教育结合起来。2017 年 3 月 28 日，学校向学员印发了 2015 年 12 月 16 日习近平总书记在第二届世界互联网大会的讲话、2016 年 4 月 19 日习近平总书记在北京主持召开网络安全和信息化工作座谈会发表的重要讲话，并重新印发了《资中老年大学网络文明公约》(十条)(2013 年 9 月 10 日拟发)；2017 年 6 月 6 日，向学员下发了《全国老龄办提醒广大老年人谨防电信网络诈骗，提高防骗意识和能力》的宣传资料，要求学员自觉维护共同的精神家园，为自己和社会、国家营造风清气正的网络空间，做网络行为文明的学员、网络行为高尚的网民。

10. 开展课题实验，统筹城乡远程教育

2016 年 6 月 27 日，四川老年大学协会远程教育课题调研组到资中老年大学调研。调研组对资中老年大学远程教育工作给予了肯定，同时提议继续发展远程教育，探索城乡模式，不断总结好的经验，在全省推广。之后，资中老年大学向省老年大学协会申请立项“县老年大学‘两结合一服务’远程教育模式研究”课题，后课题更名为“县老年大学‘立足学校教、服务基层帮’远程教育模式研究”，并申报中国老年大学协会远程教育工作委员会立项。2017 年 7 月，中国老年大学协会远程教育工作委员会批准该课题立项。

通过实践，资中老年大学初步构建起县老年大学“立足学校教、服务基层帮”统筹城乡远程教育的运行模式、县老年大学统筹城乡远程老年教育的服务模式、县老年大学远程老年教育的教学模式。

第三节　老年远程教育学习点案例

老年教育远程学习点扎根于基层各街镇和居村委，是对老年教育“重心下移”理念的精彩演绎，也是区县老年远程教育的有力辐射区域，不仅是我国基层老年人“老有所学、老有所乐、老有所成”的绝佳场所，也是基层单位宣传国家和党的方针政策的重要基地。未来，进一步创建基层老年教育远程学习点仍旧是开拓老年远程教育事业的重要工作，要在广大基层扎实、有效推进老年教育，重视基层学习点的建设；要努力增加老年教育远程学习点数量，提高学习点硬件设施和软件水平，规范学习点相关制度，加强学习点管理者队伍的建设和管理水平，把相关工作切实深入基层学习点、扎根基层学习点，使老年教育的场所、内容、服务等贴近基层老年人的实际需求。

一、上海市闵行区马桥镇金星村老年远程学习点：远程收视——老年人身边的学苑

（一）基本情况

闵行区马桥镇金星村坐落于黄浦江畔。截至目前，全村共有 5 个村民小组，总户数 425 户，户籍人口 1503 人，老年人口 424 人，占户籍人口的 28%。经常参加远程收视的老人有 246 人，占老年人数的 65% 以上。

（二）主要做法

早在 2005 年，金星村就根据《上海市老年教育“十一五”发展规划》提出的要求，着手组织老年人每周二上午集中开展远程收视。但

是，尽管远程教育课程比较适合老年人，是老年人接受教育的一个好的途径，但是经动员，参加收视的人却很少，不满10个。村委领导认真分析了原因：一是场所小，二是组织难，三是管理弱，四是内容少。针对这些实际情况，村两委商讨决定，把收视点建到各个小组，让老年学员能够就近参加收视学习。为了加强管理，提高收视效果，又采取了一系列措施：一是各点配备辅导员，在课前或课后对上课内容做讲解。针对老年人大多数不识字、听不懂普通话的特点，给每个收视点物色一名思想进步、身体健康、群众信任的志愿者当收视辅导员，让辅导员在课前给老年人“复习功课”，在课上当翻译、做辅导，在课后听反馈、做记录。通过辅导员的工作，老年人听懂了课程，提高了兴趣，就愿意来参加学习了。二是建立台账，做好课程内容、效果反馈等记录。三是建立学员花名册，做好出勤记录。四是抓好课堂纪律。再加上重视课程建设，越来越多的老年人被吸引过来了，收视率逐年提升，2008年，4个收视点参加人数为79人；2009年，4个

图4-20 上海市闵行区金星村学习点辅导员对远程课程进行辅助解说

收视点有165人参加学习；2010年又增加一个收视点，参加学习人数为205人；现在，5个收视点的学习人数保持在250人左右，村民不需动员，只要有空都自愿来参加学习。

（三）工作成果

1. 远程收视点给村民参政议政搭设了平台

从2011年起，在每周的远程教育收视点上，都会有村相关条线干部来听取村民意见、建议，并就前一周大家提出的问题做出答复，同时，进行相关政策以及镇、村近期工作动态等宣传。历任村支部书记都是亲自带头，全村12名村干部全年每人平均宣讲10次，收集的意见、建议经村委汇总商讨后都做出了答复。例如，五组一个村民居住区长期以来存在一个很大的积水点，给村民出行带来了不便，但要想彻底解决这个积水点，必须拆除一部分村民搭建的辅助房，而这些辅助房基本上都是用来出租赚钱的，村民都不愿意拆除。于是，村干部利用收视点这个平台，讲政策、做动员，让村民一起参与讨论，研究对策，最后得到了村民的支持，顺利解决了这个难题。又比如，因历史遗留而无法解决的房产证问题一直深压在四组村民们的心里，成了一块心病，并且产生了集体上访的意向，轮值干部在收视点周会上让村民畅所欲言，并认真地做好记录，然后通过正规渠道逐级上报，这件事引起上级政府的高度重视。2012年，闵行区委书记孙潮同志亲临四组收视点听取百姓心声。最后，有关部门对四组村民的房屋进行了确权登记，使这一问题得到了圆满解决。

2. 远程收视点讲座让老年学员掌握更多健康知识

几年来，马桥镇金星村学习点工作人员明显感到，老年学员在远程收视课堂上收看了高血压、糖尿病等知识讲座后，增强了保健意识，主动要求进行血糖、血压测试，还遵照老师的指导在饮食上少盐、少油，平时注意锻炼身体；在收看了老年人心理健康讲座后，对老年人心理保健也有了一定的认识，懂得了心理保健的重要性，明白了老年人不能总是闷在家里不出门，要多参加集体活动。收视点成了老年学员的社交场所，通过集中学习和聊天，老年人消除了心中的烦恼，减少了孤独感。收视点还经常开展保健知识讲座，安排医务人员和理发师定期来收视点为老年学员提供免费量血压、测血糖和理发服务；组织村民外出参观学习，观赏其他课程班的教学成果展示，甚至组织集体“祝寿会”，举办金婚庆典。久而久之，收视点成了村民的社交场所，老年学员从当初的“要我来”转变为如今的“我要来”。

3. 远程收视点文体活动使老年学员的心态变年轻了

从2012年开始，收视点在课程开始前增设了“大家一起唱”和“课前来跳舞”等文体类学习项目，受到了老年学员们的欢迎。在各收视点上，上午8:20还不到，老年学员们已在辅导员的带领下，一起唱着他们那个年代耳熟能详的歌曲，如革命样板戏《我们是工农子弟兵》《我们共产党人》以及自编沪剧《老年生活真开心》等，虽然咬字不那么正，但腔调十足，因为每个收视点上都有几位老年学员是60年代的文艺小分队队员，当年在田间地头意气风发地唱着革命样板戏的他们，如今又在远程收视课堂上唱起了歌。有时候，老年学员在辅导员的带领下和着音乐扭着秧歌步，跳起广场舞，认真劲可别说了，这变化可也不是一般的大呀！农村的老年人文化程度不高，爱好也不多，如今，在每个星期的远程收视课堂上，歌声和舞蹈让老年学员面带笑意，抛开拘谨，变得格外开心惬意。“大家一起唱”“课前来跳舞”“手指操”等是村里老年学员的“开胃菜”，激发了老年学员藏于内心的爱好，提高了老年学员参与学习的积极性，也丰富了社区老年教育的内容，同时也更好地诠释了“老有所学，学有所乐”这8个字的含义。

通过多年的老年远程教育工作，村干部体会到：只有真心诚意贴近群众，才能将远程教育工作推向深入。远程收视点不仅是老年人“老有所学”的好场所，也是村党总支宣传党的方针政策的好基地。金星村远程收视点越办越好的事实，是对老年教育“重心下移”理念的精彩演绎，要在农村基层推进老年教育，就必须切实下移工作重心，使教育的场所、内容、服务等贴近老年人的需求。

二、天津市和平区南市街庆有西里社区老年远程学习点：上座率百分之百的远程教育收视点

天津市和平区南市街庆有西里社区学习点认真学习党的十九大精神，按照区“十三五”老年教育发展规划的相关要求，充分利用网络学习平台，发挥收视点的作用，帮助老年人努力学习新的技能，不断提高自身素质，跟上时代发展，做新时代的健康老年人。

（一）基本情况

庆有西里社区目前有居民4230人，老年人966人，占总人口的22.8%，按照区、街老年教育工作部署精神，为切实解决老年人“老有所学、老有所乐”的精神文化生活需求，坚持突出两手抓的方针，一手抓好老年教育办学质量的提高，一手抓紧社区老年教育的普及。本着巩固、落实、深化、提高的方针，建立了老年远程教育收视点，为社区老年人提供了一个共同学习、交流的平台。

社区老年远程教育收视点于2011年1月建立，当时有30人参加。近年来，社区本着大力发展现代远程教育的目标，社区党委、居委会班子把老年远程教育列入重要议事日程，纳入老年工作目标，成立了社区远程教育领导小组，制定了《收视点播放》《工作人员职责》《设备管理维护》等制度。这些制度的建立，有效地保障了远程教育的质量。收视点在社区党委的领导下，积极探索老年人远程教育管理机制，摸索出一条依托社区党建推动远程教育，依托远程教育搞好老年教育的新路，取得了较好的效果。社区老年远程教育收视点坚持“以老年学习者为中心”的教育理念，运用现代计算机网络，帮助老年人达到学习的目的，促进个人发展。

（二）具体做法

几年来，社区充分利用远程教育终端接收设施，为老年人提供丰富多彩的远程教育课程，坚持做好播放内容“三结合”和“三突出”。

1.“三结合”

把老年远程教育与老年的学习需求相结合，在收看内容上，既有

技能学习又有法律影视教育，调动了老年人的学习热情。把老年远程教育与提高老年政治素质相结合，开展学习弘扬老有所为典型事迹教育，调动了老年人参与社区建设奉献社会的积极性。把老年远程教育与老年健康养生相结合，开展营养保健等内容学习，增强老年人养生和自我保健意识。

2. “三突出”

一是突出老年素质教育特色，提升老年文化修养。社区安排老年人收看党员教育片，开展畅谈“我心中的雷锋”“晒出你的美”和道德大讲堂、法制教育等系列教育活动，受益老年人数达 50%。二是突出老年技能特色，满足老年学员需求。通过网上电脑知识讲座学习，帮助老年人学会使用电脑，学会上网，让老年人多年的梦想成真。三是突出艺术特色，丰富老年人文娱活动。社区组织老年人在网上学习舞蹈等，坚持每月 2 次组织学员收看，做到播放内容有登记，观后有交流。目前，社区从 1 个收视点发展到 3 个，收看学员达到 200 余人。

图 4–21 天津市和平区南市街老年人远程学习课程

社区注重老年教学内容的不断拓展，增强了吸引力、可视性，提高个人学习兴趣，引导老年人从“要我看”向“我要看”转变。目前，年均收视率达到1500人次，收视点成了社区老年人学习的热点场所，促进了创建学习型社区良好氛围的形成。

几年来，天津市和平区南市街庆有西里社区学习点充分利用网络资源优势，以管理有序、服务完善为前提，按照收视点高起点的规范化管理、多形式的学习原则，做到播放内容有登记，观后有交流，真正为老年人搭建了远程学习的平台。

三、重庆市北碚区歇马镇解放台社区老年远程学习点：社区和谐，老人康乐

（一）基本情况

截至目前，北碚区歇马镇解放台社区常住人口2.6万余人，60岁以上老年人0.57万人，老年人占总人口数的21.9%，在社区注册参加老年远程学习的老年人达500余人次。社区通过开展老年远程教育，有效地提升了老年学员的文化知识，丰富了老年人的精神文化生活，促进了社区工作的开展和社会的和谐稳定。

（二）领导重视，建好场地

2008年9月，按照中共重庆市委老干局等五部委《关于在全市开展老年现代远程教育工作的通知》和北碚区老龄委的要求，解放台社区开通了老年远程教育网络，成为全市开展老年远程教育的首批收视点之一。

社区老年远程教育由社区党支部书记（兼任老年学校校长）负总责，指定1名两委会成员承担日常管理和服务工作，制订社区老年远程教育学习计划，安排课程，加强注册学员管理，做好教学服务保障工作等，积极发挥和依靠社区老年协会的组织参与作用。9年来，针对社区实际和老年人的学习需求，在设施简陋、只有1台彩电的简易教室里坚持组织老年人参加远程课程的学习。2010年，社区办公场地搬迁，建立了社区公共服务中心，规范了老年远程教室，配备了投

影仪、制式桌椅等，为参加老年远程学习的学员提供了较好的学习条件。2014 年，随着社区老年学校暨北碚老年大学解放台分校的成立，学校的图书室、书画室、电子阅览室和健身场地等面向全体老年人开放，注册的远程学员全方位实现了资源共享，拓宽了老年人的学习途径。

（三）适老实用，选好内容

老年远程教育对于扩大老年人受教育面，方便老年人就近学习，发挥了积极作用。为了让更多的老年人能参与到远程教育中来，满足他们的学习愿望与需求，解放台社区老年远程教育收视点积极探索、创新服务。

一是按需施教，精选学习内容。近年来，随着社会信息化进程的加快，各种网络提供的数字化教学资源及课件内容十分广泛。社区根据老年学员的特点，有针对性地精选安排教学内容。比如，老年人勤俭积累，手里有些闲钱，他们总想做理财投资，以钱赚钱，但却容易上当受骗，易被网络上传播的低级及虚假信息带入歧途等。针对这些

图 4-22　重庆市北碚区解放台社区学习点学员远程学习

情况，社区安排了金融理财以及相关法律法规等内容，以增强老年人防骗、防邪教的能力。开设课程内容包括形势政策、法律知识、生活科技、健身养生、心理健康、代际沟通、环境建设等方面，大大丰富了老年人的生活。

二是远程教育与现场课堂讲授相结合。远程教育具有成本低廉、受众面广等优势，但互动性不足。社区老年学校在开设老年远程教育课堂的同时，定期举办各种面授课程，邀请西南大学的专家教授、学者和区各部门的专业人士来现场授课，还将远程教育、老年人课堂与科普学校、市民学校有机融合，切实提高教学质量。

三是老年远程教育与开展各种文体活动相结合。为适应老年人的特点，社区学校在组织课堂教学、远程学习中采取老年人喜闻乐见的形式，寓教于乐，乐中有获。社区开放式办好文化活动室，组建了舞蹈、腰鼓、拳剑等10支老年文体活动队伍，定期举行教学展示、展演活动，培育发展了泥塑、书画等文化精品，丰富了第二课堂，拓展了第三课堂，以活动为载体，使老年学员在学习知识中丰富了生活，实现了老有所乐。

（四）服务社会，促进和谐

以老年远程教育为载体，为老年人搭建参与服务社会的平台，有效地推进了社区各项工作的开展，也使老年学员在参与服务中实现了老有所为。

一是实现了康乐有为。老年学员经常性开展面向社会的展演服务活动，进社区、进农村、进企业、进学校、进养老院；每年两次以上到辖区敬老院、养老服务中心开展慰问服务活动，重大节日、重要活动经常性在镇中心歇马广场举行文艺演出，积极参加全区性及老年大学（学校）协会组织的演出活动等，丰富了群众文化活动，发挥了党和政府联系群众的桥梁作用。

二是促进了社会和谐稳定。在老年学员中组建志愿者队伍，开展志愿者服务。解放台社区是典型的城乡接合部，外来人口多，社区清洁卫生、交通安全、物业管理、环境建设等任务十分繁重。社区老年志愿者的服务内容十分广泛，他们既是清洁卫生的管理员，又是红绿灯斑马线的引导员；既是安全网络的协作员，又是邻里纠纷的调解员。

三是有效服务中心工作。社区所处的歇马镇是北碚新城开发建设的主战场，各种招商引资、房地产推介交易等活动较多，社区老年文体队伍已成为区域各种庆典、招商、产品推介等活动演出的主力军。

四是关心引导下一代成长成才。老年学员利用其知识、技能及经验优势，广泛开展关心下一代活动，关爱、引导青少年健康成长。每年寒、暑假期间，都举办社区儿童培训、管托班，既为其父母分忧，又使这些儿童在获取知识技能的同时，愉快地度过假期。同时，解放台社区还是西南大学学生实习基地，老年人悉心地传帮带，帮助即将毕业的大学生深入了解群众、了解社会，提升理论联系实际的工作能力。

四、浙江省海宁市海昌街道胜利社区老年电大教学点：满目青山夕照明，一片诚心办教学

随着老龄化社会的快速到来，如何安排好老年人的晚年生活，成为了海昌街道胜利社区的一项重要工作。近年来，处于基层办学的社区老年电大教学点，通过不断努力，遵循“满目青山夕照明，一片诚心办教学”的志向，为老年人营造“老有所养，老有所乐，老有所学，老有所为”的良好的晚年学习生活环境。当地老年人的生活幸福指数不断提升。社区的特色办学举措，也为教学点今后的发展拓展了更大的空间。

（一）基本情况

2016 年 3 月，浙江嘉兴的海宁市海昌街道双冯村和泾长村合并，成立胜利社区，原两个村的老年电大教学点相关资源也同时进行了整合，并建立了由 6 人组成的班委，聘任了 1 名辅导员。办学的硬件设施也更加完善了，240 平方米的教室，装配投影仪、空调等，营造了更先进的、更舒适的教学环境。目前，新成立的教学点注册学员有 75

名，老年电大办学越来越有活力，办学成效越来越凸显。

在社区党委的支持和街道民政办的指导下，教学点秉持“办好老年人的事业就是办好我们未来的事业”的工作理念，紧跟时代步伐，推陈出新，与时俱进，通过几年来的努力，做出了不少亮点。

（二）主要做法

1. 全面排查摸底，掌握老年人基本概况

教学点对全社区开展仔细排摸，掌握社区老年人基本概况。截至目前，海昌街道胜利社区有60岁以上老年人954人，占总人数的24%；70岁以上老年人421人，占总人数的11%。在与老年人交流摸底中，发现老年人存在着以下几方面需求：一是对健康知识的需求。很多老年人患有各种慢性疾病，苦于没有专业的养护知识；随着时代的进步，越来越多的老年人开始重视自己的身体健康，对健康保健方面的知识渴求也越来越凸显。二是对生活交际需求。老年人自身的生活圈子相对固定，拆迁后，房与房的距离虽近了，但是因为活动项目无交集，生活方式的改变使老年人彼此的交流反而少了。三是有一技之长的老年人，有迫切发挥余热的需求。为此，社区在掌握老年人的基本情况和需求后，有针对性地开展各类活动和讲座，为更好地开展老年电大教学注入新力量。

2. 重视服务内容，为老年人提供完善服务

胜利社区根据老年人的需求，以多种方式完善老年电大的教育管理，提高老年电大的教育质量，提高老年人的幸福感。社区重点从以下几方面开展工作：一是充分发挥老年人的余热。以老年电视大学为载体，成立了老年义务邮递员、垃圾分类、关工委等志愿团队5个，并利用春节等节日，发挥有特长的学员为居民写春联等。二是根据安排及要求抓好第一课堂教学。社区有3名专职委员负责班委工作，确保课堂纪律，要求学员有事先请假，并根据学员的表现情况，在学期结束后评选出优秀学员，给予一定的奖励，以鼓励学员积极参与到教学活动中，学到更多的知识。三是开设第二课堂，丰富老年电大的办学内容。在规定的课程以外，胜利社区教学点还组织老年人集中收看

图 4–23　浙江省海宁市胜利社区学习点远程学习课堂

法治教育课，接受科普培训，让“五老”志愿者参与社区的关心下一代工作等，更让老年人发挥余热，参与社区的基础建设。2016 年，社区教学点有的放矢地开设了“健康素养”“老年人常见的安全问题及对策”“冬病夏治”等讲座，丰富老年人的健康知识，同时还有太极拳、排舞等教学，丰富老年人的精神生活。

3. 完善配套措施，为老年电大提供有力支撑

一方面是组织支持。在上级领导的指导帮助下，胜利社区高度重视老年电大的工作，为让老年电大更加规范化，社区以老年协会会长的名义成立了老年协会的社团组织，以更好地为老年人提供服务，如在重阳节的时候安排相关的戏剧演出及为老年人送上社区的慰问品等。另一方面是资金保障。确保硬件设施配套到位，相关的电脑、投影仪、音响设施、广播、电视机等现代化教学设施一应俱全，各类书籍、笔记本等配备到位，确保每笔办学资金都充分利用好。2016 年春秋季两班，社区投入到老年电大的办学经费就达 1.3 万余元，为老年电大的办学提供了坚实后盾保障。

通过近年来的努力，胜利社区教学点已经形成了鲜明的办学特点，也建立了一支稳固的老年学员队伍，对全社区老年人的晚年学习生活起到了巨大的作用。未来，社区教学点计划提升完善第二课堂的教学内容，除了上级送下来的讲座之外，还要充分发挥社区工作人员的才能和对时事的认知把握，转化为给老年人提供丰富多彩的课程内容，包括范围更广的培训讲座以及结合科普、关工委等工作，扩大老年人的教学内容，不断充实学员的精神生活和知识层面。

五、黑龙江省穆棱市兴源镇东村老年远程学习点：依托远程教育平台，办好村级老年学校

（一）基本情况

兴源镇东村位于穆棱市兴源镇东北，截至目前，全村505户、1548人，其中60岁以上老人325人。占全村总人口的16%。2011年，依托组织部农村党员干部远程教育平台，在村老年学校开设了网络课堂，由村支部书记和村妇女主任担任校长，并成立了有4名老年学员代表、1名远程教育收视站点管理员参加的6人领导小组。办学6年来，每次参加学习的人数均在50人左右，有时甚至达到80余人（包括感兴趣的年轻人）。2014年，东村老年远程学习点荣获全国老年远程教育先进收视点。

（二）主要做法

1. 加大资金投入，创造学习娱乐新环境

随着社会老龄化进程的加快，老年人学习需求不断增加，老年学校教学、活动场所不足及设施简陋的矛盾日益突出，已成为制约老年教育可持续发展的“瓶颈”。为此，兴源镇党委高度重视老年学校硬件建设，投资300多万元，建成面积9215平方米的文体广场以及占地1236平方米的高标准综合性的东村新型农村社区大楼。在社区大楼内，老年学校拥有一间能容纳100多人的教室和民间艺术创作室、阅览室、排练场等，教学设备如电脑、乐器、大屏幕投影、调音台、音箱等一应俱全。在室外，规划建设了老年健身广场，设有露天灯光

图 4-24 黑龙江省穆棱市兴源镇东村社区集中收看远程课程

篮球场、休闲健身区等。整个场所能同时容纳 1100 多人开展文体活动。村委会每年拿出 5000 元作为收视点日常经费，保证了老年学校远程教育的开展。

2. 利用老年远程教育网络，打造寓教于乐新模式

为进一步创新教育教学方式，丰富教育教学内容，东村老年学校借助农村党员远程教育平台，根据老年人的需求和兴趣安排收视课程。

一是从实际出发，精选有针对性、实用性、科学性的课程。收视点正常开设了时事政治、农业科技、老年保健、健身操、音乐等网络课程。每半月上一次课，上课时间在 2 个小时左右。教学计划的制订从农村实际出发，如开设“怎样选种子和化肥”等课程，同时根据农村老年人的常见病、多发病，组织收看高血压、心脑血管病防治等课程。据统计，收视点全年共播放 14 门课程，每门课程都紧扣老年人的实际需要。

二是“线上线下”零距离学习。东村老年学校还将担任远程教育课程教学的老师邀请到学习点与老年人面对面授课，如牡丹江老年人

大学教授“柔力球”课程的张桂兰老师、教授歌曲“推开这扇门”课程的张慧云老师都曾来东村收视点，为老年学员现场开设讲座，答疑解难。看到荧屏上的教师从“线上”走到“线下”，大家倍感亲切，也进一步激发了老年人学习网络课程的热情。

三是从集中学习的实际出发，切实加强领导，不断做好组织工作。村委会认识到老年远程教育是东村没有围墙的老年学校，是建设美丽乡村的重要阵地，便把办好老年远程教育作为一项政治任务来抓。为确保网络课堂收视率和远程教育效果，每到上课日期，村委会成员和老年学校校长都是义务通讯员，通过微信群及时提醒老年人按时上课。学校领导成员分别担任柔力球队、健身操队、广场舞队的队长和辅导员，有的还被邀请到其他收视点担任课后辅导员。另外，村委会还制订了《设备管理制度》，要求确保站点设备安全，加强设备维护管理，严格按要求执行；制定了《学习制度》，要求合理安排时间，方法要灵活；制定了《信息反馈制度》，要求及时上报信息，不断完善工作方法。这一切都为顺利创办老年远程教育收视点提供了保障。2017 年，有 4 名学员分别参加了市文化馆和省艺术职业学院“结对子，种文化”负责人培训班。

3. 学为结合搭建活动平台，促进社会和谐新发展

老年人不仅有“求知求乐”的需求，还有“服务社会、展示自我”的强烈愿望。多年来，兴源东村学习点积极开展各种有益老年人身心健康的活动，推动老年人参与社会、服务社会。通过学习法律知识，老年学员不仅自觉遵纪守法，还为维护东村的团结稳定做了大量工作。有的在青少年中当起法律知识“宣讲员”，有的做起邻里纠纷“调解员”。据校长介绍，自东村成立远程教育收视点以来，村里上访人数为零。学习点组织学员带动镇内 5 个村的老年人开展社会公益活动，如慰问 90 岁以上老人、关爱留守儿童、学习宣讲十九大精神等。柔力球队、广场舞队坚持早晚在广场练习，吸引了很多爱好者参加，成为当地一道亮丽的风景。学员们自编自演舞蹈、快板等文艺节目，热情歌唱党的好政策、家乡新面貌和自己的美好生活。学员创作的 14

幅作品在首届黑龙江省非物质文化遗产博览会展出；老年广场舞代表队在兴源镇第二届“端午诗会”广场舞表演中获得一等奖；在庆祝党的十九大召开之际，柔力球队到市里参加广场舞比赛，获得了二等奖。近年来，学习点培养了一大批踊跃参与东村各项公益事业的“五老”“十大员”队伍和老年文化活动骨干，他们活跃在老年文化活动和关心教育下一代工作中，对本地保稳定、促发展、建设幸福穆棱贡献着积极的力量。

六、上海市杨浦区社会福利院远程学习点：“银发课堂”——长者的生命加油站

（一）基本情况

上海市杨浦区社会福利院成立于1988年6月，是杨浦区政府成立的公办养老机构，现有床位1000张。福利院老年学校成立于1998年9月，是上海市第一批设立于养老机构的老年学校。

福利院老年学校从创立到蓬勃发展，从巩固提高到创新发展，形成了比较完整的管理体系，积累了比较丰富的办学经验，荣获“上海市老年教育先进集体”荣誉称号，而老年学校也成为提升服务质量的重要渠道。特别是2008年以来，福利院针对入住老人高龄化的特点，积极探索以专业社工理念指导老年教育，创新课程设置、改善教学模式、优化评价体系，以志愿者协助、老人主动参与为主要运行模式，重点对象为失能失智老人，兼顾自理老人，基本达到全覆盖，形成了富有特色的养老机构老年教育体系。福利院以全人的视角关注老人的身心健康，全方位关注老人的生活全过程，把老年教育融入全院的服务管理体系中。截至目前，参加学习的学员有650人，其中，集中学习198人，分散学习452人。2016年，该福利院被评为“上海市示范性学习收视点”。

（二）具体做法

1. 引入社工专业理念，丰富老年教育目标

随着入住老人平均年龄逐年增加，老人在学习中掌握技能和技巧

的能力减弱，而以学会学懂为目标的教学模式，让老人常常抱怨：人老了，学不会了，挫败感与无用感增加。为此，福利院对老年教育目标进行调整，提出“乐学乐活”的理念，即“快乐学习，快乐生活”。从原先简单组织老人观看电视，到如今有针对性、个性化地提供含网络、电视等多种手段的学习过程。很多老人通过参与远程教育学习，满足了对知识对信息的渴求，丰富了在福利院的生活。特别是一些因为身体原因无法参与常规老年教育的老人，通过房间里的电视观看自己感兴趣的节目，拉近了与社会的距离。

比如东海一楼、瑞星楼、新一号楼的老人大部分都是专护老人，行动不便，身体较为虚弱，但是老人学习的热情和需求却没有因为身体的原因而有所减弱。社工经过评估后发现远程教育的学习形式和内容都很适合这些区域的老人，并且在硬件上也能实现：每个房间都装有电视机，可以接收远程教育信号。于是，社工组织志愿者和楼层的护理人员帮助老人定时观看，并组织讨论。东海楼的徐奶奶说：“我年纪大了，腿脚不好，也走不动路，想参加活动也参加不了，现在可以跟着电视学点保健方面的知识，还有养花种草的节目，我很开心。”

2. 创新教学内容设置，优化老年教育模式

高龄老人学什么、怎么学，这是开展高龄老人教育需要关注的问题。在确立“乐学乐活”的教育目标后，学习点的实践路径大大拓展。在教学内容上，注重融入时代气息，增强老人的好奇心，培养老人的学习兴趣。为了保持课程设置的新颖性，学习内容一般不重复设置，即使是相近的学习内容，也更换课程名称，以保持其创新性和吸引力。在教学方式上，改变教学结果评价方式，鼓励老人主动参与，帮助老人实现目标。在评价教学结果时，强调两个原则：一是人人有奖励，各取所长；二是注重仪式感，分享成果。在评价方法上，一是搭建展示舞台，分享学习成果。即每年组织各类大型活动，在院内醒目位置设置老年课堂作品展示墙，定期更新老人的作品，展示学习成果。二是降低竞技性，增强娱乐性。即通过精心策划，使竞技性降低，娱乐性、技艺性增强，帮助老人乐中学、学中乐。三是鼓励主动

参与，实现按需教学。即积极鼓励老人参与课程设置与教学内容的选择，让老人主动参与教学过程，实现按需教学。

比如，开设“网上冲浪”兴趣小组，帮助老人通过电脑、网络学习和了解更多、更快的资讯。社工和志愿者手把手地教老人如何开机与关机、如何打开网页等，还专门开办“拼音学习班”，老人从开始的不熟悉电脑操作到后来能自由上网，有些老人甚至成了“网虫”。“世界零距离，我们在一起”，学习点积极鼓励老人以开放的心态接触和认识世界。比如，为对时事感兴趣的老人组织“悦读荟”，每期都设一个大主题，让老人自己来说新闻。对于感兴趣的学习内容，老人学习的自主性非常强。

3. 发挥社工专业优势，汇聚各方学习资源

学习点充分发挥社工专业优势，从老人的需求出发，根据老人的需要开发课程、设计内容，寻找合适的志愿者老师，全程跟踪教学过程，并对教学效果进行评估改进，保证了教学质量。将每个教学班级都设计为一个志愿者项目，招募凝聚一批优秀志愿者，不仅使老年课堂有了稳定的师资来源，同时也为养老机构注入了活力。此外，学习点还发挥社工整合资料的能力，积极募集社会资源，改善教学设施和

图 4–25　志愿者在远程学习点指导手工课

环境，特别是网络视听室、多媒体数字影院等现代化设备的配备，使老人更便捷地融入现代生活，感受时代进步。

4. 教学效果持续显现，生活质量明显提高

一是主动学习热情提高。学习点的学习人次逐年增加，每个老人参与的学习项目也逐步增多。部分老人自主学习，主动要求担任老年课堂志愿者，教授其他老人，如运动养生就是由院内一个 90 岁的老人在社工的协助下自主开发的学习项目，目前参与学习这门课程的老人超过 30 人。二是生活状态改善明显。特别是对轻度和中度失智失能老人，有针对性、适度的教育活动有利于老人状况的改善，如针对失智老人的俏夕阳、画意创想、手工 DIY，针对轻度失能老人的健康保健、郭老师练字坊，针对老人社会交往的茶文化、园艺、网上冲浪等。许多老人通过学习，变得自信起来：不敢碰电脑的，现在可以和亲人在网上互动；不敢上台表演的，主动参加各类演出；不识字的老妈妈，写出了美丽的书法作品……一幅幅快乐学习、快乐生活的图画，在福利院时时呈现。

第四节　全国老年远程教育优秀案例的启迪

综合全国各级老年远程教育的优秀案例，我们可以获得以下几点启迪：

（一）坚持正确的发展理念

理念创新是搞好老年远程教育的先导。多年的实践探索表明，老年远程教育是老年教育顺应时代发展的一种重要手段和发展方向，是提升老年教育现代化办学水平的时代呼唤，是统筹城乡发展和解决基层老年学校教材、师资、经费不足以及提高教学质量的有效途径，是推动老年教育实现跨越式发展的创新举措，同时，也是突破传统教育的时空界限，让老年人搭上时代列车，开创自主学习的好方法。

十九大报告指出，中国特色社会主义进入新时代，我国社会主要矛盾已经转化为人民日益增长的美好生活需要和不平衡不充分的发展之间的矛盾。面对人口老龄化和老年群体快速增长，老年教育面临巨大的压力和挑战。解决老年人对美好的晚年生活和快速增长的学习需求与老年远程教育不平衡不充分的发展之间的矛盾，成为新时代老年远程教育发展的重要任务。老年远程教育迫切需要结合最新的互联网科技，应用新时代的教育技术和手段，开发适合新时代老年人的新的教育模式和教育空间。

（二）高效的组织领导

良好、健全的组织网络是发展老年远程教育工作的重要保障，领导重视和支持是开展老年远程教育工作的前提。老年远程教育要主动融入党政中心，才能有旺盛的生命力，才能在深度和广度上实现新跨越。因此，开展老年远程教育要积极配合本地区党政部门，力促市、县区（管委会）、乡镇（街道）成立相应的老年远程教育领导协调机构和专门的工作机构，从而全面抓好老年远程教育工作。要在地方党政领导下，将老年远程教育纳入本地教育事业的发展规划，形成“一方牵头、各方参与、分工负责、协调发展”的组织网络，并建立一支高效的工作队伍。

例如，山东省荣成市成立了由市委副书记任组长，组织部副部长为副组长，由人力保障、财政、教育等相关部门主要领导为成员的老年教育工作领导小组，将老年远程教育经费纳入市财政预算，平均每年投入100多万元。青岛经济技术开发区在各街道都设立了由分管领导或老年教育负责人任会长的街道老年教育协会，形成了三级基层老年远程教育的组织网络，做到各自职责明确，各级有心谋事、有钱办事、有人干事、有章理事、有为成事。

开展老年远程教育工作必须落实具体负责组织、指导、管理的工作机构，必须建立一支热心于老年远程教育事业、有奉献精神、有一定的群众工作经验和能力并了解现代远程教育特点的专兼职工作队伍。

例如，上海市徐汇区注重老年远程教育的队伍建设，从2009年起，对街镇、居委收视点辅导员和班主任每年开展培训。培训的重点是熟练掌握“上海老年人学习网”的操作技能。该区组建街镇、居委两级数字化学习推进员，培养一批网络学习骨干和积极分子，参与网上主题活动，宣传推广网上学习。一些老年人从不懂电脑开关机，到能在网上看视频、选修网络课程、进行在线测试，感到自己真正与时代接轨了。

（三）有固定的经费保障

资金到位是发展老年远程教育的基本保障。从教育需求的角度看，老年远程教育需要的经费主要包括事业经费和基础设施经费。事业经费主要包括老年远程教育人员费用和公用费用；基础设施经费主要包括学习场地和购置设备等费用。从技术需求的角度看，还包括终端站点建设经费、辅助教学平台建设经费、后期运行维护保障经费。以上这些资金需要列入各级财政年度预算。此外，发展老年远程教育，还要多方争取资金，以弥补经费的不足。

（四）努力完善基础设施

基础设施是推进老年远程教育工作的物质保证。全面开展老年远程教育工作，尤其要抓好基础设施建设，使老年远程教育的基础设施建设水平与本区域老年人的学习需求相适应。资金充裕的地区应不断结合社会发展和最新技术提高软硬件水平，与时俱进，更新并完善远程教育设备；资金相对不富足的地区，可积极开发学校、社区、居村委原有的远程设备，联合共建，减少投入，用活各种教育资源。

（五）切实提高管理水平

管理水平是组织工作效率的体现，只有真正重视老年远程教育的管理工作，才能提高老年远程教育工作的效率，充分调动和发挥老年远程教育工作者的潜能；只有不断提升老年远程教育工作的管理水平，对工作中的偏差及时进行纠正，才能更好地坚持发展方向；只有通过改善老年远程教育工作的管理机制，才能为老年群体提供满意的远程教育服务，从而树立远程教育工作者的形象。

加强管理，不仅具体到设备操作与维护、教学组织和信息反馈等工作，还要注重对工作人员的远程技术培训等。

（六）重视老年远程教育资源建设

课程是老年远程教育的服务产品，要做好教学资源的开发工作，努力丰富教学内容和形式，不断开发出内容新、质量高、符合时代要求和老年人实际需要的远程教学资源。在课件内容上，力求丰富多彩，政治、经济、科技、文化、法制等多个门类齐全，尽量提供生动、短小精练的微资源，提高老年人学习效率。要充分利用网络资源，在呈现方式上，界面要醒目直观，操作流程简洁精练，多采用形象的图片和通俗易懂的操作说明，适度减少鼠标的复杂操作，提供各类学习提醒服务，方便老年人网上学习，从而能够满足不同层次、不同需求的老年远程学习群体。在课件形式上，要结合新技术的发展，追求灵活多样、生动活泼、受老年人欢迎的授课方式，并且立足老年人的实际需求，考虑老年人的接受习惯。

例如，黑龙江省牡丹江市开通农村老年远程教育网络课程，在全市设立了 859 个村收视网点，基本实现了全覆盖，各网点配齐“五大件”（电脑、投影仪、打印机、摄像头和音响），开设的网络课程内容为与本地主导特色产业紧密相连的农业生产的新知识、新技术、新信息、新成果。又如，贵州省盘县县委组织部、县文体广电旅游局、县老年大学联合下发《盘县农村党员干部现代远程教育推进老年教育工作方案》，要求各乡镇利用农村党员干部现代远程教育资源和文化信息共享工程的设备，实行资源共享。老年教育网与党建网友情链接，将上级文件、学校工作动态、相关教学内容、课件、图片、音视频资料、学员的创作成果等在网站发布，学员只要登录网站即可查阅老年教育知识，下载图片、课件等。

（七）做好重心下移工作

要满足广大老年人的学习需求，除了认真落实老年远程教育的组织、指导、管理工作机构外，更必须着眼于基层，切实抓好老年远程教育收视点的建设。

例如，福建省老年大学协会成立了远程教育工作委员会，积极指导实验区的工作。省老年大学委托厦门泰博科技有限公司开发网上学习收视器（类似电视机顶盒），使用这种收视器可以直接在电视机上收看网络课程，便捷地上网学习操作，具有很大的灵活性，可以在任何时间、地点，任何课程、章节，随时、随地、随心、随愿地进行远程点播学习，节省了配备电脑和投影仪的资金投入，适应了农村、山区老年人的收视需求。省老年大学协会和省老龄办正在加紧试点和推广。又如，天津市和平区建立了老年远程教育协调小组，日常工作由区老年大学承担，区老龄办承担各街道社区注册学员的组织管理，区有线电视、区信息办保证播放日期和网络畅通。

（八）重视制度建设

规章制度是人们应该遵守的、用来规范行为的规则、条文。要保障老年远程教育的规范有序发展，必须完善相应的老年远程教育制度，保证良好的工作秩序，这是老年远程教育顺利开展的重要保证。

开展老年远程教育工作的相关制度可简单分为管理制度、管理规定、管理办法、实施细则和工作条例。开展老年远程教育，要研究制定老年远程教育发展的相关管理办法和运行指导意见，并以文件的形式对老年远程教育的性质、职责、办学形式、资源建设标准、运行规范等进一步明确，使各远程教育机构在开办老年远程教育上做到有章可循。

例如，贵州省六枝特区建立并健全《设备及系统维护管理制度》《卫星资源接收负责制度》《资源下载和软件刻录及管理制度》《资源使用登记制度》等12个远程教育管、学、用相关制度，在老年远程教育规范化管理上狠下功夫。又如，福建省晋江市在开展老年远程教育实验区工作中，以落实“六项制度”为抓手，即月例会制度、月报表制度、教学观摩制度、月走访制度、月宣读制度、督促检查制度，有效促进了老年远程教育工作的开展。

此外，对于已经不能适应目前管理需要的远程教育制度，要及时地进行修订，将不符合形势发展需要的规定予以废止，重新制定、完善适合管理需要的制度。

第五章

中国老年大学协会远程教育网

第一节　中国老年大学协会远程教育网概况

中国老年大学协会远程教育网（http://www.caua99.com，以下简称“远程教育网”）是由中国老年大学协会远程教育工作委员会主办、广西师范大学出版社（上海）有限公司承办的老年远程教育平台。

2016 年 11 月，在上海召开的全国老年远程教育推进工作会议暨第五次远程教育工作委员会年会上，中国老年大学协会会长张晓林、上海老年大学校长李宣海以及上海市人大常委会原主任、上海市老年教育协会名誉会长陈铁迪共同启动中国老年大学协会远程教育网。

图 5–1　中国老年大学协会远程教育网正式启动建设

2017年，经中国老年大学协会批准，成立了以时任中国老年大学协会副会长、远程教育工作委员会主任俞恭庆为首的网站管理委员会，并由广西师范大学出版社（上海）有限公司承担日常运作。

一、中国老年大学协会远程教育网建网宗旨

中国老年大学协会远程教育网坚持“政治建网”，网站整体建设以国务院办公厅印发的《老年教育发展规划（2016—2020年）》为工作指导，以实现《老年教育发展规划（2016—2020年）》提出的到2020年“经常性参与教育活动的老年人占老年人口总数的比例达到20%以上”“力争全国50%的县（市、区）可通过远程教育开展老年教育工作”为发展目标，运用信息技术服务老年教育，整合远程老年教育多媒体课程资源，运用信息化手段为老年人提供个性化学习推荐等学习支持。

远程教育网自正式启动建设以来，积极投入人力、物力和财力，按时并高质量地完成了网站初期建设项目，使远程教育网成为各省市实验区实现信息、经验、理论研究、课程资源相互交流的平台，成为共建、共享的具有公益性质的老年教育平台。远程教育网站支援并支持农村、偏远、贫困与少数民族地区建设，为推动薄弱地区老年远程教育事业的发展做出积极的贡献。

二、中国老年大学协会远程教育网的功能与服务

（一）网站功能

网站主要分为“成员单位”“信息交流”“视频资源”“有声资源”“图书杂志”“学员作品”“专题资源”7个栏目。通过工作人员的不断调试和试运营，网站功能更加明确。

1. 信息资源——协会动态、活动信息、理论研究、经验交流、夕阳风采、招生信息、网站公告

（1）协会动态和网站公告栏内容为远程教育工作委员会的官方信息，在网站首页头图下方呈现。

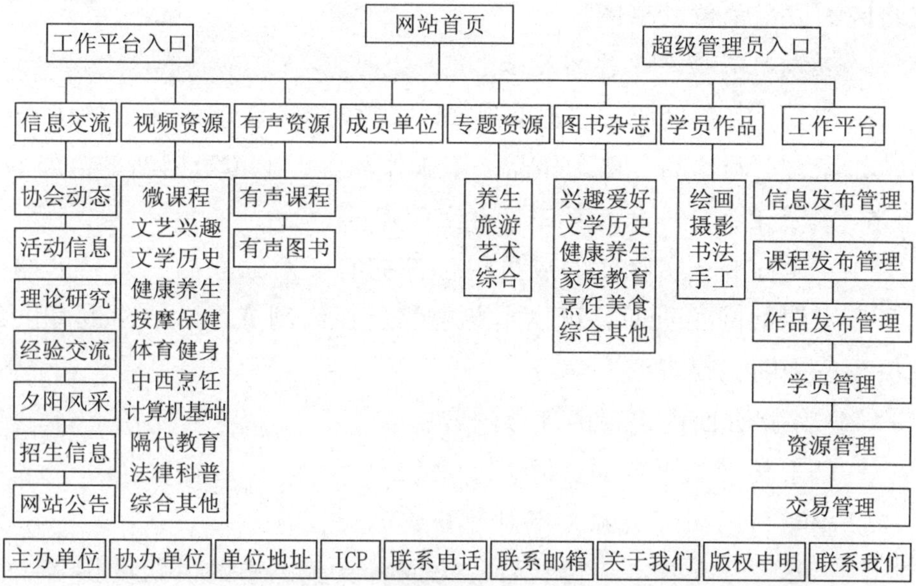

图 5-2　网站整体框架

（2）活动信息、经验交流、理论研究等内容均由各省市、实验区老年大学自主上传，及时分享本地区老年教育动态、各项精彩活动及研究成果。

（3）夕阳风采专栏为各地老年大学展示校园风采，包括学员文学作品、学习心得以及各类文艺活动视频等。

2. 课程资源——精品课程、交流课程、在线直播课程

（1）精品课程：指由远程教育工作委员会组织评选出来的优秀课程和网站自主开发精品系列课程。

（2）交流课程：指由各省市实验区老年大学自主上传的课程。

（3）在线直播课程：指由网站运营方组织开发或者由各省市、实验区老年大学推送的在线直播课程和讲座。

（4）未来，除了主干课程之外，以小知识点切入的微课程（包括微电影）将逐渐加大占比。

3. 阅读资源——图书、杂志

网站精选了近千本适合中老年人阅读的图书，囊括兴趣爱好、文学历史、健康养身、家庭教育、烹饪美食以及综合其他，供各省市、

实验区的成员单位共享阅读。

4. 互动性资源——作品展示

各省市、实验区收集本地区组织的老年学员活动所评出的优秀作品，如优秀书画作品、摄影作品、手工作品等，上传至网站平台展示。

5. 成员单位——独立页面、自主管理

（1）各省市、实验区的成员单位都拥有一个独立的、只显示本单位所有资源的网站页面，可供本单位学员在线浏览、学习，也可供各成员单位之间相互观摩、学习。

（2）独立页面中包括两部分内容：

① 已上传网站平台的资源；

② 本单位的内部资源（不对外开放）。

（3）可实时查看本单位在各省市或者实验区中的活跃度排名（显示上传资源的数量、注册学员的人数、在线学习的人数等）。

（4）各成员单位可自主装饰或委托平台设计独立页面的头图，以展示本单位风貌。

（二）网站服务内容

在明确的建站宗旨和定位下，远程教育网的服务内容主要有以下特色：

1. 老年教育工作最新信息的展示平台

在网站“信息交流”栏目，各个老年大学可以把本校最新的活动信息上传至各自的工作平台，通过后台编辑人员的审核加工，图文并茂地展示在互联网上。这些交流信息囊括了全国各地老年大学丰富的办学经验、活动经验，既成为各个老年大学展示校园风采的园地，又为其他老年大学开展工作提供了可资借鉴的宝贵经验。“信息交流”栏目中的理论研究版块是各个老年大学探索老年教育最新理论成果的集聚地，这些研究文章涉及老年教育理论研究的各个领域，而且是建立在丰富基层工作经验和调研的基础上形成的。

2. 优质远程教育课程的集合地

网站的“视频资源”和“有声资源”栏目，现拥有视频课程资源数千课时。目前，这些资源大多是各个老年大学主动分享的由本校录制的优秀的远程教育课程，包括文学历史、健康养生、拳操健身、中西烹饪、信息技术等。这些来自各个老年大学的课程，立足于老年朋友的学习需求，经过实践检验深受本校与本区域老年学员欢迎。远程教育网平台通过集聚不同学校的优秀课程，使各个老年大学之间的信息共享与交流更加便捷。

3. 老年大学优秀学员佳作展示平台

远程教育网为各成员单位专门开辟有“学员作品”栏目，为成员单位学员发挥艺术特长提供展示交流的空间。网站通过信息公告，分步骤详细地指导会员单位上传作品，尤其欢迎各单位上传具有艺术性和代表性的学员作品（如字画和手工艺品等）。同时，网站还给作品丰富的学员设立单独展示专辑，让更多有才艺的老年学员在网络空间举办个人展览，让他们的才和艺被更多的人欣赏，实现老年朋友的个人价值。

4. 老年大学现场课堂教学分享平台

网站运营者运用互联网最新发展成果，逐渐实现各类学习终端与介子的覆盖。课程资源是远程教育网提供的信息服务的核心，除了录播课程外，网站还规划了直播课程。将来，这一平台会为更多的老年大学提供现场直播教学，增加教与学互动，方便不同地区的老年学员同步学习老年远程教育课程。同时，网站也鼓励各个老年大学推荐本校优秀教师，让这些优秀教师通过网站直播平台授课，使某一地的优秀师资能够在其他师资薄弱地区得到共享。从而带动这些薄弱区域老年教育的发展。

5. 各省市老年大学和老年远程教育实验区形象展示平台

通过“成员单位”这一版块，远程教育网利用网络技术优势，为各省市老年大学和老年远程教育实验区提供单独的二级页面服务。在这里，没有独立网站的老年大学和老年远程教育实验区也将拥有自己的展示平台，包括学校介绍、招生信息、活动信息、本校学员作品展示、本校课程资源展示等。有特殊展示需求的老年大学，还可以通过与网站合作定制独特的本校校风校貌展示页面。

6. 服务逐步惠及全国老年大学

网站逐步向全国其他省市老年大学的所辖收视点进行账号分发。届时，全国的老年大学都将能够利用远程教育网平台并获得其技术服务，开展本校与本区域的老年远程教育工作，共享其他老年大学的优秀远程教育音视频课程资源，实现本地在线课程的学习收视与管理，发展并提高各单位老年远程教育整体质量。

7. 为远程教育收视硬件装备升级服务

经过广泛的调研，针对许多地区远程教育设备陈旧问题，远程教育网未来将联合技术开发商为各省市老年大学及其所辖收视点的远程教育收视硬件装备系统进行配套升级，同时开发适合远程教育收视的软件系统，努力使远程学员收看更方便和悦目、管理更便捷，确保学员的收视学习质量与效果。

8. 服务每一位有学习需求的老年朋友

远程教育网面向全国有学习需求并有远程学习条件的老年人个体，有序开放学习资源。每一位老年朋友都可以登录远程教育网，在注册成为远程教育网会员后，不仅可以及时了解各地老年大学丰富多彩的教学活动，了解全国各地老年人的校园生活，还可以在家学习全国各个老年大学优秀的课程，上传并展示自己的艺术作品。

自中国老年大学协会远程教育网成立以来，截至2018年6月，已在远程教育工作委员会的指导下先后发布16期工作简报，积极推荐优秀课程并表彰先进成员单位。

第二节　通讯员队伍与制度建设

一、通讯员队伍建设

建设一支通讯员队伍对于远程教育网的发展具有不言而喻的重要性。在通讯员积极、有效的推进下，远程教育网成为各省市实验区老年大学的信息、经验、资源交流共享的平台以及老年大学远程教育管理、学员在线学习的公共平台，实现了老年教育优质资源的共建、共享最大化。

2017 年 5 月，远程教育网通讯员培训班第一期在广西桂林开办，各省市实验区 100 多名通讯员参加了培训。目前，远程教育网已在 20 个省市拥有 142 名通讯员。随着老年远程教育实验区的不断扩大和通讯员队伍的逐步扩充，网站将在远程教育工作委员会和远程教育网管委会的指导下加强通讯员培训工作。培训内容除了技术操作等互联网知识技能，还包括最新现代信息技术知识更新。通过培训努力拓宽通讯员的视野，增强责任心，提高推进区域老年远程教育的组织能力和管理水平。

二、通讯员的工作职责及制度建设

（一）通讯员工作职责

（1）收集本地区老年教育动态、研究成果、各项活动，在全国平台上进行交流。

（2）积极上传优质课程、教材等，实现各成员单位之间的远程教学资源共享。

（3）利用该网络平台获取在线优质资源，提高本单位老年远程教育的收视质量。

（4）运用网络平台，精选适宜的在线课程，并组织管理好在线学员。

（二）加强通讯员工作的措施

（1）各省市要加强实验区通讯员的培训工作，交流经验，发扬先进，鼓励创新。

（2）网站对各实验区通过通讯员利用网站的绩效定期发布排行榜，其中包括上传优质课件的数量、收视注册人数、基层收视点的发展经验和特色等。

（3）充分发挥通讯员上传优质课件和信息的积极性，将上传的优质课件和相关信息与积分挂钩。上传的量越多，可获得的资源（阅读资源等）也越多。

（4）积极组织学员参加网站优秀学习作品竞赛和学习征文的评选活动，努力营造体现正能量的网络文化。

（5）开展优秀通讯员评选活动，并将重视通讯员队伍建设作为示范区评价的标准之一。

第三节　中国老年大学协会远程教育网工作平台使用指南

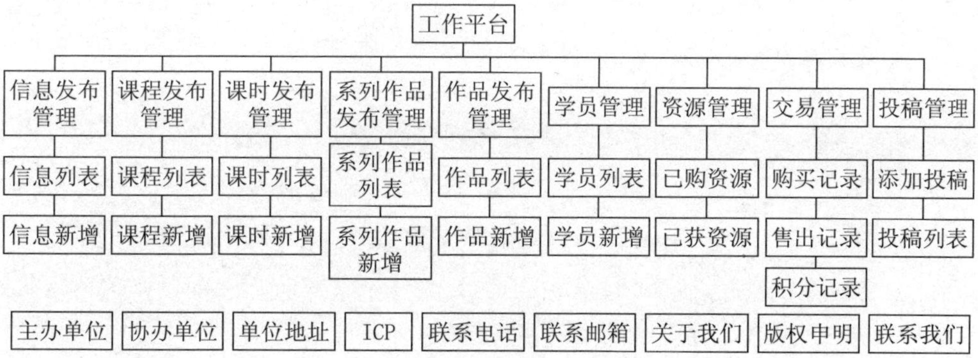

图 5-3　工作平台整体框架

在网站首页（http://www.caua99.com）的右上方点击“工作平台”，进入登录页面。分别输入登录名和密码，按“登录”按钮进入工作平台系统。

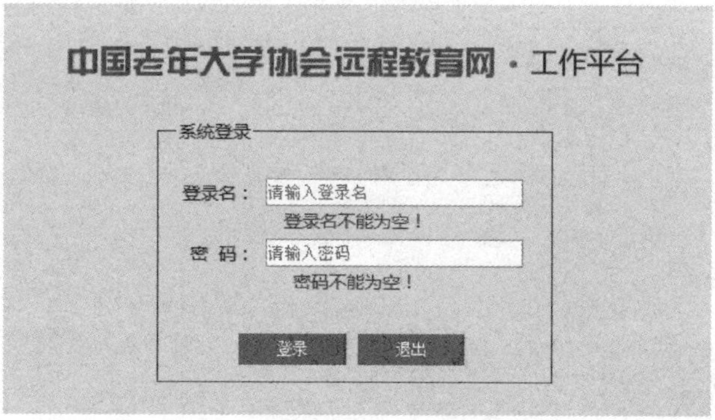

图 5-4　工作平台登录页面

【提示】上传网站工作平台上的内容应先由通讯员审核（课程的内容、邀请的专家），最终由网站平台管理员审核，审核通过后才会在网站前台显示。

通讯员须确认所有课程的版权、著作权的归属，版权合同须齐全，以备查看。

一、如何上传活动信息

【说明】该版块用于管理系统内发布信息的基本信息。

1. 列表和修改

（1）从系统左侧菜单选择“信息发布管理”→“信息列表”后单击进入列表页面。

图 5–5

（2）该页面按每页一定数量记录分页显示发布信息的信息列表，选择显示条数的下拉列表框可改变每页数量。

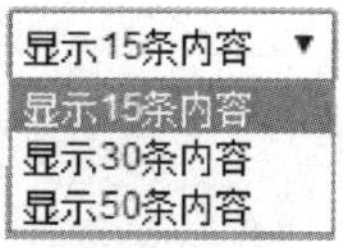

图 5-6

（3）单击每行记录前的复选框，然后单击“删除”可进行批量删除操作；单击“新增”按钮可进入信息新增页面。

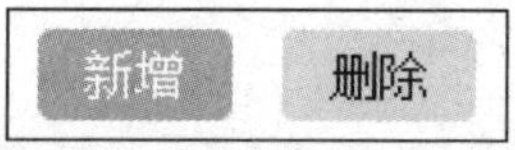

图 5-7

（4）单击需要编辑的记录后的“修改”按钮，可进入信息修改页面；单击该记录后的“删除”按钮可以彻底从系统中删去该记录。

图 5-8

（5）进入信息修改的页面后，可在该页面重新编辑该记录的信息，单击“保存”按钮保存修改内容；单击“提交审核”按钮提交到后台系统等待审核；单击“删除”按钮删除该记录；单击“关闭”按钮返回到信息列表页面。

2. 新增

（1）从系统左侧菜单选择“信息发布管理”→“信息新增”后单击进入信息新增的页面。

（2）在该页面输入新增信息的信息后，单击“保存”按钮可保存

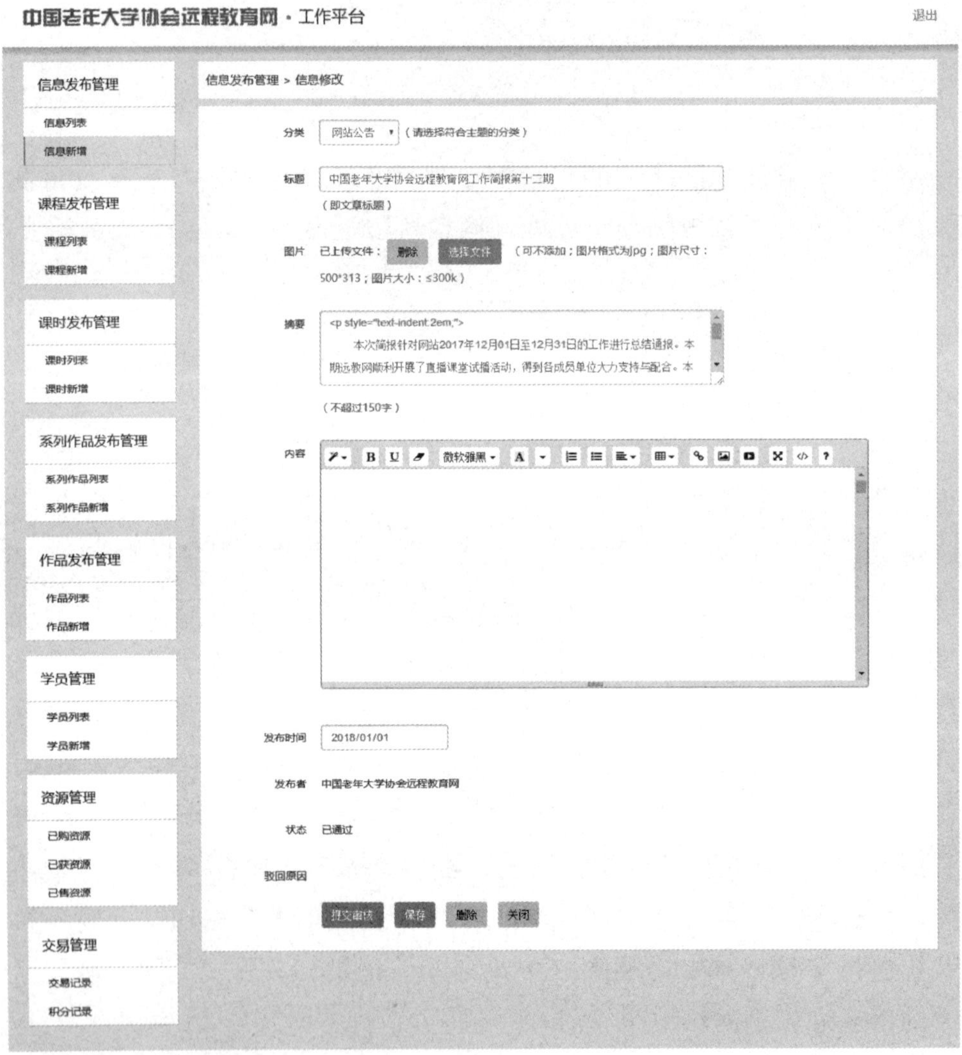
中国老年大学协会远程教育网 · 工作平台
退出
信息发布管理
信息列表
信息新增
课程发布管理
课程列表
课程新增
课时发布管理
课时列表
课时新增
系列作品发布管理
系列作品列表
系列作品新增
作品发布管理
作品列表
作品新增
学员管理
学员列表
学员新增
资源管理
已购资源
已获资源
已售资源
交易管理
交易记录
积分记录
信息发布管理 > 信息修改
分类 网站公告 （请选择符合主题的分类）
标题 中国老年大学协会远程教育网工作简报第十二期
（即文章标题）
图片 已上传文件： 删除 选择文件 （可不添加；图片格式为jpg；图片尺寸：500*313；图片大小：≤300k）
摘要 <p style="text-indent:2em;">
本次简报针对网站2017年12月01日至12月31日的工作进行总结通报。本期远教网顺利开展了直播课堂试播活动，得到各成员单位大力支持与配合。本
（不超过150字）
内容
发布时间 2018/01/01
发布者 中国老年大学协会远程教育网
状态 已通过
驳回原因
提交审核 保存 删除 关闭

图 5–9

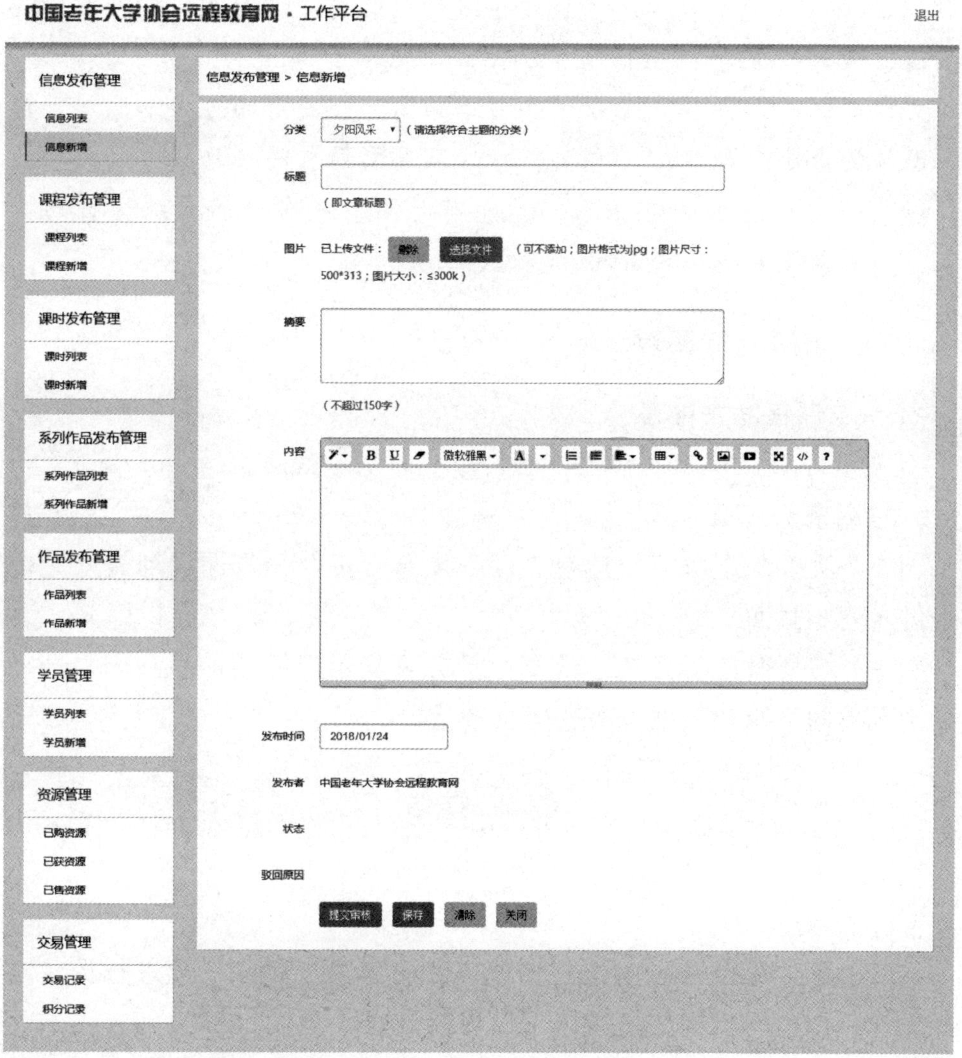
中国老年大学协会远程教育网 · 工作平台
退出
信息发布管理
信息列表
信息新增
课程发布管理
课程列表
课程新增
课时发布管理
课时列表
课时新增
系列作品发布管理
系列作品列表
系列作品新增
作品发布管理
作品列表
作品新增
学员管理
学员列表
学员新增
资源管理
已购资源
已获资源
已售资源
交易管理
交易记录
积分记录
信息发布管理 > 信息新增
分类
夕阳风采
（请选择符合主题的分类）
标题
（即文章标题）
图片
已上传文件：
删除
选择文件
（可不添加；图片格式为jpg；图片尺寸：500*313；图片大小：≤300k）
摘要
（不超过150字）
内容
微软雅黑
发布时间
2018/01/24
发布者
中国老年大学协会远程教育网
状态
驳回原因
提交审核
保存
清除
关闭

图 5-10

该记录；单击“提交审核”按钮提交到后台系统等待审核；未保存或提交审核前单击“清除”按钮可清除已录入的内容；单击“关闭”按钮返回到信息列表页面。

【说明】信息新增页面所需要录入的内容有：①分类，即按照活动报道、理论研究、招生信息、夕阳风采来对信息进行区分；②标题，即文章标题；③图片，配合信息内容的图片，没有的可以不添加，注意图片的大小、尺寸；④摘要，对这篇信息内容的概括提要，文字无须过长；⑤信息的文字内容；⑥发布时间，发布时间系统会自动输入，如果需要表明特定时间，可选择日期。

二、如何上传课程

（一）课程发布管理

【说明】该版块用于管理系统内课程的基本信息。

1. 列表和修改

（1）从系统左侧菜单选择“课程发布管理”→“课程列表”后单击进入列表页面。

（2）该页面按每页一定数量记录分页显示课程的信息列表，选择显示条数的下拉列表框可改变每页数量。

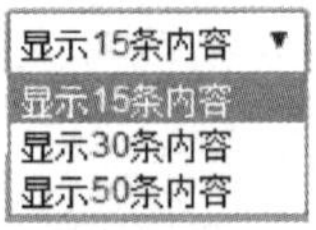

图 5-11

（3）单击每行记录前的复选框，然后单击“删除”可进行批量删除操作；单击“新增”按钮可进入课程新增页面。

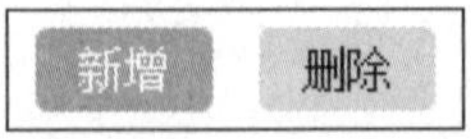

图 5-12

（4）单击需要编辑的记录后的“修改”，可进入课程修改页面；单击“删除”可以彻底从系统中删去该记录；单击“查看课时”可进入

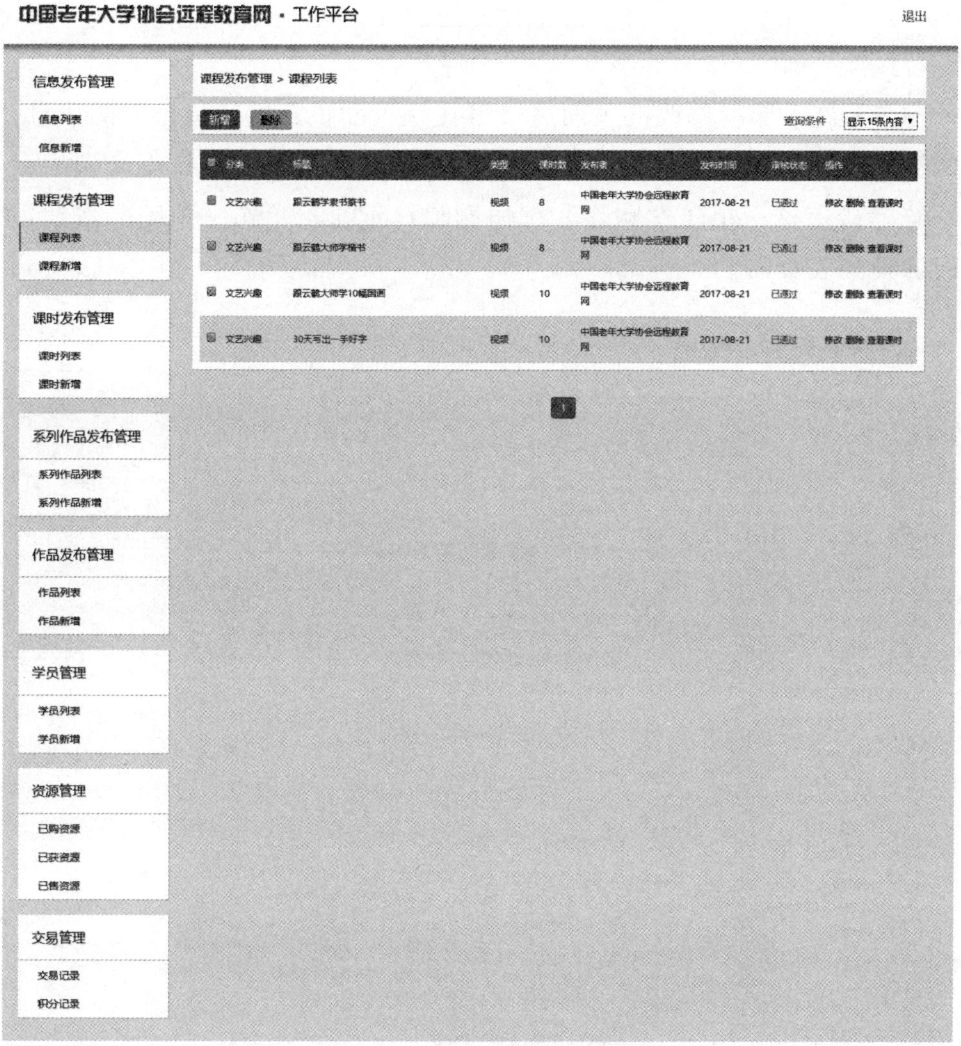
中国老年大学协会远程教育网 · 工作平台
退出
信息发布管理
信息列表
信息新增
课程发布管理
课程列表
课程新增
课时发布管理
课时列表
课时新增
系列作品发布管理
系列作品列表
系列作品新增
作品发布管理
作品列表
作品新增
学员管理
学员列表
学员新增
资源管理
已购资源
已获资源
已售资源
交易管理
交易记录
积分记录
课程发布管理 > 课程列表
新增
删除
查询条件
显示15条内容
文艺兴趣
视频
中国老年大学协会远程教育网
2017-08-21
修改 删除 查看课时
30天写出一手好字

图 5-13

该课程的课时列表页面。

图 5-14

（5）进入课程修改的页面后，可在该页面重新编辑该记录的信息，单击“保存”按钮保存修改内容；单击“提交审核”按钮提交到后台系统等待审核；单击“删除”按钮删除该记录；单击“关闭”按钮返回课程列表页面。

图 5-15

2. 新增

（1）从系统左侧菜单选择“课程发布管理”→“课程新增”后单击进入课程新增页面。

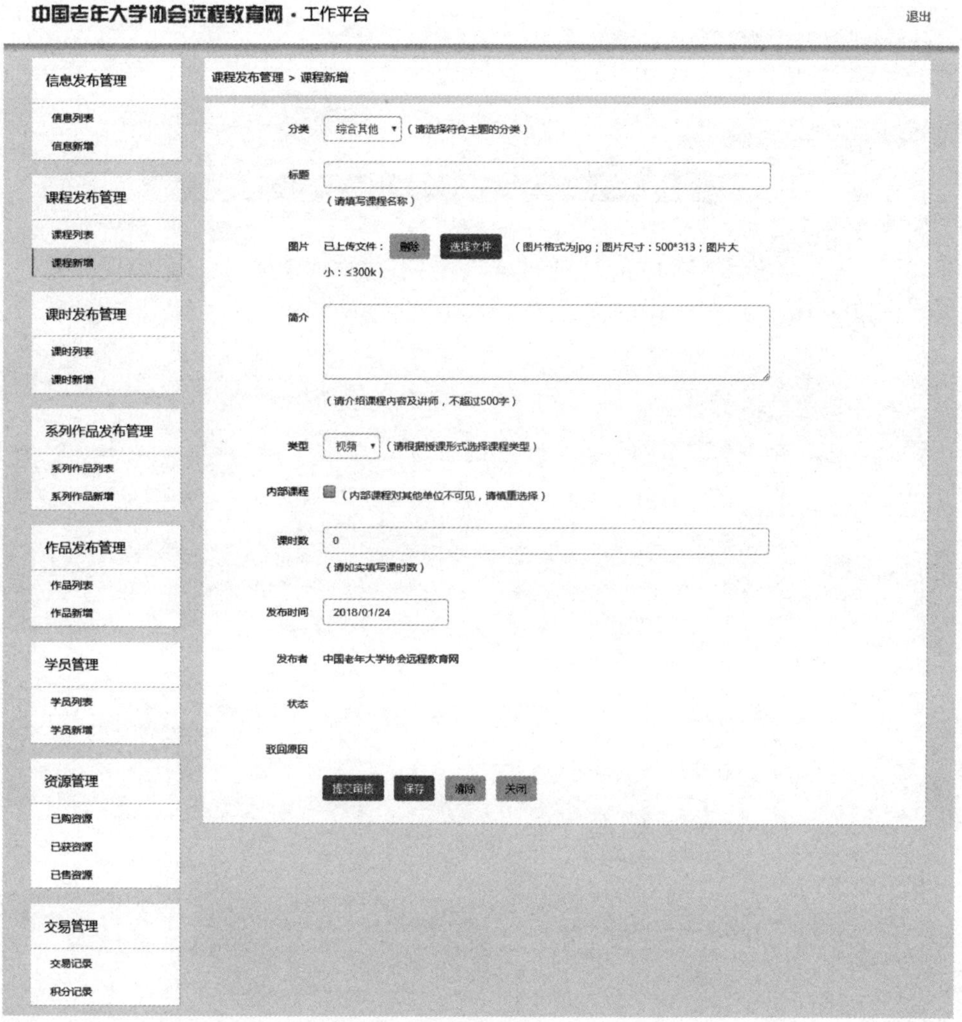

图 5-16

（2）在该页面输入新增课程的信息后，单击“保存”按钮可保存该记录；单击“提交审核”按钮提交到后台系统等待审核；未保存或提交审核前单击“清除”按钮可清除已录入的内容；单击“关闭”按钮返回到课程列表页面。

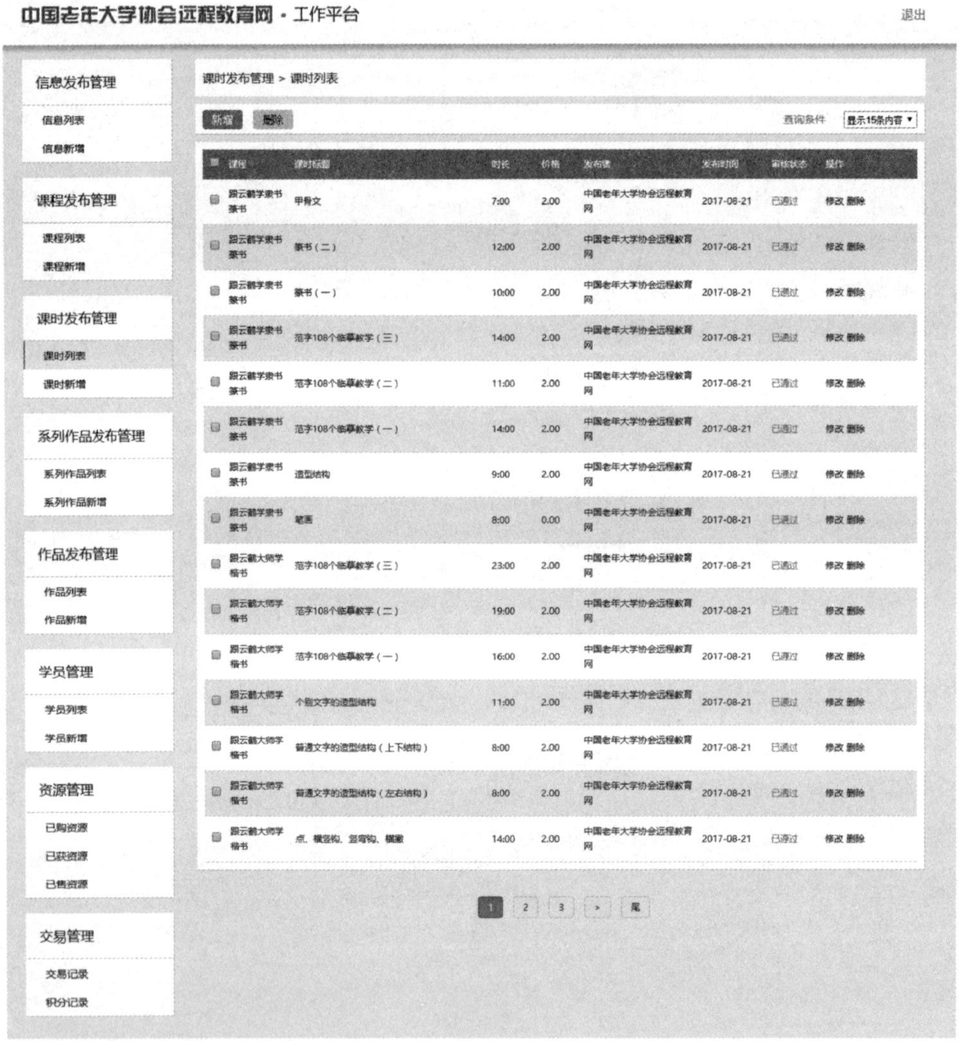
中国老年大学协会远程教育网 · 工作平台
退出
信息发布管理
信息列表
信息新增
课程发布管理
课程列表
课程新增
课时发布管理
课时列表
课时新增
系列作品发布管理
系列作品列表
系列作品新增
作品发布管理
作品列表
作品新增
学员管理
学员列表
学员新增
资源管理
已购资源
已获资源
已售资源
交易管理
交易记录
积分记录
课时发布管理 > 课时列表
新增
删除
查询条件
显示15条内容
时长
跟云鹤学隶书 篆书 甲骨文 7:00 2.00 中国老年大学协会远程教育网 2017-08-21 已通过 修改 删除
跟云鹤学隶书 篆书 篆书（二） 12:00 2.00 中国老年大学协会远程教育网 2017-08-21 已通过 修改 删除
跟云鹤学隶书 篆书 篆书（一） 10:00 2.00 中国老年大学协会远程教育网 2017-08-21 已通过 修改 删除
跟云鹤学隶书 篆书 范字108个临摹教学（三） 14:00 2.00 中国老年大学协会远程教育网 2017-08-21 已通过 修改 删除
跟云鹤学隶书 篆书 范字108个临摹教学（二） 11:00 2.00 中国老年大学协会远程教育网 2017-08-21 已通过 修改 删除
跟云鹤学隶书 篆书 范字108个临摹教学（一） 14:00 2.00 中国老年大学协会远程教育网 2017-08-21 已通过 修改 删除
跟云鹤学隶书 篆书 造型结构 9:00 2.00 中国老年大学协会远程教育网 2017-08-21 已通过 修改 删除
跟云鹤学隶书 篆书 笔画 8:00 0.00 中国老年大学协会远程教育网 2017-08-21 已通过 修改 删除
跟云鹤大师学 楷书 范字108个临摹教学（三） 23:00 2.00 中国老年大学协会远程教育网 2017-08-21 已通过 修改 删除
跟云鹤大师学 楷书 范字108个临摹教学（二） 19:00 2.00 中国老年大学协会远程教育网 2017-08-21 已通过 修改 删除
跟云鹤大师学 楷书 范字108个临摹教学（一） 16:00 2.00 中国老年大学协会远程教育网 2017-08-21 已通过 修改 删除
跟云鹤大师学 楷书 个别文字的造型结构 11:00 2.00 中国老年大学协会远程教育网 2017-08-21 已通过 修改 删除
跟云鹤大师学 楷书 普通文字的造型结构（上下结构） 8:00 2.00 中国老年大学协会远程教育网 2017-08-21 已通过 修改 删除
跟云鹤大师学 楷书 普通文字的造型结构（左右结构） 8:00 2.00 中国老年大学协会远程教育网 2017-08-21 已通过 修改 删除
跟云鹤大师学 楷书 点、横竖钩、竖弯钩、横撇 14:00 2.00 中国老年大学协会远程教育网 2017-08-21 已通过 修改 删除
1 2 3 > 尾

图 5-17

【说明】课程新增页面所需要录入的内容有：① 分类，课程有十三大分类，通讯员在上传某一课程的时候请注意正确选择课程类别；② 标题，即课程名称；③ 图片，可以是课程封面、视频截屏、课程相关的图片元素，但需要注意图片的版权问题，不能从网上随便找一张图就上传上来，这会引起不必要的版权纠纷，同时注意图片的大小、尺寸；④ 简介，即对课程内容及讲师的描述；⑤ 类型，课程分视频、图文两种，如果是文字课程就选择图文这一类别；⑥ 内部课程，如勾选即表示上传的这门课程不对本学校以外的学员开放；⑦ 课时数，这一课程下的课时数量；⑧ 发布时间，发布时间系统会自动输入，如果需要特定时间的话，可选择日期。

（二）课时发布管理

【说明】该版块用于管理系统内课时的基本信息。

1. 列表和修改

（1）从系统左侧菜单选择“课时发布管理”→“课时列表”后单击进入列表页面。

（2）该页面按每页一定数量记录分页显示课时的信息列表，选择显示条数的下拉列表框可改变每页数量。

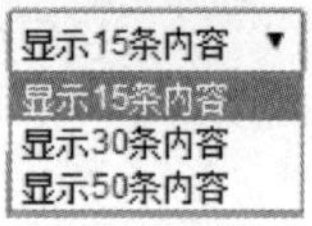

图 5-18

（3）单击每行记录前的复选框，然后单击“删除”可进行批量删除操作；单击“新增”按钮可进入课时新增页面。

图 5-19

（4）单击需要编辑记录后的“修改”，可进入课时修改页面；单击该记录后的“删除”可以彻底从系统中删去该记录。

图 5-20

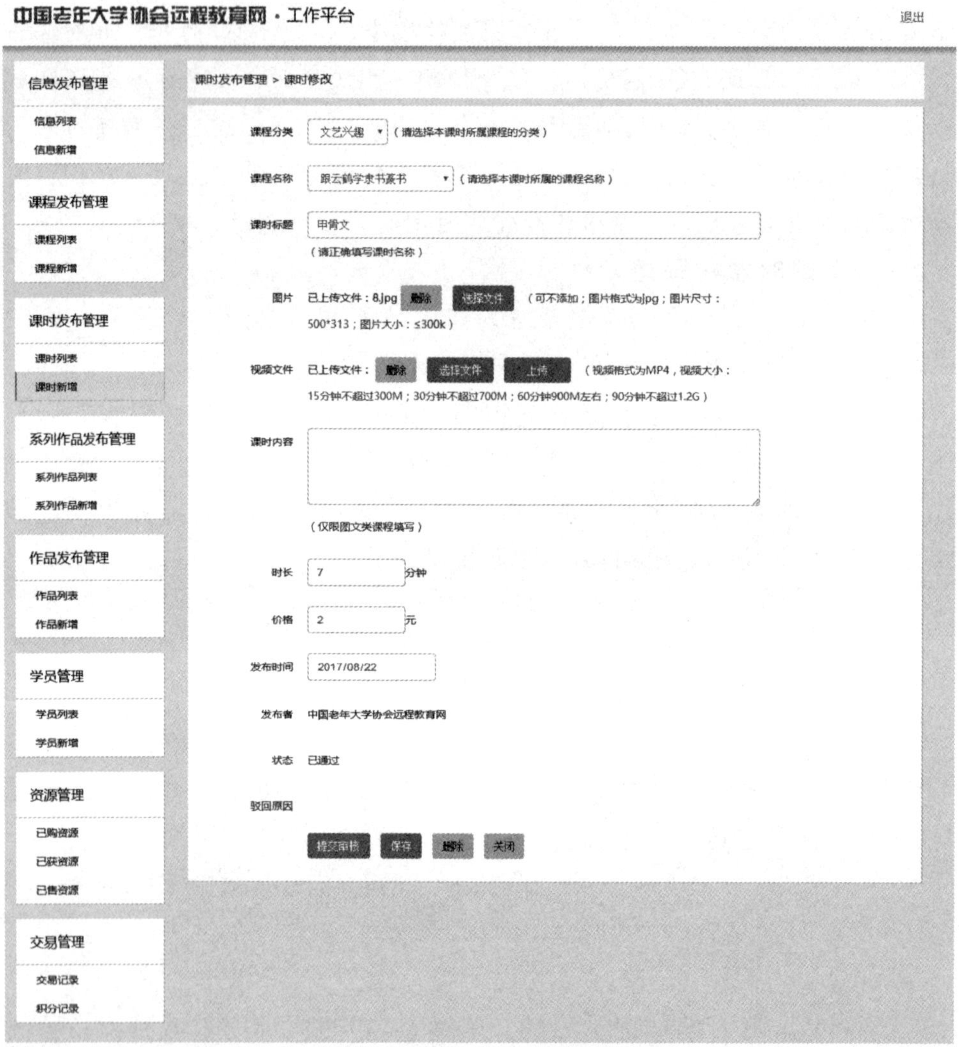
中国老年大学协会远程教育网 · 工作平台
退出
信息发布管理
信息列表
信息新增
课程发布管理
课程列表
课程新增
课时发布管理
课时列表
课时新增
系列作品发布管理
系列作品列表
系列作品新增
作品发布管理
作品列表
作品新增
学员管理
学员列表
学员新增
资源管理
已购资源
已获资源
已售资源
交易管理
交易记录
积分记录
课时发布管理 > 课时修改
课程分类
文艺兴趣
（请选择本课时所属课程的分类）
课程名称
跟云鹤学隶书篆书
（请选择本课时所属的课程名称）
课时标题
甲骨文
（请正确填写课时名称）
图片
已上传文件：8.jpg
删除
选择文件
（可不添加；图片格式为jpg；图片尺寸：500*313；图片大小：≤300k）
视频文件
已上传文件：
删除
选择文件
上传
（视频格式为MP4，视频大小：15分钟不超过300M；30分钟不超过700M；60分钟900M左右；90分钟不超过1.2G）
课时内容
（仅限图文类课程填写）
时长
7
分钟
价格
2
元
发布时间
2017/08/22
发布者
中国老年大学协会远程教育网
状态
已通过
驳回原因
提交审核
保存
删除
关闭

图 5–21

（5）进入课时修改页面后，可在该页面重新编辑该记录的信息，单击“保存”按钮保存修改内容；单击“提交审核”按钮提交到后台系统等待审核；单击“删除”按钮删除该记录；单击“关闭”按钮返回到课时列表页面。

2. 新增

（1）从系统左侧菜单选择“课时发布管理”→“课时新增”后单击进入新增页面。

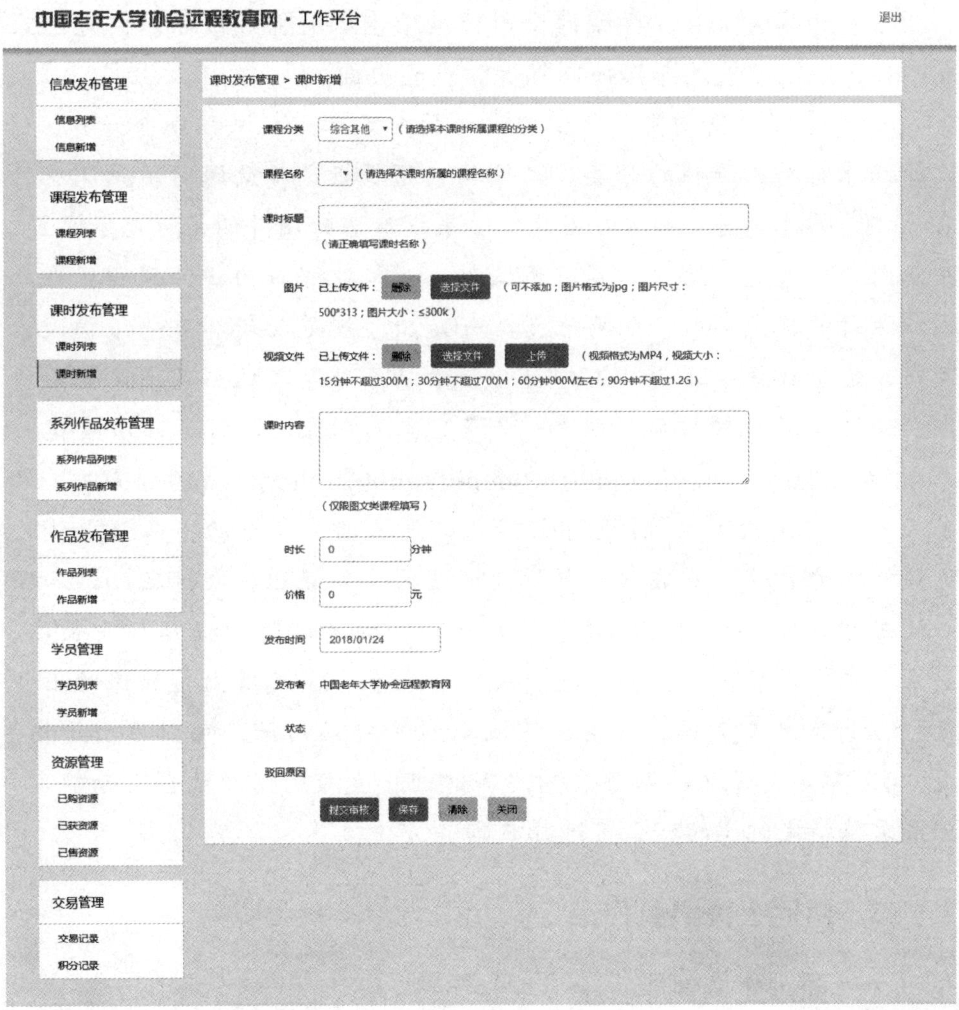

图 5–22

（2）正确选择分类和课程。

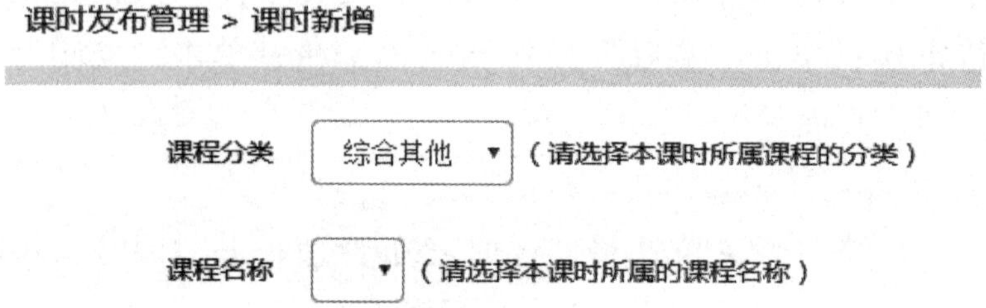

图 5-23

（3）待审核；未保存或提交审核前单击“清除”按钮可清除已录入内容；单击“关闭”按钮回到课时列表页面。

【说明】课时新增页面所需要录入的内容有：①课程分类，下拉框选择此课时所属课程的分类。②课程，下拉框选择此课时所属课程的名称。③课时标题。④课时图片，如果没有课时图片的话可以不添加，注意图片的大小、尺寸。⑤视频文件，如果此课程为视频课程，在此添加课时的视频链接，但要注意，一是出于规范管理和安全维护因素考虑，请将视频命名为“工作平台登录名＋数字”的形式，比如天津市和平区上传视频课程“摄影基础”，首先要将此课程下的所有视频课时名称改为：hepingqu001、hepingqu002、hepingqu003……（数字可以是任何数字），再进行上传，这是特别要注意的；二是上传的视频格式为mp4。⑥内容，如果此课程为文字课程，即可在此添加课时的文字内容，可图文混排。⑦时长，指的是课时的视频时间长度，如果是文字内容，填“0”。⑧价格，如果会员单位所上传的课时出于版权、制作成本考虑，观看时需收取相关费用的话，可以填上价格，填“0”即是免费共享课程。⑨发布时间，发布时间系统会自动输入，如果需要特定时间的话，可选择日期。

三、如何上传学员作品

（一）系列作品管理

【说明】该版块用于管理系统内系列作品的基本信息。

1. 列表和修改

（1）从系统左侧菜单选择“系列作品发布管理”→“系列作品列表”后单击进入列表页面。

（2）该页面按每页一定数量记录分页显示发布系列作品的信息列表，选择显示条数的下拉列表框可改变每页数量。

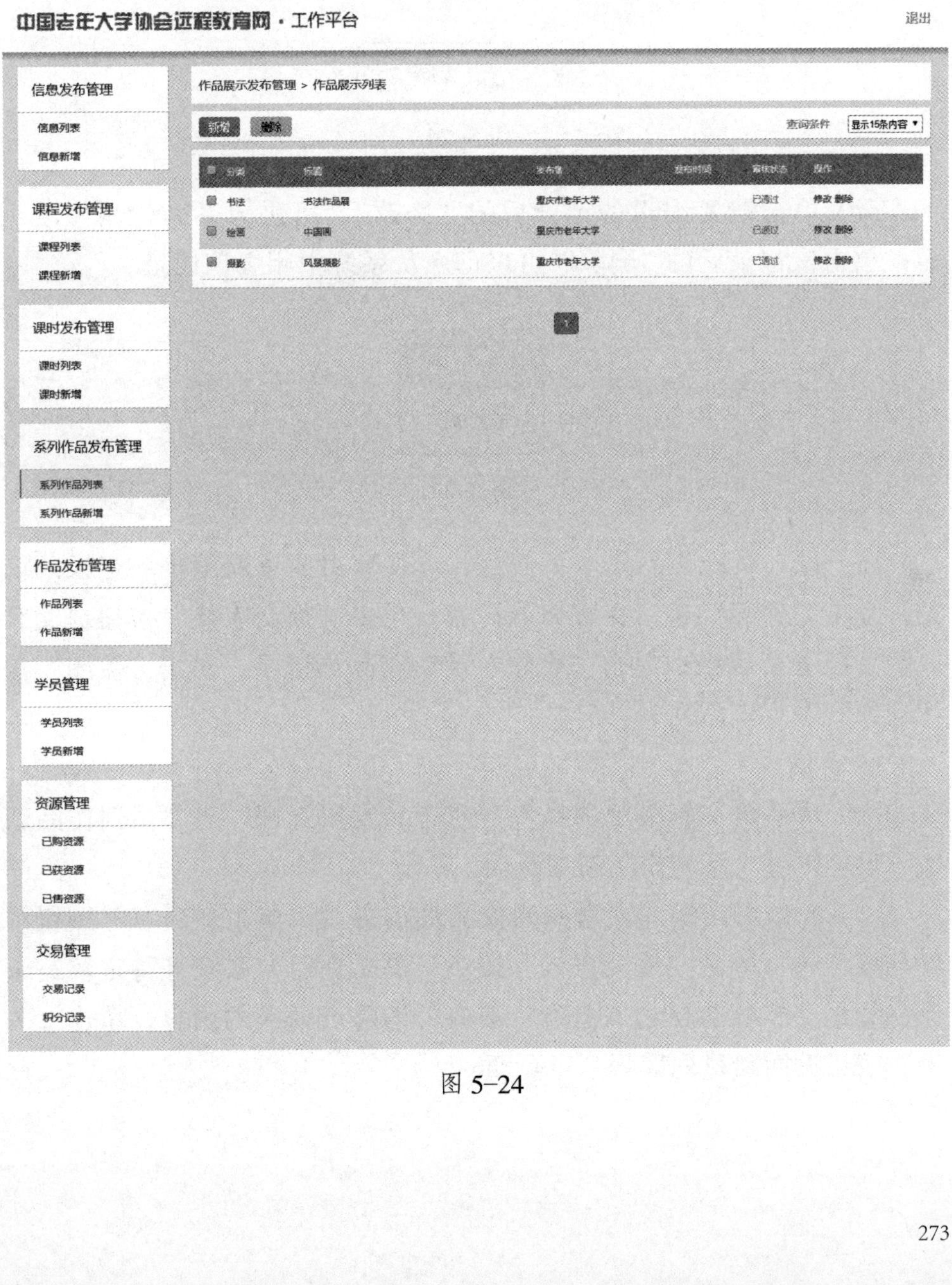

图 5-24

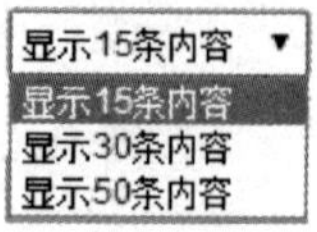

图 5-25

（3）单击每行记录前的复选框，然后单击“删除”可进行批量删除操作；单击“新增”按钮可进入系列作品新增页面。

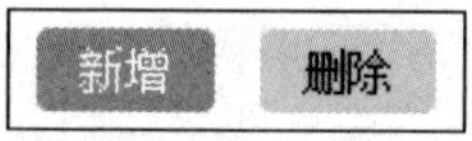

图 5-26

（4）单击需要编辑的记录后的“修改”，可进入系列作品修改页面；单击该记录后的“删除”可以彻底从系统中删去该记录。

图 5-27

（5）进入系列作品修改页面后，可在该页面重新编辑该记录的信息，单击“保存”按钮保存修改内容；单击“提交审核”按钮提交到后台系统等待审核；单击“删除”按钮删除该记录；单击“关闭”按钮返回到系列作品列表页面。

2. 新增

（1）从系统左侧菜单选择“系列作品发布管理”→“系列作品新增”后单击进入系列作品新增页面。

（2）在该页面输入新增系列作品的信息后，单击“保存”按钮可保存该记录；单击“提交审核”按钮，提交到后台系统等待审核；未保存或提交审核前单击“清除”按钮可清除已录入的内容；单击“关闭”按钮返回到系列课程列表页面。

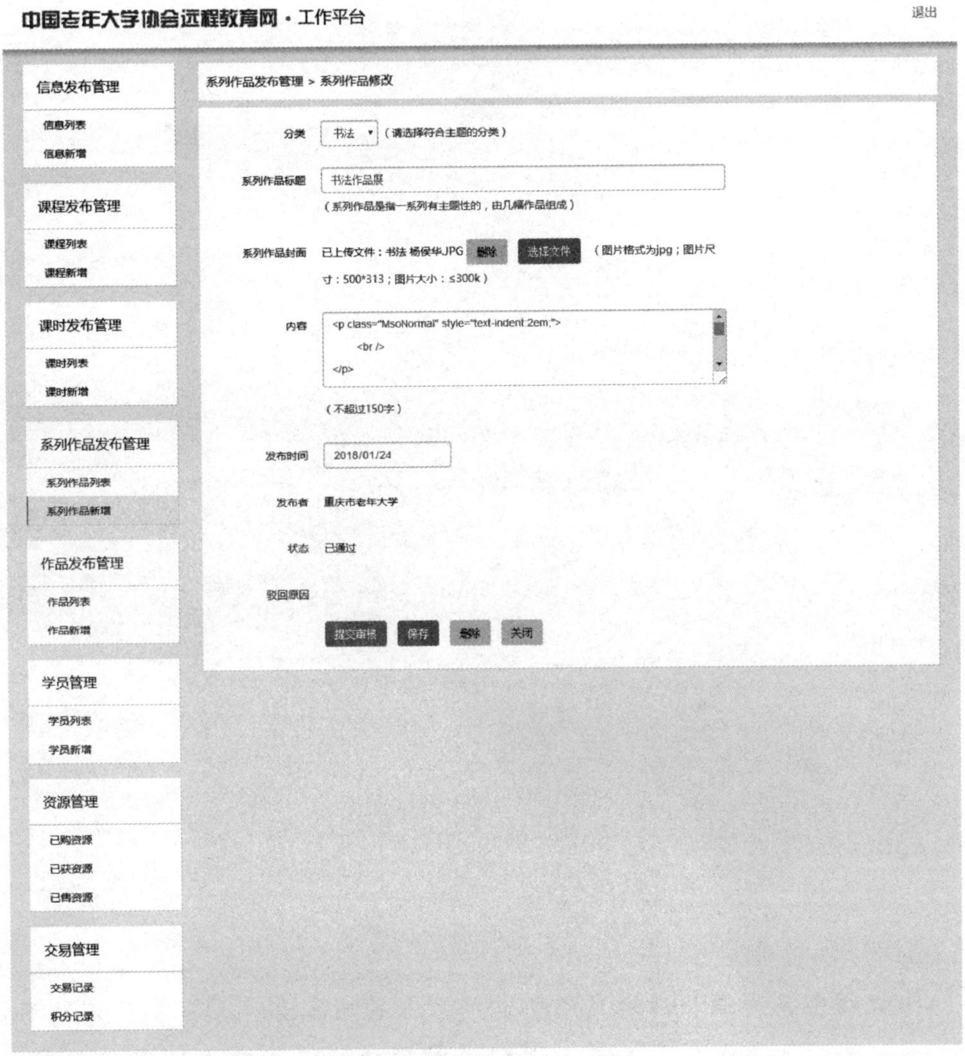
中国老年大学协会远程教育网 · 工作平台
退出
信息发布管理
信息列表
信息新增
课程发布管理
课程列表
课程新增
课时发布管理
课时列表
课时新增
系列作品发布管理
系列作品列表
系列作品新增
作品发布管理
作品列表
作品新增
学员管理
学员列表
学员新增
资源管理
已购资源
已获资源
已售资源
交易管理
交易记录
积分记录
系列作品发布管理 > 系列作品修改
分类
书法
（请选择符合主题的分类）
系列作品标题
书法作品展
（系列作品是指一系列有主题性的，由几幅作品组成）
系列作品封面
已上传文件：书法 杨侯华.JPG
删除
选择文件
（图片格式为jpg；图片尺寸：500*313；图片大小：≤300k）
内容
<p class="MsoNormal" style="text-indent:2em;">

</p>
（不超过150字）
发布时间
2018/01/24
发布者
重庆市老年大学
状态
已通过
驳回原因
提交审核
保存
删除
关闭

图 5-28

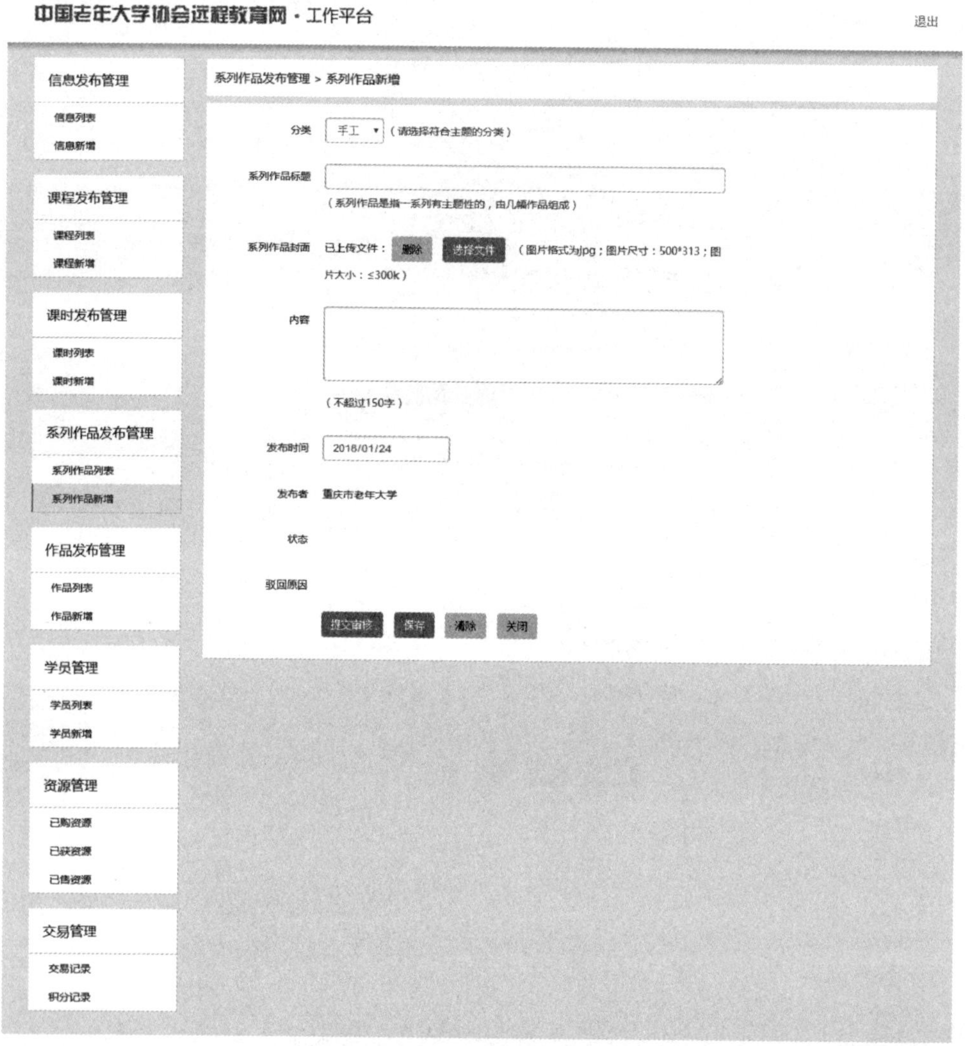

图 5–29

【说明】系列课程新增页面所需要录入的内容有：①分类，课程有四大分类，通讯员在上传某一课程的时候请注意正确选择课程类别；②标题；③封面图，可以选择要上传的系列作品其中一张代表作品图，注意图片的大小、尺寸；④内容，即对系列作品的主题、作者等的描述；⑤发布时间，发布时间系统会自动输入，如果需要特定时间的话，可选择日期。

（二）作品发布管理

【说明】该版块用于管理系统内作品的基本信息。

1. 列表和修改

（1）从系统左侧菜单选择“作品发布管理”→“作品列表”后单击进入列表页面。

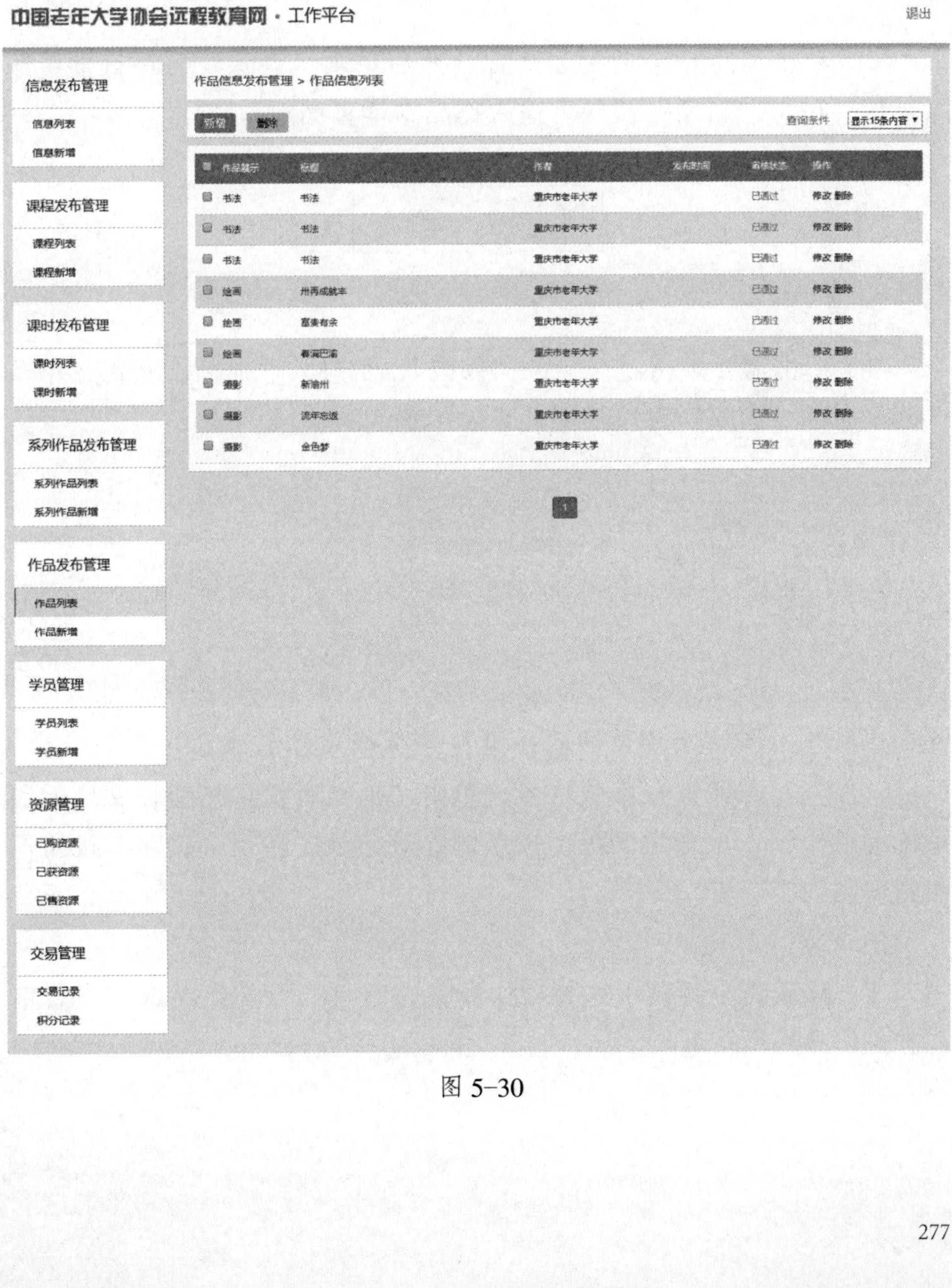

图 5-30

（2）该页面按每页一定数量记录分页显示作品的信息列表，选择显示条数的下拉列表框可改变每页数量。

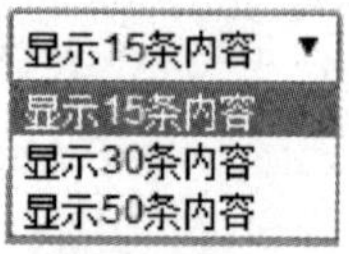

图 5-31

（3）单击每行记录前的复选框，然后单击“删除”可进行批量删除操作；单击“新增”按钮可进入作品新增页面。

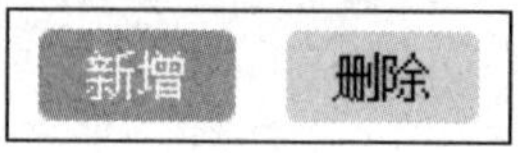

图 5-32

（4）单击需要编辑记录后的“修改”，可进入作品修改页面；单击该记录后的“删除”可以彻底从系统中删去该记录。

图 5-33

（5）进入作品修改页面后，可在该页面重新编辑该记录的信息，单击“保存”按钮保存修改内容；单击“提交审核”按钮提交到后台系统等待审核；单击“删除”按钮删除该记录；单击“关闭”按钮返回到作品列表页面。

2. 新增

（1）从系统左侧菜单选择“作品发布管理”→“作品新增”后单击进入作品新增页面。

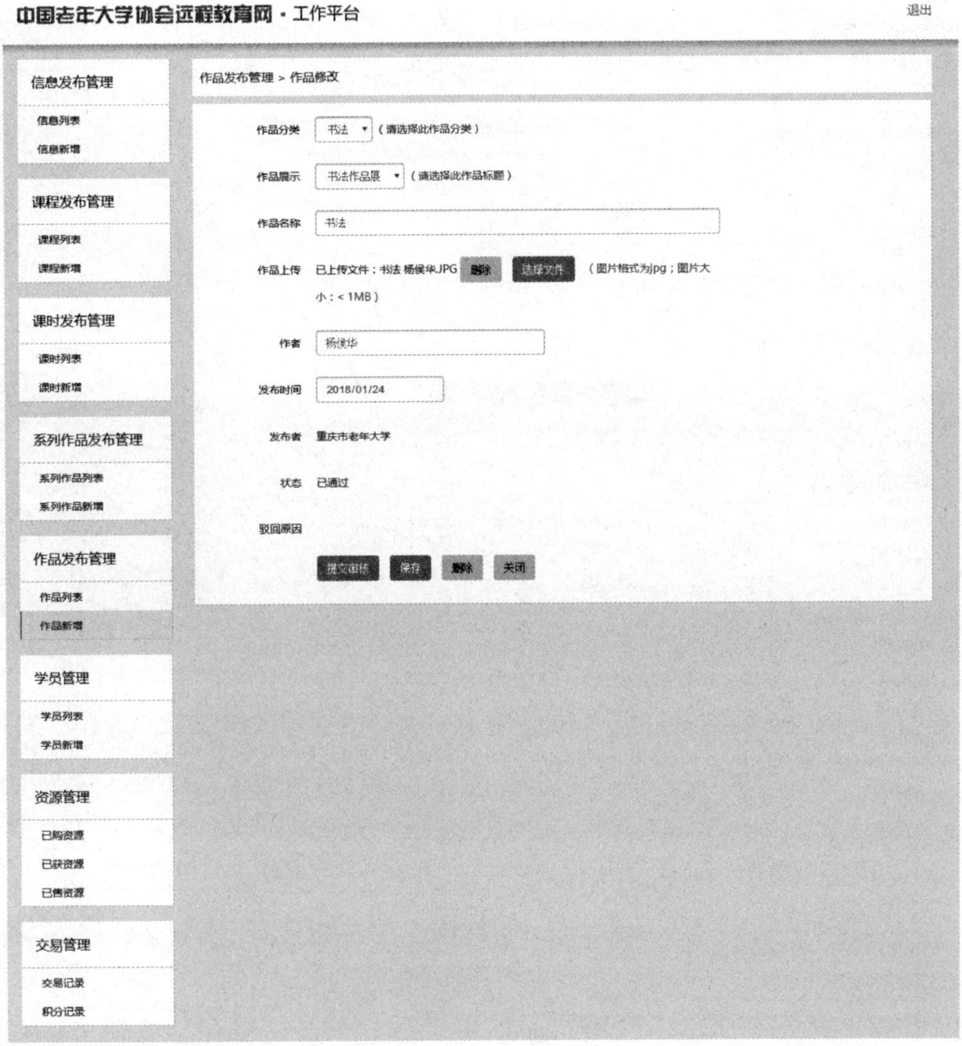
中国老年大学协会远程教育网·工作平台
退出
信息发布管理
信息列表
信息新增
课程发布管理
课程列表
课程新增
课时发布管理
课时列表
课时新增
系列作品发布管理
系列作品列表
系列作品新增
作品发布管理
作品列表
作品新增
学员管理
学员列表
学员新增
资源管理
已购资源
已获资源
已售资源
交易管理
交易记录
积分记录
作品发布管理 > 作品修改
作品分类
书法
（请选择此作品分类）
作品展示
书法作品展
（请选择此作品标题）
作品名称
书法
作品上传
已上传文件：书法 杨侯华.JPG
删除
选择文件
（图片格式为jpg；图片大小：< 1MB）
作者
杨侯华
发布时间
2018/01/24
发布者
重庆市老年大学
状态
已通过
驳回原因
提交审核
保存
删除
关闭

图 5-34

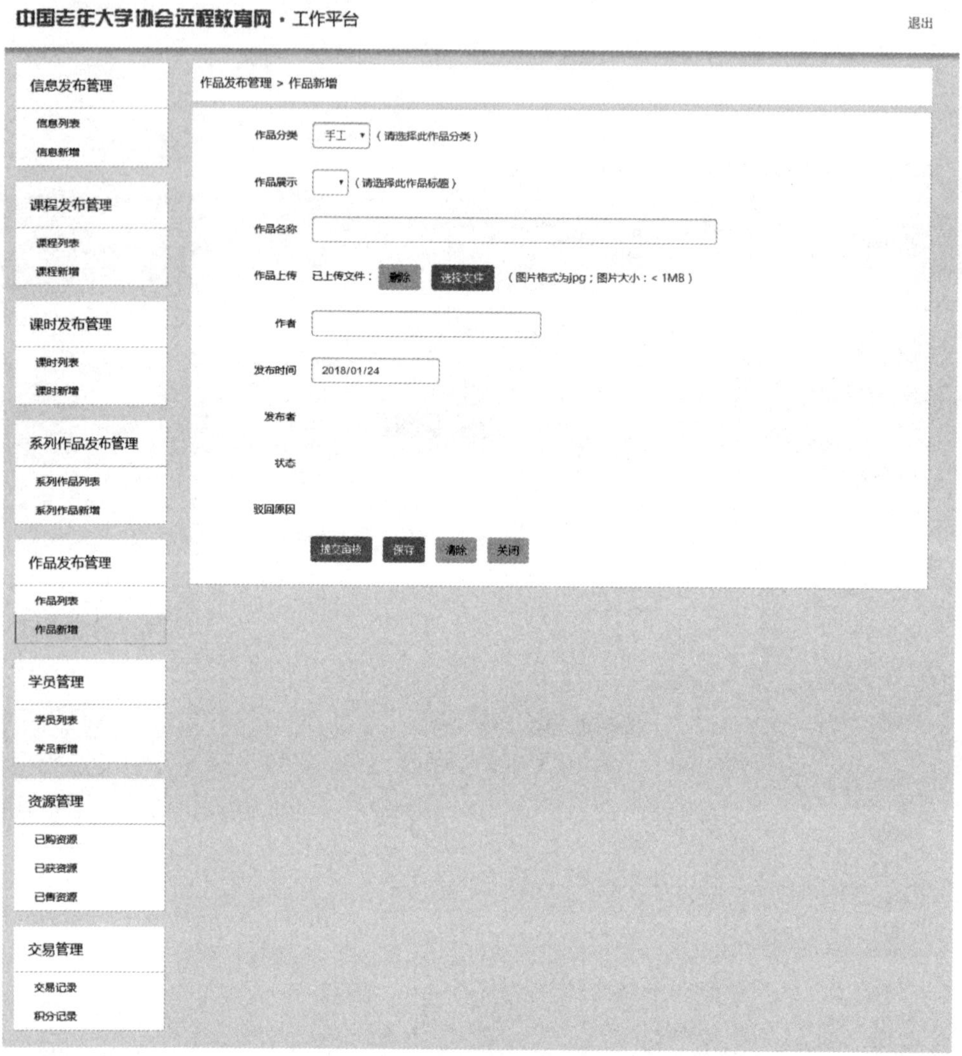

图 5-35

（2）在该页面输入新增作品的信息后，单击“保存”按钮可保存该记录；单击“提交审核”按钮提交到后台系统等待审核；未保存或提交审核前单击“清除”按钮可清除已录入内容；单击“关闭”按钮回到作品列表页面。

【说明】在上传学员作品前，通讯员要明确：①必须是系列作品

（两个及两个以上构成一个系列），单个作品不能上传；②上传学员作品分两步：先在“系列作品发布管理”新增系列作品，再在“作品发布管理”单个逐一新增每一幅作品。

作品新增页面所需要录入的内容有：①作品分类，下拉框选择此作品所属系列作品的分类；②作品展示，下拉框选择此作品所属系列作品的名称；③作品名称；④作品上传，注意上传作品的大小；⑤作者，此作品的作者、年龄；⑥发布时间，发布时间系统会自动输入，如果需要特定时间的话，可选择日期。

四、学员管理

【说明】该版块用于管理系统内学员的基本信息。

1. 列表和修改

（1）从系统左侧菜单选择“学员管理”→“学员列表”后单击进入列表页面。

（2）该页面按每页一定数量记录分页显示学员的信息列表，选择显示条数的下拉列表框可改变每页数量。

（3）单击每行记录前的复选框，然后单击“删除”可进行批量删除操作；单击“新增”按钮可进入学员新增页面。

（4）单击需要编辑的记录后的“修改”，可进入学员修改页面；单击该记录后的“删除”可以彻底从系统中删去该记录。

（5）进入学员修改页面后，可在该页面重新编辑该记录的信息，单击“保存”按钮保存修改内容；单击“提交审核”按钮提交到后台系统等待审核；单击“删除”按钮删除该记录；单击“关闭”按钮返回到学员列表页面。

2. 新增

（1）从系统左侧菜单选择“学员管理”→“学员新增”后单击进入学员新增页面。

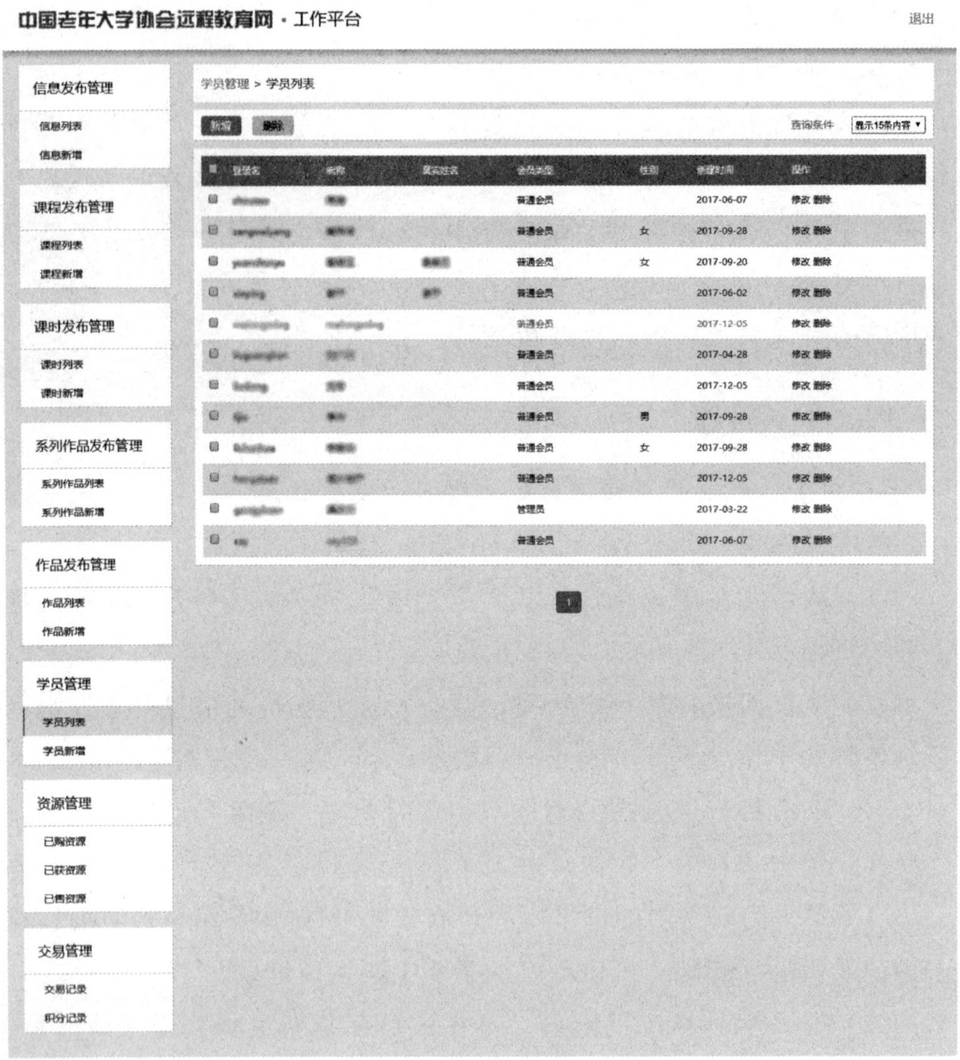

图 5-36

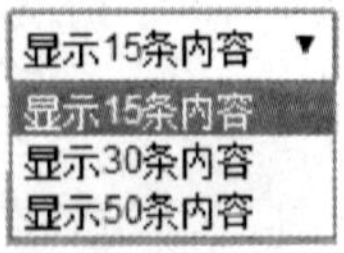

图 5-37

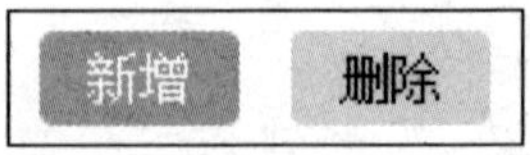

图 5-38

操作
修改 删除

图 5-39

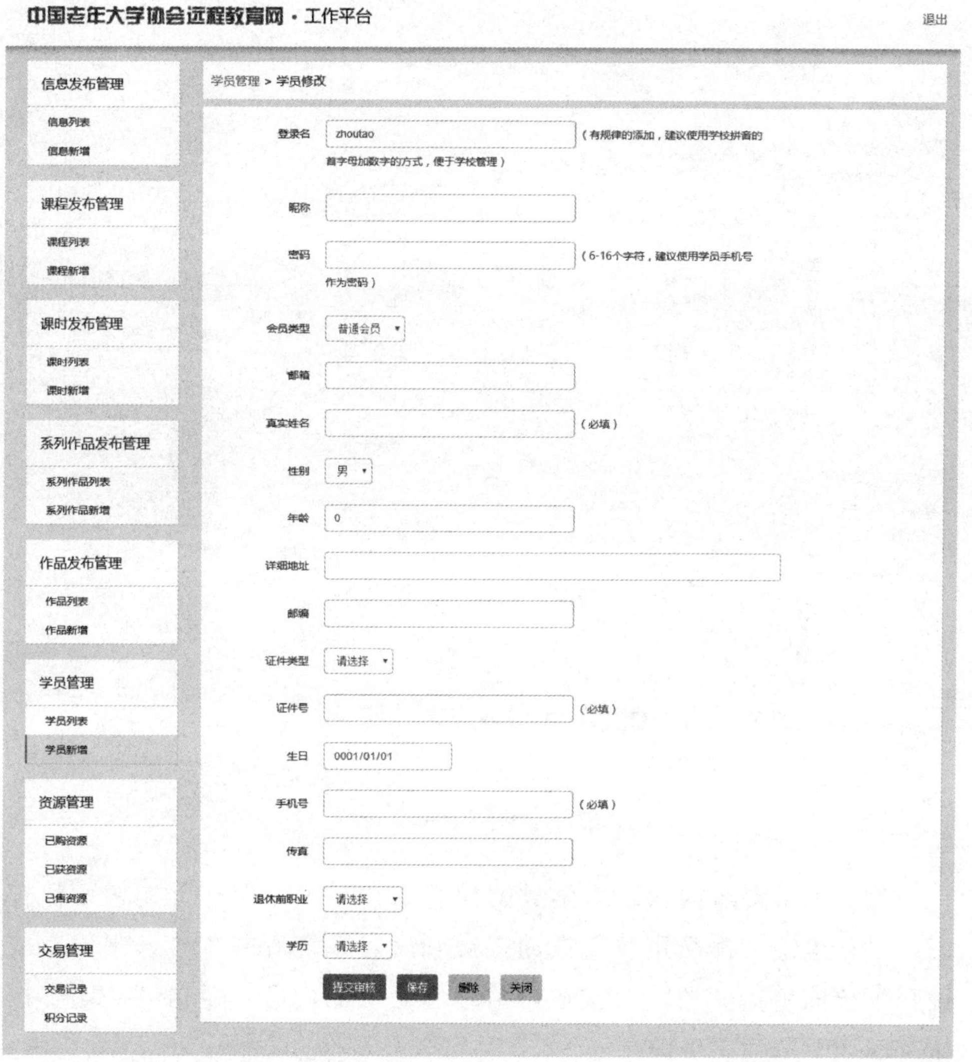
中国老年大学协会远程教育网 · 工作平台
退出
信息发布管理
信息列表
信息新增
课程发布管理
课程列表
课程新增
课时发布管理
课时列表
课时新增
系列作品发布管理
系列作品列表
系列作品新增
作品发布管理
作品列表
作品新增
学员管理
学员列表
学员新增
资源管理
已购资源
已获资源
已售资源
交易管理
交易记录
积分记录
学员管理 > 学员修改
登录名
zhoutao
（有规律的添加，建议使用学校拼音的首字母加数字的方式，便于学校管理）
昵称
密码
（6-16个字符，建议使用学员手机号作为密码）
会员类型
普通会员
邮箱
真实姓名
（必填）
性别
男
年龄
0
详细地址
邮编
证件类型
请选择
证件号
（必填）
生日
0001/01/01
手机号
（必填）
传真
退休前职业
请选择
学历
请选择
提交审核
保存
删除
关闭

图 5-40

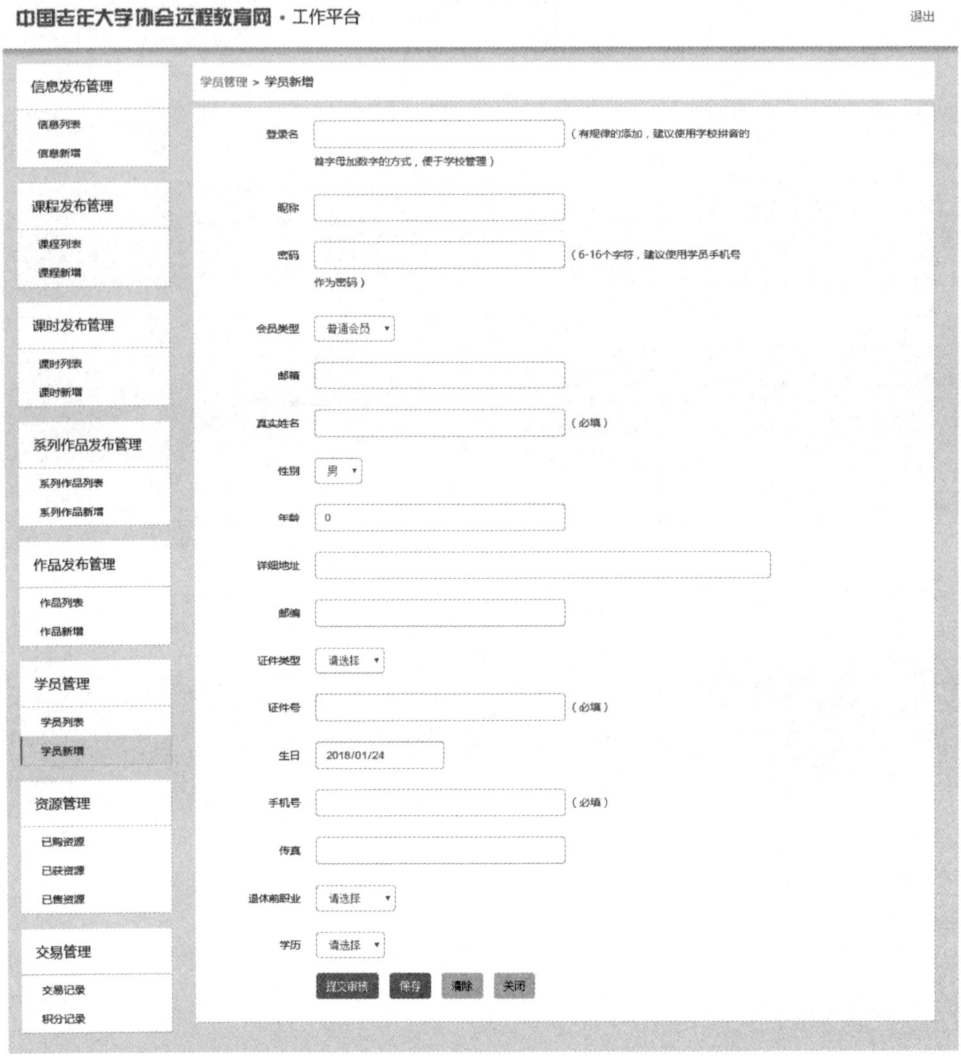

图 5-41

（2）在该页面输入新增学员的信息后，单击“保存”按钮可保存该记录；单击“提交审核”按钮提交到后台系统等待审核；未保存或提交审核前单击“清除”按钮可清除已录入的内容；单击“关闭”按钮返回到学员列表页面。

【说明】学员新增页面必须录入的内容有：①登录名，即网站平台登录时所用的名称，建议使用学校拼音的首字母加数字的方式。

②昵称。③密码，由英文、数字组成。注意：学员的登录名、昵称、密码，请有规律性地添加，便于本学校的管理。其他信息也请尽量完善，便于管理员快速审核通过。④真实姓名。⑤证件号，多为身份证号码。⑥手机号。

本单位已有的学员，通讯员可将信息整理成文档后交由网站平台管理员批量导入。

五、资源管理

【说明】该版块用于系统内查看、浏览本单位在网站平台上所购买的资源、售出的资源。

已购资源指的是本单位向其他成员单位或网站平台所购买的资源。

已售资源指的是本单位已经售出的课程。

六、交易管理

【说明】该版块用于查看交易、积分的记录。

交易记录显示通过网站平台所购买、售出资源的记录，包括购买的价格、时间等信息。

积分记录显示通过登录网站、上传信息、上传课程、上传作品展品等资源所得到的积分的记录。

购买流程：选择购买的资源 → 按汇款信息进行线下汇款、填写发票信息 → 管理员审核、确认款项 → 完成购买。可在已购资源里查看。

七、投稿管理

【说明】该版块用于管理系统内投稿的基本信息。

1. 添加投稿

（1）从系统左侧菜单选择“投稿管理”→“添加投稿”后单击进入添加投稿页面。

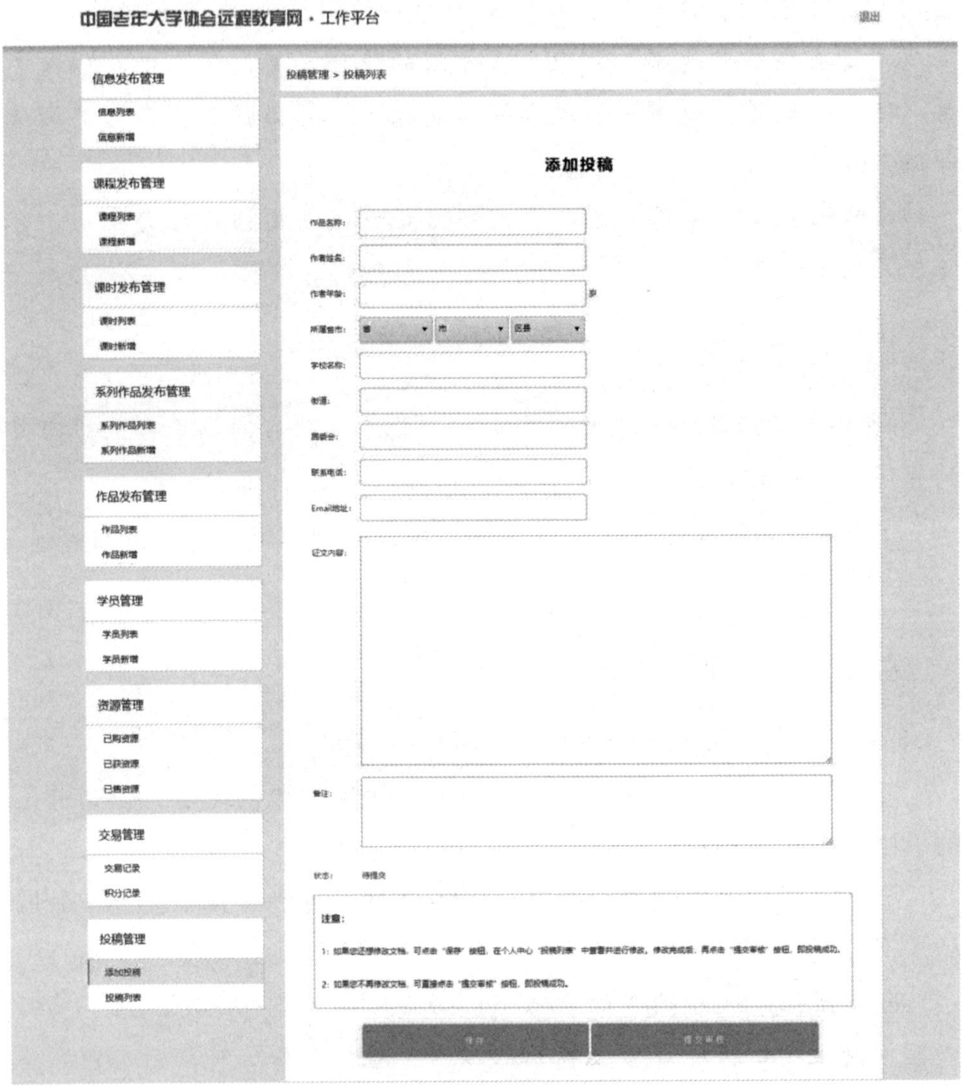

图 5–42

（2）在该页面输入投稿的信息后，单击“保存”按钮可保存该记录；单击“提交审核”按钮提交到后台系统等待审核。

【注意】①如果您还想修改文档，可点击“保存”按钮，在个人中心“投稿列表”中查看并进行修改。修改完成后，再点击“提交审核”按钮，即投稿成功。②如果您不再修改文档，可直接点击“提交审核”按钮，即投稿成功。

2. 列表和修改

（1）从系统左侧菜单选择“投稿管理”→“投稿列表”后单击进入列表页面。

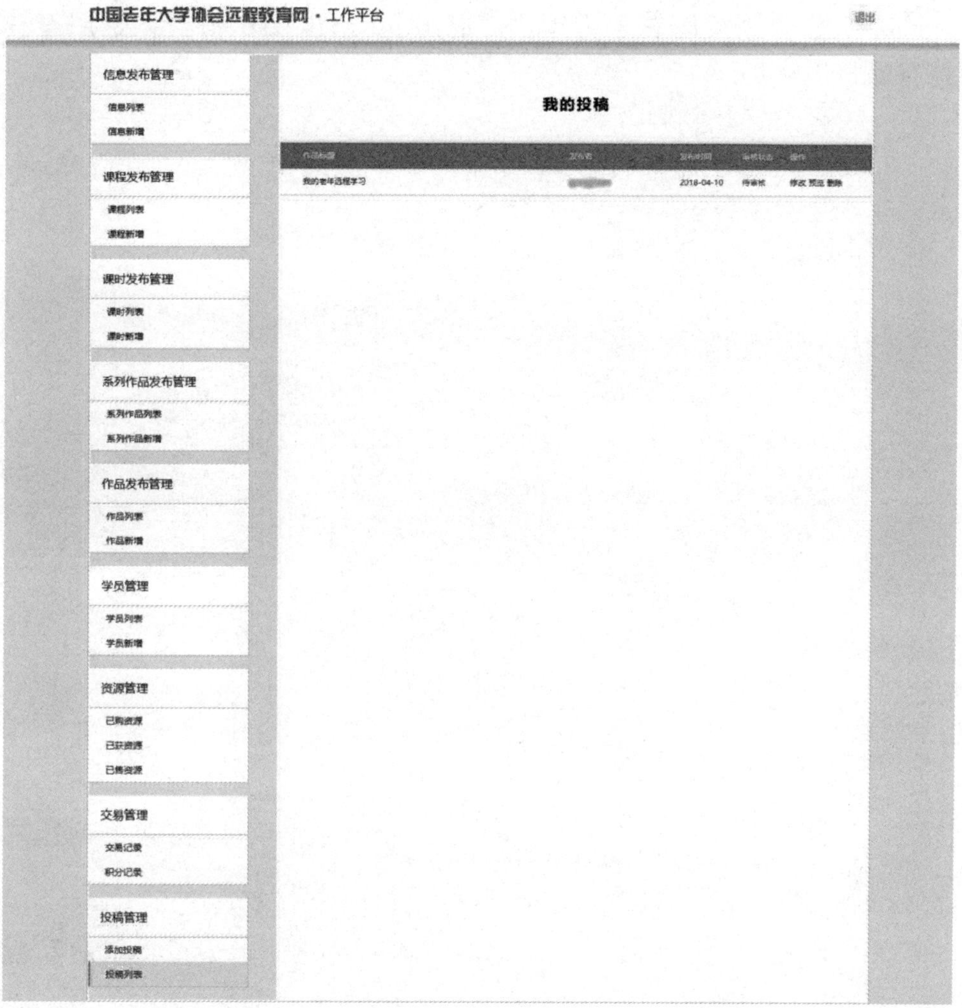

图 5-43

（2）单击需要编辑的记录后的“修改”，可进入投稿修改页面；单击该记录后的“删除”可以彻底从系统中删去该记录。

【注意】投稿列表中审核状态显示为“待提交”，则可对该文档进行修改；审核状态显示为“待审核”，说明已经提交审核成功，则无法对该文档进行再修改。

八、退出工作平台

从工作平台页面右上方单击“退出”，退出工作平台，返回至登录页面。

后 记

《老年远程教育导读》(以下简称《导读》)是在落实国务院办公厅颁发的《老年教育发展规划(2016—2020年)》(以下简称《规划》)中组织编写的，是在全国老龄办、中共中央组织部等14个部委联合颁发的《关于开展人口老龄化国情教育的通知》文件的指导下定稿的。这本《导读》，汇集并集中展示了近几年来在应对人口老龄化的过程中，全国老年远程教育创新实践取得的丰硕成果。

党的十八大以来，以习近平同志为核心的党中央高度重视老龄工作，对新形势下发展老龄事业和老龄产业做出了新部署，提出了新要求。积极发展老年教育事业，创设人人皆学、时时可学、处处能学的环境，是及时、科学、综合应对老龄化的重要举措，对推进终身教育事业、建设学习型社会具有重要意义，也能让全体老年人共享教育现代化带来的福祉。

我国老龄化发展迅猛，1999年开始步入老龄社会，2010年进入老龄化加速阶段。2017年全国老龄人口占总人口的比例为17.3%，预测2050年将达到35.1%，届时将可能比世界平均值高十多个百分点。发展我国的老年教育，没有任何现成的国际经验可以照搬，必须立足于我国的特殊国情，探索一条适合我国的老年教育发展新路。

进入新时代，我国社会主要矛盾在老年教育领域的突出表现就是供需缺口大和发展不平衡。因此，加快发展、做大增量是老年教育发展的第一要务。

在积极发展老年学校教育的同时，还须大力发展老年远程教育，这是充分共享社会优质网络教育资源，实现低成本、高速度、跨越式发展，打造老年人触手可及的学习终端，让更多老年人分享教育发展成果的最佳选择和有效途径。要进一步提高老年教育的覆盖面，促进老年教育的城乡协调发展，必须高度重视县及县以下乡镇、居村委的老年教育，将发展老年教育的重点放到基层、社区，依托乡镇（街道）的成人（社区）学校、文化活动中心和居村委的活动室，大力建设老年远程教育收视点，将老年教育办到老年人的家门口。

我国地域广阔，各地经济社会发展水平、老年人的文化水平有着很大的差异，发展老年教育不可能只实行一种模式，必须坚持多形式、多规格、多渠道，坚持以点带面、分类指导、分步推进。实践证明，在不同地区进行试点，以典型引路、典型示范是行之有效的好方法。《导读》收集了 5 年多来全国 20 个省市 142 个老年远程教育实验区不同类型的创新实践案例，具有很好的参考和推广价值，可作为各地开展培训的学习材料。

中国老年大学协会远程教育工作委员会积极组织实施老年远程教育“三个一”行动计划，以实验区改革创新、先行先试、示范引领为着力点，以老年远程教育网为平台，以应用推广老年远程优质课程为抓手，以“三个中心”为支撑，以五大协作区的合作共享为纽带，以培训、增强老年远程教育骨干能力为重点，以提高老年远程教育的吸引力、收视率、参与率、共享率、覆盖率、满意率和贡献率为目标，努力使老年远程教育实验区率先达到《规划》中提出的老年教育的发展目标。我们设想通过若干年的努力，实现全国 300 个地级市的老年远程教育实验区的全覆盖。通过实验区的典型示范、引领辐射，带动周边地区老年远程教育的共同发展，为开创具有中国特色的老年远程教育的新局面做出积极贡献。

俞恭庆
第四届中国老年大学协会副会长
远程教育工作委员会主任
2018 年 6 月 15 日

参考文献

国务院:《"十三五"国家信息化规划》(国发〔2016〕73号),2016.

教育部:《教育信息化"十三五"规划》(教技〔2016〕2号),2016.

上海老年大学远程建设与发展课题组:《全国老年远程教育发展对策研究》(内部资料),2016.

俞恭庆:《老年远程教育文集》(1)(2)(3)(内部资料),2013.

俞恭庆:《上海老年教育发展研究》,上海教育出版社,2005.

上海老年教育史稿编纂委员会:《上海老年教育史稿(1985—2012)》,上海教育出版社,2014.

孙建国:《中国老年教育探索与实践》,科学出版社,2011.

施祖美:《老年教育策论》,社会科学文献出版社,2011.

杨德广:《老年教育学》,人民教育出版社,2016.

丁兴富:《远程教育研究》,首都师范大学出版社,2002.

丁兴富、吴庚生:《网络远程教育研究》,清华大学出版社,2006.

黄正明:《远程教育教程》,北京交通大学出版社,2013.

赵宇辉:《当代远距离教育研究译文选集》,中央广播电视大学出版社,1990.

黄清云、汪洪宝、丁兴富:《国外远程教育的发展与研究》,上海教育出版社,2000.

艾碧:《网络教育:教学与认知发展新视角》,丁兴富等译,中国轻工业出版社,2003.

方军:《付费:互联网知识经济兴起》,机械工业出版社,2017.

张晓林:《积极拓展老年教育的社会功能》,《老年教育》,2017(8).

王友农:《国际老年教育办学模式研究》,“2018老年教育国际学术交流论坛”,2018.

王同军:《天津市远程教育服务老年教育的现状、问题及对策研究》,《成人教育》,2016(11).

芦杰:《国内外远程教育管理模式对比研究》,吉林大学硕士论文,2015.

张少华:《当前热点技术在教育中的应用》,《中国民族教育》,2017(7—8).

齐剑:《网络远程教育VS传统教育》,《中国成人教育》,2008(16).

姜萍:《浅析现代远程教育的特点》,《中国经济与管理科学》,2009(4).

毛春华:《国内外发达国家(地区)信息化发展趋势》,《中国管理信息化》,2015(7).

蒋志学、秦岭、武萍:《老年教育产业现状与前景分析》,《市场与人口分析》,2001(7).

徐晓飞:《人口老龄化对我国GDP及其构成的影响》,东北财经大学硕士论文,2012.

董磊:《我国人口老龄化对经济增长的影响》,辽宁大学硕士论文,2012.

杨倍:《新型城镇化背景下养老服务产业的建设》,《吉林工程技术师范学院学报》,2012(10).

图书在版编目（CIP）数据

老年远程教育导读／中国老年大学协会远程教育工作委员会主编．—桂林：广西师范大学出版社，2018.9
ISBN 978 - 7 - 5598 - 0908 - 7

Ⅰ．①老… Ⅱ．①中… Ⅲ．①老年教育－远程教育－教材 Ⅳ．①G777

中国版本图书馆 CIP 数据核字（2018）第 114495 号

出 品 人：刘广汉
责任编辑：刘美文
助理编辑：袁春玉
美术编辑：梁业礼
广西师范大学出版社出版发行
（广西桂林市五里店路 9 号　　邮政编码：541004
网址：http://www.bbtpress.com）
出版人：张艺兵
全国新华书店经销
销售热线：021 - 65200318　021 - 31260822 - 898
上海盛通时代印刷有限公司印刷
（上海市金山工业区广业路 568 号　邮政编码：201500）
开本：720mm × 1 000mm　1/16
印张：19.25　　字数：260 千字
2018 年 9 月第 1 版　　2018 年 9 月第 1 次印刷
定价：38.00 元